高等学校新文科"数字经济创新型人才培养工程"系列教材

物流运筹学

刘 蓉 主 编

熊海鸥 副主编

电子工业出版社

Publishing House of Electronics Industry

北京·BEIJING

内 容 简 介

本书根据高等院校物流管理专业的教学要求及特点编写而成，全书内容包括：物流与运筹学、物流需求预测、物流线性规划、物流决策、物流设施选址规划、物流运输、物流库存管理、物流路径规划、物流网络计划、物流整数规划、物流对策等。

本书内容深入浅出，结合实际，突出应用型高等教育的特点，不仅适于用作高等院校物流管理专业和相关专业的教材，也可作为物流从业人员的参考书及物流工程技术和管理人员培训用参考书。

图书在版编目（CIP）数据

物流运筹学 / 刘蓉主编. —北京：电子工业出版社，2024.3

ISBN 978-7-121-47179-7

Ⅰ. ①物…　Ⅱ. ①刘…　Ⅲ. ①物流－运筹学－高等学校－教材　Ⅳ. ①F252

中国国家版本馆 CIP 数据核字（2024）第 032124 号

责任编辑：刘淑敏　　文字编辑：徐　萍
印　　刷：大厂回族自治县聚鑫印刷有限责任公司
装　　订：大厂回族自治县聚鑫印刷有限责任公司
出版发行：电子工业出版社
　　　　　北京市海淀区万寿路 173 信箱　邮编：100036
开　　本：787×1 092　1/16　印张：15　字数：384 千字
版　　次：2024 年 3 月第 1 版
印　　次：2024 年 3 月第 1 次印刷
定　　价：59.00 元

前　言

随着物流业的发展，运筹学理论在物流领域得到了广泛应用，解决了许多实际问题，取得了很好的效果，并逐渐形成物流运筹学知识体系。比如，规划论在解决物资调运、配送和人员分派、最优路径、资源分配、生产调度、库存控制和设备更新等问题方面的运用；图（网络）论中的最小生成树、最短路、最大流和最小费用等知识在求得运输所需时间最少或路线最短或费用最省的路线方面的运用；对策论在物资调运计划、选择自建仓库或租赁公共仓库、自购车辆或租赁车辆等方面的运用。目前，我国有物流专业的高等院校一般都会开设不同层次的"物流运筹学"课程。

现在，市场上运筹学教材很多，都能够与物流很好地结合，但是能够依据物流专业课程体系和高职高专学生的接受与理解能力，对内容进行慎重取舍的却不多见。很多高职高专教材和本科教材没有从内容和培养目标方面进行区分，一方面造成老师教学矛盾重重，另一方面也不利于高职高专学生学习兴趣的提高和操作能力的培养。因此在编写之初，本书编写小组成员就具体分析了高职高专物流专业学生的知识结构和能力结构，以"准定位、重实用、配教辅"为宗旨，着力突出概念精准、文字通俗、淡化数学推导的特点。

本书在编写的时候采取了"情境式"编写模式，每个情境均通过"情境案例"导入，目的在于激发学生的学习兴趣，引导学生思考，帮助学生理论结合实际；中间插入"情境链接"，引导有兴趣的学生更深入地思考；最后通过"情境回放"来梳理知识。

特别值得提出的是，本书每一章都结合实际内容在"思政融合"部分抛砖引玉，适当提出了思想政治教育结合点和融合方式，强调在书本知识的讲解过程中将中国传统文化、新时代社会主义核心价值观、马列主义世界观、辩证唯物主义认知论、正确的职业观等思政元素融入课程教学中，提升课程的高度与内涵。

本书既可作为高等职业院校、高等专科院校、成人高等院校和本科院校高职教育的物流管理专业的学生用书，也适合企业物流管理人员阅读和参考。

本书由刘蓉任主编，并负责全书的统稿和定稿，熊海鸥任副主编。参加本书编写工作的人员及分工如下：刘蓉（广州航海学院博士、副教授）编写学习情境1、学习情境6、学习情境8、学习情境10、学习情境11；林海松（广东南华工商职业学院）编写学习情境2、学习情境7；屠琳桓（广州航海学院）编写学习情境3；余洁（广州航海学院）编写学习情境4、学习情境5；王云（广州科技贸易职业学院）编写学习情境9。同时，熊海欧（广州航海学院博士、副教授）对本书的编写工作给予了大量的支持和指导，杨娥（广州航海学院博士、副教授）做了部分统稿工作；隋东旭老师进行了细致的审读工作。

本书在编写过程中参考了大量的国内外文献资料，在此谨对已列和漏列的文献作者表示衷心的感谢，并对给予支持与帮助的上述院校领导和出版社工作人员表示诚挚的敬意。

由于编者水平和编写时间有限，书中难免有不妥和疏漏之处，敬请同行、专家和广大读者予以批评指正，以便做进一步修改完善。

编　者

目　录

物流与运筹学

情境目标

1. 了解运筹学的形成和发展历史。
2. 理解物流与运筹学的关系。
3. 掌握物流运筹学研究的主要内容。

思政融合

对民族文化的认知和民族文化自信的培养

首先通过对运筹学简史的学习，介绍运筹学在中国的萌芽和早期的运用，"运筹"两字最早出现在《史记·高祖本纪》中，历史中曾出现不少经典案例，如田忌赛马、丁谓修宫、沈括就地征粮等；然后介绍运筹学在中华人民共和国成立以来的发展。旨在培养学生的爱国主义精神，建立民族文化自信，培养对中华民族灿烂文明的自豪感和对中华民族伟大复兴的自信。

情境案例

丁 谓 修 宫

宋真宗年间（997—1022），大内失火，大片宫室楼台变成了废墟。宋真宗命令丁谓负责修复皇宫。这项重大建筑工程需要解决 3 个难题：一是去城外路途太远，取土困难；二是相关的物资运输问题；三是大片废墟垃圾的处理问题。丁谓的施工方案是：先将皇宫前的大街挖成一条大沟，将大沟与汴水相通；挖出的土就地制宜，令与汴水相连形成的河道承担繁重的运输任务；修复工程完成后，实施大沟排水，并将原废墟物回填，修复成原来的大街。就这样，丁谓将取材、生产、运输及废墟物的处理通过"一沟三用"巧妙地解决了。此方案不仅取得了"一举而三役济"的效果，而且"省费以亿万计"，还大大缩短了工期。

思考：

丁谓所设计的方案，其思想与如今运筹学中的统筹方法是否一致？

1.1 运筹学的含义和发展历史

1.1.1 运筹学的基本含义

运筹学是 20 世纪 40 年代开始形成的一门学科，第二次世界大战期间，英、美等国的军事运筹小组最早将其用于研究军事活动。第二次世界大战结束后，运筹学主要转向对经济活动的研究，研究经济活动中能用数字量化的有关运用、筹划与管理等方面的问题，通过建立模型的方法或数学定量方法，使问题在量化的基础上得到科学、合理的解决，并使活动系统中的人、财、物和信息得到最有效的利用，使系统的投入和产出实现最佳的配置，即所谓实现"最优化"。

运筹学的英文名称是 Operations Research，简称 OR，直译为"作业研究""运用研究"，中国学者把这门学科意译为"运筹学"，就是取自古语"运筹于帷幄之中，决胜于千里之外"，其意为运算筹划，出谋献策，以最佳策略取胜，极为恰当地概括了这门学科的精髓。

随着科学技术和生产力的发展，运筹学已渗入很多学科领域，发挥了越来越重要的作用。运筹学是一门多分支的应用性学科，其主要分支有：规划论、图（网络）论、决策论、存储论和排队论等。随着新问题的不断出现，在已有分支的基础上，又开发了许多新的内容，如网络计划和图解协调技术等。

1.1.2 运筹学的发展历史

在人类历史的长河中，运筹谋划的思想俯拾皆是，精典的运筹谋划案例也不鲜见。像《孙子兵法》就是用运筹学思维凝结而成的一部伟大的军事名著，诸葛亮更是家喻户晓的一代军事运筹大师。然而，把"运筹学"真正当成一门科学来研究，则还只是近几十年来的事。第二次世界大战中，英、美等国抽调各方面的专家参与各种战略战术的优化研究工作，获得了显著的成功，大大推进了胜利的进程。战后，从事这些活动的许多专家转到了民用部门，使运筹学很快推广到了工业企业和政府工作的各个方面，从而促进了运筹学有关理论与方法的研究和实践，使得运筹学迅速发展并逐步成熟起来。

运筹学的概念虽然起源于欧美，但在学科研究方面，我国并不落后。20 世纪 50 年代，著名科学家钱学森与运筹学专家许志国等就全面介绍并推广应用这门学科，为运筹学的发展和应用做出了突出贡献。20 世纪 60 年代，著名数学家华罗庚亲自指导青年科技工作者在全国推广应用运筹学方法，他的"优选法"和"统筹方法"被各部门采用，取得了很好的效果，受到中央领导的好评。他们还为管理人员编写了通俗易懂的普及性读物，让更多的人学习和运用运筹学方法。改革开放以来，运筹学的应用更为普遍，特别是在流通领域应用更为广泛，例如，运用线性规划进行全国范围的粮食、钢材的合理调运和广东水泥的合理调运等。许多企业也使用运筹学方法解决作业调配、工序安排和场地选择等问题，并取得了显著的效果。与此同时，还创造了简单易行的"图上作业法"和"表上作业法"。被国外普遍认可的"中国邮递员问题"就是运筹学家管梅谷教授解决的一个世界性的运筹学问题。

现在，企业管理领域正在大力开发和应用信息系统，许多企业把运筹学融合在管理信息系统中，增加了辅助决策功能，取得了明显的经济效益，提高了企业的管理水平，受到企业决策层和主管部门的重视。

1.2　物流学与运筹学

1.2.1　物流学

物流学作为一门科学也是始于第二次世界大战期间，当时美国根据军事需要，对军火的运输、补给和存储等过程进行全面的管理，物流的概念不断发展演变，内容也逐渐完善。物流在我国是一门新兴的学科，几十年来，无论从理论或实践来看，在引进与模仿西方国家物流管理上都取得了很大发展。20 世纪 70 年代末 80 年代初，我国引进和接受了物流的概念；20 世纪 80 年代中期，我国各大企业开始特别关注物流中的配送；20 世纪 90 年代末，物流已经从局部的探索性应用和发展，上升为对总体物流形态的重视，注重生产、采购、运输、存储、物料搬运、包装及信息处理等的系统整合，从而达到物流系统活动的整体优化。

我国在 2001 年 8 月 1 日开始实施的国家标准《物流术语》中对物流做了如下规定：物流即物品从供应地向接收地的实体流动过程，根据实际需要，将运输、存储、装卸、搬运、包装、流通加工、配送和信息处理等基本功能实施有机的结合。物流系统和一般系统一样，具有输入、转换及输出三大功能，通过输入和输出使系统与社会环境进行交换，相依而存，而转换则是这个系统带有特点的系统功能。物流系统有五大目标，即建立的物流系统所要具备的能力，分别是：服务目标、快速和及时目标、节约目标、规模优化目标和库存调节目标。

1.2.2　运筹学与物流学

运筹学与物流学类似，作为一门正式的学科都始于第二次世界大战期间，从一开始，两者就密切地联系在一起，相互渗透、交叉发展。从功能上来说，运筹学旨在解决最优资源配置，而物流系统的主要功能（目标）也正是追求一种快速、及时、节约和库存合理的物流服务，在这一点上二者正好"不谋而合"。因此，物流业的发展离不开运筹学的支持，运筹学的应用研究也大都围绕物流管理展开。然而，运筹学发展较快，已形成了比较完备的理论体系和多种专业学科，而物流学发展则比较迟缓，理论体系尚不完备，包含的专业学科也很少。

第二次世界大战期间，运筹学家们在解决后勤保障、潜艇战术等一系列军事问题上取得了巨大的成就。第二次世界大战后，各国都转向快速恢复工业和发展经济，而运筹学此时正转为对经济活动的研究，因此引起了人们强烈的关注，并由此应用到了各行业和部门，获得了长足发展和广泛应用，形成了一套比较完整的理论，如规划论、存储论、决策论和排队论等。随后，几乎所有发达国家都掀起了一股研究和应用运筹学与科学管理的热潮。

而第二次世界大战后的物流并没有像运筹学那样引起人们的及时关注，直到 20 世纪 60 年代，随着科学技术的发展、管理科学的进步、生产方式和组织方式等的改变，物流才为管理界和企业界所重视。因此，相比运筹学，物流的发展滞后了一些。不过，运筹学在物流领域中的应用却随着物流学科的不断成熟而日益广泛。运筹学作为物流学科体系的理论基础之一，其作用是提供实现物流系统优化的技术与工具，它是系统理论在物流中应用的具体方法。

运筹学中规划论的典型问题"运输问题"，是将数量和单位运价都已确定的某种物品从供应站送到消费站，要求在供销平衡的同时，定出流量和流向，使总运输成本最小。我国曾运用线性规划进行水泥、粮食和钢材的合理调运，取得了较好的经济效益。运用规划论方法还可以解决合理选址问题、车辆调度问题、货物配装问题、任务指派问题和投资分配问题等。

1.3 物流运筹学的研究内容

目前，运筹学在物流系统中已经被广泛利用，人们在其帮助之下解决了很多实际问题，并取得了良好的效果。为此，我们简单地看看物流系统中运筹学的运用，按运筹学的内容分析如下。

1. 规划论

规划论主要包括线性规划、非线性规划、整数规划、目标规划和动态规划。研究内容与生产活动中有限资源的分配有关，在组织生产的经营管理活动中，具有极为重要的地位和作用。它解决的问题都有一个共同特点，即在给定的条件下，按照某一衡量指标来寻找最优方案，求解约束条件下目标函数的极值（极大值或极小值）问题。具体来讲，线性规划可以解决物资调运、配送和人员分派等问题；整数规划可以求解完成工作所需的人数、机器设备台数和厂（库）的选址等问题；动态规划可以解决诸如最优路径、资源分配、生产调度、库存控制和设备更新等问题。

2. 存储论

存储论又称库存论，主要是研究物资库存策略的理论，即确定物资库存量、补货频率和一次补货量。合理的库存是生产和生活顺利进行的必要保障，可以减少资金的占用、费用的支出和不必要的周转环节，缩短物资流通周期，加速再生产的过程等。在物流领域中的各节点，如工厂、港口、配送中心、物流中心、仓库、零售店等都或多或少地保有库存，为了实现物流活动总成本最小或利益最大化，很多人都运用了存储理论的相关知识，以辅助决策。

存储论在各种情况下都能灵活套用相应的模型求解，如常见的库存控制模型分为确定型存储模型和随机型存储模型。其中，确定型存储模型又可分为：不允许缺货，一次性补货；不允许缺货，连续补货；允许缺货，一次性补货；允许缺货，连续补货。随机型存储模型也可分为一次性订货的离散型随机存储模型和一次性订货的连续型随机存储模型。常见的库存补货策略也可分为以下 4 种基本情况：连续检查，固定订货量，固定订货点的（Q，R）策略；连续检查，固定订货点，最大库存的（R，S）策略；周期性检查的（T，S）策略；综合库存的（T，R，S）策略。在实践中，应针对库存物资的特性，选用相应的库存控制模型和补货策略，制定一个包含合理存储量、合理存储时间、合理存储结构和合理存储网络的存储系统。

3．图（网络）论

图论是一个古老但又十分活跃的分支，是网络技术的基础。它的创始人是数学家欧拉。1736 年，欧拉发表了图论方面的第一篇论文，解决了著名的"哥尼斯堡七桥"难题。自 20 世纪 50 年代以后，它被广泛应用于解决工程系统和管理问题，通过自身的构模能力，把复杂的问题转化成图形直观地表现出来，以更有效地解决问题。在物流系统中最明显的应用是运输问题、物流网点间的物资调运和车辆调度时运输路线的选择、配送中心的送货、逆向物流中产品的回收等，需要运用图论中的最小生成树、最短路、最大流、最小费用等知识，求得运输所需时间最少或路线最短或费用最省的方案。另外，对于工厂、仓库、配送中心等物流设施的选址问题，物流网点内部工种、任务、人员的指派问题，设备的更新问题等，决策者也可运用图论的知识辅助进行最优的安排。

4．排队论

排认论又叫随机服务系统理论。排队论主要研究各种系统的排队队长、排队的等待时间及所提供的服务等各种参数，以便求得更好的服务。它是研究系统随机聚散现象的理论。排队论在物流过程中具有广泛的应用。例如，机场跑道设计和机场设施数量问题，如何才能既保证飞机起降的使用要求，又不浪费机场资源？又如，码头的泊位设计和装卸设备的购置问题，如何才能达到既能满足船舶到港的装卸要求，又不浪费港口资源？再如，仓库保管员和物流机械维修人员的聘用数量问题，如何才能达到既能保证仓储保管业务和物流机械的正常运转，又不造成人力浪费？等等。这些问题都可以运用排队论方法加以解决。

5．对策论、决策论

对策论也称博弈论，对策即在竞争环境中做出的决策，决策论即研究决策的问题，对策论可归属为决策论，它们最终都是要做出决策。决策普遍存在于人类的各种活动之中，物流中的决策就是在占有充分资料的基础上，根据物流系统的客观环境，借助科学的数学分析、实验仿真或经验判断，在已提出的若干物流系统方案中，选择一个合理、满意的方案决断行为，如制订投资计划、生产计划、物资调运计划，选择自建仓库或租赁公共仓库，自购车辆或租赁车辆等。

物流决策多种多样，有复杂的，也有简单的，按照不同的标准可划分为多种类型，如按决策问题目标的多少可分为单目标决策和多目标决策。单目标决策目标单一，相对简单，求解方法也很多，如线性规划、非线性规划和动态规划等。多目标决策相对复杂得多。例如，要开发一块土地建设物流中心，既要考虑设施的配套性、先进性，又要考虑投资大小问题等，这些目标有时相互冲突，要综合考虑。目前解决这类复杂的多目标决策问题用得较多的、行之有效的方法之一是层次分析法，该方法是一种将定性和定量相结合的方法。

从上面的分析中不难看出，运筹学和物流学将不断地相互渗透和交叉，物流系统中运筹的作用也将不断凸显，物流要实现"5S"服务和克服物流系统中的二律背反关系（如高质量服务与成本的制约等），就必须运用运筹学来解决原材料—半成品—成品—顾客这一过程中所涉及的运筹问题（规划问题、排队问题、库存、质量控制、对策问题等）。因此，运筹在物流系统中的前景被看好，也可能被细化到物流服务中的一个分支（部门）。为此，应在传统运筹学的基础上，合理灵活运用，把运筹不断运用到物流实践中去，并不断通过物流实践的检验来合理改进运筹的运用，使之不断完善。

✐ 情境链接

物流运筹学的发展

1. 运筹学理论结合物流实践

虽然运筹学的理论知识很成熟，并在物流领域中的很多方面都有实用性，但现行许多物流企业，特别是中、小型物流企业，并没有重视运筹学理论的实际应用。理论归理论，遇到实际问题时许多企业还是凭几个管理者的主观臆断，而不是运用相关的数学、运筹学知识加以科学计算、论证、辅助决策。因此，对于当前许多企业、部门的管理者、决策者，应该加强运筹学理论实践教育，使其能意识到运筹学是有用的决策工具。

2. 扩大运筹学在物流领域中的应用范围

现行的运筹学知识在物流领域中的应用主要集中在 1.3 节介绍的几个方面，而运筹学作为一种已经比较成熟的理论，应该在物流领域中发挥更大的作用，为此需通过进一步探索，尽量把物流领域中数字模糊、量化不清楚的方面予以数字化、科学化，运用运筹学的知识使其准确化、最优化。

3. 把运筹学知识融合在其他物流管理软件中

把运筹学在物流领域中应用的知识程序化，编制成相应的软件包，可以使更多不懂运筹学知识的人也能运用运筹学的软件辅助决策。虽然目前运筹学的软件比较多，但是具体在物流领域中应用的还寥寥无几，因此，应大力开发针对物流领域中常用的运筹学软件。另外，把运筹学的部分功能融合到其他物流管理软件中，也是一个很好的发展方向，能引起管理者和主管部门的重视，提高企业的管理水平，使之取得比较好的经济效益。

4. 立足物流现实，改进运筹学理论应用的不足之处

运筹学的理论虽然在物流领域中应用很多，并在某些领域演绎出了许多经典的模型和公式，但有些模型是基于一些假设条件的，与实际生活中的情形相差很大。例如，存储论中的一些模型，Q、R、S、T 都是一个精确的值，而现实生活中由于需求的变化独立于人们的主观控制能力之外，因此在数量和时间上一般都无法将其精确化，其随机性和不确定性反而使库存控制变得复杂。随着运筹学理论的日益成熟和人们对实际情况的了解，对运筹学理论应用的不足之处应加以改进和完善。

物流学主要研究物流过程中各种技术和经济管理的理论与方法，研究物流过程中的有限资源，如物资、人力、时间、信息等的计划、组织、分配、协调和控制，以期达到最佳效率和效益，而现代物流管理所呈现的复杂性也不是仅凭简单算术能解决的，以计算机为手段的运筹学理论是支撑现代物流管理的有效工具。物流业的发展离不开运筹学的技术支持，未来，运筹学的应用将会使物流管理更加高效。

🎬 情境回放

1. 本学习情境介绍了运筹学、物流学的含义和学科背景，以及二者的关系。

2. 本学习情境着重阐述了当前物流运筹学的研究内容，并简要说明了未来物流运筹学的研究发展方向。

自测练习

1. 运筹学是一门什么样的学科？其精髓是什么？中国古代有哪些案例体现了运筹学的思想？

2. 物流与运筹学存在怎样的关系？物流系统中哪些问题可以采用运筹学方法进行解决？

3. 举例说明运筹学方法在物流实践中的应用。

物流需求预测

情境目标

1. 了解物流需求预测的概念与程序。
2. 运用常用的定量预测方法进行物流需求预测。
3. 能够进行预测方法的选择与评价。

思政融合

建立科学的认知观

物流预测是根据客观事物过去和现在的发展规律，借助科学的方法和手段，对物流管理的发展趋势与状况进行描述、分析，形成科学的假设和判断的一种科学理论。通过物流预测分析内容的讲解，融入以下科学的认知观。

（1）理论与实际结合：预测不能只看纸面数据。

（2）历史与现实结合：历史数据为预测提供依据。

情境案例

燃油分销点使用量的预测

世界石油公司是一家全球性加工和经销汽车、飞机、卡车及船舶用燃油的企业，通过服务站和散装供油设施进行经销。如何供应 1 000 多个经销点是企业经营中的主要难题。由于燃油收入构成其主要收入，而且其对客户服务水平（产品可得率）的要求高，所以企业主要考虑的是保证汽车加油站有足够的库存。实现良好分销运作的关键因素之一是预测这些加油站对产品的使用量，特别是要准确预测燃油的使用量以安排到达加油站的运货，避免缺货。

每个加油站对不同级别的燃油的销售情况都要有一个具体的预测。这里要讨论的是某一家销售量很少的加油站销售 87 号辛烷的情况。该加油站每星期只需补货几次，所以仅预测每天的用量就够了，用量每周都有所不同，一周内某一天的预测也会与其他任何一天的预测有所不同。

? 思考：

什么是物流需求预测？为什么该加油站选择这种预测方法？

2.1　物流需求预测的概念与程序

2.1.1　物流需求预测的概念

物流需求预测是根据客观事物的过去与现在的发展规律，借用科学的方法和手段，对物流管理发展趋势与状况进行描述、分析，形成科学的假设和判断。

物流需求预测是物流运筹的基础和前提。如果把物流运筹视为一个决策过程，则可以把物流需求预测视为物流运筹的一个组成部分。物流企业在日常的生产、经营活动中，经常要对未来一定时期内物流市场的需求与变化做出判断和预计，借以有效地筹划和安排下一阶段的工作。可见，任何企业的决策过程往往都是从预测开始的，而物流需求预测的目的就是为物流企业及相关部门的决策提供数据或资料。

物流管理人员在企业运营计划与决策上经常要对市场物资需求状况、供应商生产能力、仓库储备规模等做出预算、估计和推断。因此，作为现代物流管理人员，掌握一些常用的物流需求预测技术是非常必要的。

2.1.2　物流需求预测的程序

物流需求预测的基本思想是：物流系统的发展是变化的、有规律的，并且在过去的发展过程中形成行为规律，将来依然保持基本不变，因此可以根据对物流系统历史数据的认识来探讨其规律，推测未来某一时刻或时期内物流系统的发展情况。进行物流需求预测需遵循以下几个步骤。

1．确定预测的任务、对象、范围和目标

就物流需求预测而言，可以分为宏观预测和微观预测。宏观层面的预测，如预测在某个时期一定范围内物流需求的变化是上涨还是下降，上涨或下降的幅度有多大；微观层面的预测，如某一产品在某个时期内产销供应将保持怎样的物流需求水平。

2．选择预测方法

预测可使用的方法有很多种，一般有定性分析和定量分析（包括平均数预测法、移动平均预测法、指数平滑预测法和回归分析预测法等），不同预测方法的逻辑基础、分析的复杂程度都有所不同。我们将在本学习情境中阐述这些预测方法的选择与应用。

3．调查收集有关资料

收集预测中所需的数据和资料，经过对资料的分析、处理、提炼和概括，进行数据可信度分析，用数学模型展示预测对象的基本变化规律。

4．预测结论的确定

利用得到的预测对象的基本变化规律，根据对未来条件的了解和分析，计算或推测预测对象在未来可能表现出来的状况。在这一阶段，需要综合考虑分析各种确定和不确定因素可能对预测对象造成的影响，并及时采用多种方法加以处理和修正，进行必要的检验和评价，然后才能得到一个可供策略参考的最终预测结果。

物流需求预测是一个集资料收集、数据处理和结果分析为一体的综合过程。在预测过程当中，预测成败主要取决于：第一，对收集资料的分析和处理；第二，对利用模型求得预测结果的分析和处理。前者直接影响预测模型的建立，后者直接决定着预测质量的优劣。

2.2 平均数预测法

平均数预测法是简单的定量预测方法，一般用于随机型时间序列的分析预测中，常用的有算术平均数预测法和加权平均数预测法两种预测方法。

2.2.1 算术平均数预测法

假设现有一对应时间 $t = 1$，2，$\cdots$，n 的时间序列数据，为 y_1，y_2，$\cdots$，y_n。

用算术平均数进行预测的基本公式如下：

$$\begin{aligned}
\bar{y} &= \frac{y_1 + y_2 + \cdots + y_n}{n} \\
&= \frac{1}{n} \sum y_t
\end{aligned} \tag{2-1}$$

式中　$\bar{y}$——算术平均数；

　　　y_1，y_2，$\cdots$，y_n——对应不同时期的实际数据；

　　　t——时间变量，表示时期序号；

　　　n——时间序列的时期数，即数据个数。

例 2-1　某物流公司计划对运输市场 7 月的货运价格进行预先估计，为此公司就运输公司市场前 6 个月的货物运输价格开展了调查，其调查结果如表 2-1 所示，计算该公司货物的平均运价。

表 2-1　货运价格调查

月　　份	1	2	3	4	5	6
货运价格（元/吨千米）	1.27	1.29	1.32	1.33	1.35	1.36

解　此调查结果是一个以随机变动为特征的时间序列，应用算术平均数计算如下：

$$\begin{aligned}
\bar{y} &= \frac{y_1 + y_2 + \cdots + y_n}{n} = \frac{y_1 + y_2 + \cdots + y_6}{6} \\
&= \frac{1.27 + 1.29 + 1.32 + 1.33 + 1.35 + 1.36}{6} \\
&= 1.32（\text{元/吨千米}）
\end{aligned}$$

由此计算得出的平均数，反映了运输市场 6 个月来货物运输价格的平均水平。若外界因素无重大变化，则该数据可作为物流公司 7 月货运价格的预测指标，即货物运输价格为 1.32 元/吨千米。

在实际工作中也会遇到一些非时间序列数据情形，但是也可以运用式（2-1）进行相关计算。

例 2-2　某公司要对新近开展的货物运输业务的货运价格进行运前确定，为此该公司组织人员对当前运输市场进行了调查。调查结果表明，现阶段承运同类货物的不同物流公司的货运价格分别为：1.50 元/吨千米、1.46 元/吨千米、1.34 元/吨千米、1.25 元/吨千米和 1.20 元/吨千米。

解　该公司通过计算得出货物的平均运价如下：

$$\bar{y} = \frac{y_1 + y_2 + \cdots + y_n}{n}$$

$$= \frac{1.50 + 1.46 + 1.34 + 1.25 + 1.20}{5}$$

$$= 1.35（元/吨千米）$$

根据这个平均值，该公司可结合竞争对手的状况和运输市场发展的态势进行定性预测，围绕此平均数值确定本公司承运同类货物的运输价格。

2.2.2　加权平均数预测法

采用算术平均数进行预测计算时，并没有考虑不同时期的数据对预测计算值的影响程度，事实上这种影响是存在的。一般认为，近期数据要比早期数据对预测信息的影响大。若考虑影响程度的不同，则应采用加权平均法对数据进行处理。

设 y_1，y_2，$\cdots$，y_n 为各个时间 $t = 1$，2，$\cdots$，n 下对应的实际值，每个数据对结果的影响程度用相应的权数来表示，分别为 w_1，w_2，$\cdots$，w_n。

则加权平均数预测法的预测计算公式如下：

$$\bar{y} = \frac{y_1 w_1 + y_2 w_2 + \cdots + y_n w_n}{w_1 + w_2 + \cdots + w_n}$$

$$= \frac{\sum y_t w_t}{\sum w_n} \tag{2-2}$$

式中　$\bar{y}$——加权平均数；

y_1，y_2，$\cdots$，y_n——对应不同时期的实际数据；

w_1，w_2，$\cdots$，w_n——对应不同时期实际数据的权数。

通常设权数之和等于 1，即 $\sum w_n = 1$。

例 2-3　将例 2-1 中 1~6 月各个时期的货运价格数据给予相应的权数，依次为 0.05、0.10、0.15、0.15、0.20、0.35，计算货物的平均运价。

解　应用加权平均数计算得

$$\bar{y} = \frac{y_1 w_1 + y_2 w_2 + \cdots + y_n w_n}{w_1 + w_2 + \cdots + w_n}$$

$$= \frac{1.27 \times 0.05 + 1.29 \times 0.10 + 1.32 \times 0.15 + 1.33 \times 0.15 + 1.35 \times 0.20 + 1.36 \times 0.35}{0.05 + 0.10 + 0.15 + 0.15 + 0.20 + 0.35}$$

$$= 1.336（元/吨千米）$$

这个加权平均法预测值（1.336 元/吨千米）由于考虑了不同时期货运价格对预测的影响程度，比算术平均数计算的结果更符合近期实际发展的状况，因此可将其作为物流公司 7 月货运价格的预测指标。

2.3　移动平均预测法

移动平均预测法是一种简单平滑预测技术，是在算术平均数预测法的基础上发展起来的。它根据时间排序资料，每次取得一定时期的数据进行平均，按时间次序逐次推进，每推进一定时期便舍去前一定时期的数据，增加一定新时期的数据，再进行平均，以此反映时间序列长期趋势。移动平均预测法包括一次移动平均预测法、二次移动平均预测法及多次移动平均预测法等。时间序列数据具有明显的线性变化趋势时，可采用二次移动平均预测法；时间序列数据具有明显的曲线变化趋势时，可采用多次移动平均预测法。下面就一次移动平均预测法与二次移动平均预测法进行介绍。

2.3.1　一次移动平均预测法

一次移动平均预测法的步骤为：首先确定计算移动平均数所选定的数据个数 N（称作移动跨步距），其次依次计算数据段中 N 项观察值的一次移动平均值 $M_t^{(1)}$。一次移动平均值的计算公式为

$$M_t^{(1)} = \frac{y_t + y_{t-1} + y_{t-2} + \cdots + y_{t-N+1}}{N} \tag{2-3}$$

式中　t——时期序号；

　　　$M_t^{(1)}$ ——第 t 时期的一次移动平均值；

　　　y_t——第 t 时期的实际值；

　　　N——计算移动平均数所选定的数据个数。

计算第 $t+1$ 时期预测值，将第 t 时期的一次移动平均值 $M_t^{(1)}$ 直接作为第 $t+1$ 时期的预测值 $\overline{y}_{t+1}$，即

$$\overline{y}_{t+1} = M_t^{(1)} \tag{2-4}$$

例 2-4　已知某物流公司近 10 个月的货物运输量如表 2-2 所示，用一次移动平均预测法预测该公司 11 月的货物运输量。

表 2-2　近 10 个月的货物运输量

月　　份	1	2	3	4	5	6	7	8	9	10
货物运输量（千吨）	1.0	1.5	0.8	2.0	1.0	1.6	1.8	2.0	2.2	2.4
$M_t^{(1)}$（$N=3$）			1.1	1.43	1.27	1.53	1.47	1.8	2.0	2.2

解　取 $N=3$，按式（2-3）计算出一次移动平均数，把计算结果列入表 2-2 中。

$$M_3^{(1)} = \frac{y_3 + y_{3-1} + y_{3-3+1}}{3} = \frac{y_3 + y_2 + y_1}{3} = \frac{1 + 1.5 + 0.8}{3} = 1.1（千吨）$$

$$\cdots$$

$$M_{10}^{(1)} = \frac{y_{10} + y_9 + y_8}{3} = \frac{2.4 + 2.2 + 2.0}{3} = 2.2（千吨）$$

用式（2-4）预测该公司 11 月的货物运输量为

$$\bar{y}_{10+1} = M_{10}^{(1)} = 2.2(千吨)$$

进一步分析式（2-4），可知当 $N=1$ 时，移动平均数即为实际数据；当 N 等于全部数据的个数 n 时，移动平均数即为算术平均数。通常 N 越大，平滑作用越强，新数据的反应越不灵敏；N 越小，则效果相反。N 的值要根据实际数据序列的特征和经验来选取，范围一般可为 3~20。

2.3.2　二次移动平均预测法

二次移动平均预测法不是直接用二次移动平均值进行预测，而是在二次移动平均的基础上建立线性预测模型，然后利用模型进行预测。二次移动平均数是在一次移动平均数的基础上经过计算得到的，计算公式为

$$M_t^{(2)} = \frac{M_t^{(1)} + M_{t-1}^{(1)} + \cdots + M_{t-N-1}^{(1)}}{N} \tag{2-5}$$

式中　$M_t^{(1)}$——第 t 时期的一次移动平均数；

　　　$M_t^{(2)}$——第 t 时期的二次移动平均数；

　　　N——计算移动平均数所选定的数据个数。

线性预测模型为

$$\bar{y}_{t+T} = \boldsymbol{a}_t + b_t T \tag{2-6}$$

式中　$\bar{y}_{t+T}$——$t+T$ 时期的时间间隔；

　　　t——目前时期序号；

　　　T——从目前时期 t 到预测时期 $t+T$ 的时间间隔；

　　　$\boldsymbol{a}_t$——线性模型的矩阵；

　　　b_t——线性模型的斜率。

$\boldsymbol{a}_t$、b_t 的计算公式为

$$\boldsymbol{a}_t = 2M_t^{(1)} - M_t^{(2)} \tag{2-7}$$

$$b_t = \frac{2}{N-1}(M_t^{(1)} - M_t^{(2)}) \tag{2-8}$$

例 2-5　某商品配送中心统计了前 12 个月对超市的供货量，如表 2-3 所示，请预测第 15 个月的供货量。

表 2-3　配送中心商品供货量

月　　份	1	2	3	4	5	6	7	8	9	10	11	12
供货量（件）	45	52	60	48	52	55	58	62	64	67	69	73
$M_t^{(1)}$（$N=5$）					51.4	53.4	54.6	55.0	58.2	61.2	64.0	67.0
$M_t^{(2)}$（$N=5$）									54.52	56.48	58.6	61.08

观察数据变化趋势，确定采用二次移动平均预测法，移动数据个数 $N=5$。计算出不同时期的 $M_t^{(1)}$、$M_t^{(2)}$，列入表中。

解 将第 12 月的一次、二次移动平均数代入式（2-7）和式（2-8），计算得出

$$a_{12} = 2M_{12}^{(1)} - M_{12}^{(2)} = 2 \times 67 - 61.08 = 72.92$$

$$b_{12} = \frac{2}{N-1}(M_{12}^{(1)} - M_{12}^{(2)}) = \frac{2}{5-1} \times (67 - 61.08) = 2.96$$

将结果代入式（2-6），得出线性预测模型为

$$\bar{y}_{12+T} = a_{12} + b_{12}T = 72.92 + 2.96T$$

预测第 15 个月，时期序号为 $t=12$，则时期的时间间隔 $T=15-t=3$。

$$\bar{y}_{12+3} = \bar{y}_{15} = a_{12} + b_{12} \times 3 = 72.92 + 2.96 \times 3 = 81.8(件)$$

由于成件商品不可能为小数，所以配送中心第 15 个月商品供货量预测应为 82 件。

2.4 指数平滑预测法

指数平滑预测法常常用于被观测事物的短期预测，简称指数平滑法。它是移动平均预测法的另一种表现形式，其计算的基本思想是：预测值是以往观察数据的加权数之和。对不同时期的观察数据给予不同的权数，新数据给予较大的权数，旧数据给予较小的权数。根据平滑法次数不同，指数平滑法可分为一次指数平滑法、二次指数平滑法和三次指数平滑法及更高次指数平滑法等。指数平滑法在同类预测中不仅被认为是比较精确的，而且只需要得到很少的数据量就可以连续使用，当预测数据发生根本性变化时还可以自行进行调整。

2.4.1 一次指数平滑法

当时间按序列观察值的发展趋势单纯围绕某一水平做随机跳动时，可采用一次指数平滑法。设时间序列为 y_1，y_2，$\cdots$，y_t，则一次指数平滑公式为

$$S_t^{(1)} = ay_t + (1-a)\ S_{t-1}^{(1)} \qquad\qquad (2\text{-}9)$$

式中 $S_t^{(1)}$——第 t 时期的一次指数平滑值；

  a——加权系数；

  y_t——第 t 时期的实际观察数据。

为了弄清指数平滑的实质，按式（2-9）依次展开可得

$$S_t^{(1)} = ay_t + (1-a)\ S_{t-1}^{(1)}$$

$$S_{t-1}^{(1)} = ay_{t-1} + (1-a)\ S_{t-2}^{(1)}$$

$$S_{t-2}^{(1)} = ay_{t-2} + (1-a)\ S_{t-3}^{(1)}$$

$$\cdots$$

$$S_{t-(n-1)}^{(1)} = ay_{t-(n-1)} + (1-a)\ S_{t-n}^{(1)}$$

将上述计算式依次代入式（2-9），可得

$$S_t^{(1)} = ay_t + (1-a)\ S_{t-1}^{(1)}$$
$$= ay_t + (1-a)\left[ay_{t-1} + (1-a)\ S_{t-2}^{(1)}\right]$$
$$= ay_t + a(1-a)\ y_{t-1} + (1-a)^2 S_{t-2}^{(1)}$$
$$= ay_t + a(1-a)\ y_{t-1} + (1-a)^2\left[ay_{t-2} + (1-a)\ S_{t-3}^{(1)}\right] \qquad (2\text{-}10)$$
$$= ay_t + a(1-a)\ y_{t-1} + a(1-a)^2 y_{t-2} + (1-a)^3 S_{t-3}^{(1)}$$
$$\cdots$$
$$= ay_t + a(1-a)\ y_{t-1} + a(1-a)^2 y_{t-2} + a(1-a)^3 y_{t-3} + a(1-a)^4 y_{t-4} + \cdots + a(1-a)^n y_{t\_n}$$

从式（2-10）中可以看出，实际观察数据 y_t，y_{t-1}，y_{t-2}，y_{t-3}，y_{t-4}，$\cdots$，y_{t-n} 的加权系数分别为 a，$a(1-a)$，$a(1-a)^2$，$a(1-a)^3$，$a(1-a)^4$，$\cdots$，$a(1-a)^n$，依次类推，数据当前时间越远，其加权系数越小。例如，取 $a=0.3$，则 $a(1-a)=0.21$，$a(1-a)^2=0.147$，$a(1-a)^3=0.1029\cdots\cdots$ 由此可见，$S_t^{(1)}$ 实际是 y_t，y_{t-1}，y_{t-2}，y_{t-3}，y_{t-4}，$\cdots$，y_{t-n} 的加权平均，加权系数分别为 a，$a(1-a)$，$a(1-a)^2$，$a(1-a)^3$，$a(1-a)^4$，$\cdots$，$a(1-a)^n$。越近的数据，权数越大，越远的数据，权数越小，且权数之和等于 1。因为加权系数符合指数变化规律，且具有平滑数据的功能，所以称为指数平滑。

运用上述平滑值进行预测，就是一次指数平滑法，其预测模型为

$$\overline{y}_{t+1} = S_t^{(1)} = ay_t + (1-a)\ S_{t-1}^{(1)} \qquad (2\text{-}11)$$

式中　$\overline{y}_{t+1}$——第 t+1 时期的预测值。

例 2-6　某港口统计了当年前 10 个月每月箱装五金货物的出口量，如表 2-4 所示。应用一次指数平滑法预测该港口 11 月箱装五金货物出口量。

表 2-4　某港口五金货物出口量

月　　份	1	2	3	4	5	6	7	8	9	10
五金出口量（万箱）	10	15	8	20	10	16	18	20	22	24
$S_t^{(1)}$（$a=0.1$）	10.9	11.3	11.0	11.9	11.7	12.1	12.7	13.4	14.3	15.3
$S_t^{(1)}$（$a=0.3$）	10.7	12.0	10.8	13.6	12.5	13.6	14.3	16.0	17.8	19.7
$S_t^{(1)}$（$a=0.5$）	10.5	12.8	10.4	15.2	12.6	14.3	16.2	18.1	20.1	22.0

解　为了说明加权系数 a 的不同取值对预测值的影响，分别取 $a=0.1$，$a=0.3$，$a=0.5$，计算一次指数平滑值，并设初始平滑值 $S_0^{(1)}$ 为最早的 3 个数据的平均值。即

$$S_0^{(1)} = \frac{y_1 + y_2 + y_3}{n} = \frac{10+15+8}{3} = 11$$

现取 $a=0.3$，计算一次指数平滑值为

$$S_1^{(1)} = ay_1 + (1-a)\ S_0^{(1)} = 0.3 \times 10 + (1-0.3) \times 11 = 10.7$$
$$S_2^{(1)} = ay_2 + (1-a)\ S_1^{(1)} = 0.3 \times 15 + (1-0.3) \times 10.7 = 11.99$$

依次类推，可求得 $a=0.1$，$a=0.3$，$a=0.5$ 时的一次指数平滑值数列，将计算值分别列入表 2-4 中，该港口 11 月箱装五金货物的出口量预测为

$$\overline{y}_{10+1} = \overline{y}_{11} = ay_{10} + (1-a)\ S_9^{(1)} = S_{10}^{(1)}$$

$$a = 0.1 \quad \overline{y} = 15.3 \text{（万箱）}$$
$$a = 0.3 \quad \overline{y} = 19.7 \text{（万箱）}$$
$$a = 0.5 \quad \overline{y} = 22.0 \text{（万箱）}$$

在指数平滑法中，预测的关键是 a 的大小决定了在新预测值中新数据和原预测值所占的比例。a 值越大，新数据所占的比例就越大，原预测值所占的比例就越小，反之亦然。在实际应用中，a 值是根据时间序列的变化特征来选取的。若时间序列的波动不大，比较稳定，则 a 应取小一些，如 $0.1 \sim 0.3$；若时间序列的波动较大，具有迅速且明显的变动倾向，则 a 应取大一些，如 $0.6 \sim 0.9$。实质上 a 是一个经验数据，可通过多个 a 值进行试算比较而定，选取引起的预测误差小的 a 值为计算用加权系数。

指数平滑法的主要优点有：对不同时间的数据的非等权处理较符合实际情况；使用中仅需选择一个模型参数 a 即可进行预测，简便易行；具有适应性，也就是说预测模型能自动识别数据模式的变化，进而加以调整。指数平滑法的缺点有：对数据的转折点缺乏鉴别能力，但这一点可通过调查预测法或专家预测法加以弥补；长期预测的效果较差，故多用于短期预测。

2.4.2　二次指数平滑法

当时间序列观察值的发展趋势包含某种线性持续增长或下降趋势时，用一次指数平滑法进行预测存在明显的偏差，此时应使用二次指数平滑预测模型。二次指数平滑预测模型为

$$\overline{y}_{t+T} = a_t + b_t T \tag{2-12}$$

$$a_t = 2S_t^{(1)} - S_t^{(2)} \tag{2-13}$$

$$b_t = \frac{a}{1-a}(S_t^{(1)} - S_t^{(2)}) \tag{2-14}$$

式中　t —— 当前期数；

　　　T —— 从当前时期 t 到预测时期 $t+T$ 的时间间隔；

　　　$\overline{y}_{t+T}$ —— 第 $t+T$ 时期的预测值；

　　　a_t、b_t —— 平滑系数。

$$S_t^{(1)} = ay_t + (1-a)\,S_{t-1}^{(1)}$$

$$S_t^{(2)} = aS_t^{(1)} + (1-a)\,S_{t-1}^{(2)}$$

式中　$S_t^{(1)}$ —— 第 t 时期的一次指数平滑值；

　　　$S_t^{(2)}$ —— 第 t 时期的二次指数平滑值；

　　　$S_{t-1}^{(2)}$ —— 第 $t-1$ 时期的二次指数平滑值；

　　　a —— 加权系数。

2.4.3　三次指数平滑法

若时间序列观测值的变动呈现出二次曲线趋势，则需要采用三次指数平滑法进行预测。三次指数平滑法是在二次指数平滑法的基础上再进行一次平滑。三次指数平滑预测模型为

$$\overline{y}_{t+T} = a_t + b_t T + c_t T^2 \qquad\qquad (2\text{-}15)$$

$$a_t = 3S_t^{(1)} - 3S_t^{(2)} + S_t^{(3)} \qquad\qquad (2\text{-}16)$$

$$b_t = \frac{a}{(1-a)^2}\Big[(6-5a)\ S_t^{(1)} - 2(5-4a)\ S_t^{(2)} + (4-3a)\ S_t^{(3)}\Big] \qquad (2\text{-}17)$$

$$c_t = \frac{a^2}{2(1-a)^2}\Big(S_t^{(1)} - S_t^{(2)} + S_t^{(3)}\Big) \qquad\qquad (2\text{-}18)$$

$$S_t^{(1)} = ay_t + (1-a)\ S_t^{(1)}$$
$$S_t^{(2)} = ay_t + (1-a)\ S_t^{(2)} \qquad\qquad (2\text{-}19)$$
$$S_t^{(3)} = ay_t + (1-a)\ S_t^{(3)}$$

用指数平滑预测模型时，要用到初始平滑值 $S_0^{(1)}$。如果资料数据点较多，可以用实际数据的初值 y 来代替；如果数据点较少，则初始值的影响不能忽略，此时可以采用前几个数据的平均值作为初始值。

例 2-7　某外向型企业历年出口产品量如表 2-5 所示，试用二次和三次指数平滑法预测该企业 2006 年的出口产品量。

解　为便于分析计算，表中设 t 栏，当 $t=7$ 时，表示与 2004 年对应，初始平滑值 $S_0^{(1)}$ 取 1998 年的实际出口量。计算 $a=0.3$ 时的一次、二次、三次指数平滑值，列入表 2-5 中。

表 2-5　企业历年出口产品量及相关计算

年　份		1998	1999	2000	2001	2002	2003	2004	2005
t	0	1	2	3	4	5	6	7	8
出口量（千台）		2.3	3.4	5.1	7.2	9.0	10.6	12.0	14.3
$S_t^{(1)}$	2.3	2.3	3.07	3.68	4.74	6.02	7.39	8.77	10.43
$S_t^{(2)}$	2.3	2.3	2.53	2.88	3.44	4.21	5.17	6.25	7.50
$S_t^{(3)}$	2.3	2.3	2.37	2.52	2.80	3.22	3.80	4.54	5.43

用二次指数平滑法预测 2006 年的出口量如下：

$$a_8 = 2S_8^{(1)} - S_8^{(2)} = 2 \times 10.43 - 7.5 = 13.36$$

$$b_8 = \frac{a}{1-a}(S_8^{(1)} - S_8^{(2)}) = \frac{0.3}{1-0.3} \times (10.43 - 7.50) \approx 1.26$$

则　　　　　　$$\overline{y}_{2006} = y_{8+1} + b_8 T = 13.36 + 1.26 \times 1 = 14.62（千台）$$

用三次指数平滑法预测 2006 年的出口量如下：

$$a_8 = 3S_8^{(1)} - 3S_8^{(2)} + S_8^{(3)} = 3 \times 10.43 - 3 \times 7.50 + 5.43 = 14.22$$

$$b_8 = \frac{a}{(1-a)^2}\Big[(6-5a)\ S_8^{(1)} - 2(5-4a)\ S_8^{(2)} + (4-3a)\ S_8^{(3)}\Big]$$

$$= \frac{0.3}{(1-0.3)^2} \times \Big[(6-5 \times 0.3) \times 10.43 - 2 \times (5-4 \times 0.3) \times 7.50 + (4-3 \times 0.3) \times 5.43\Big] \approx 2.07$$

$$c_8 = \frac{a^2}{2(1-a)^2}\Big(S_8^{(1)} - S_8^{(2)} + S_8^{(3)}\Big) = \frac{0.3^2}{2 \times (1-0.3)^2} \times (10.43 - 7.50 + 5.43) \approx 0.77$$

取 $T=1$，应用下式计算出 2006 年的预测值为

$$\overline{y}_{2006} = \overline{y}_{8+1} = a_8 + b_8 T + c_8 T^2 = 14.22 + 2.07 \times 1 + 0.77 \times 1^2 = 17.06 \, (千台)$$

2.5 回归分析预测法

在客观世界中，事物之间总是普遍联系、相互依存的。一种事物在量上发生的变化，往往会引起其他与之相关的事物在量上也出现相应的变化。在自然界与社会经济现象中，许多变量之间都会有一定的相互联系、相互制约的关系，如气温与江水量、商品的出口量与国际市场价格、物流货运量与宏观经济总量等，都存在着密切的联系。

回归分析预测法就是从各种经济现象之间的相互联系出发，通过分析与预测对象有联系的现象的变动趋势，推算预测对象未来状态数量表现的一种预测方法。所谓回归分析，就是研究某个随机变量（因变量）与其他一个或几个变量（自变量）之间的数量变动关系，由回归分析求出的关系式通常称为回归预测。回归分析按自变量和因变量之间的关系，可分为线性回归和非线性回归。

2.5.1 一元线性回归模型

一元线性回归模型是回归预测的基础。若预测对象只受一个主要因素影响，并且因变量与自变量之间存在着明显的线性相关关系，则通常采用一元线性回归预测法。

一元线性回归模型的一般公式如下：

$$y = a + bx \tag{2-20}$$

式中 y —— 因变量；

x —— 自变量；

a、b —— 回归模型的参数。

例 2-8 某大型物流公司市场部对最近 6 个月以来公司市场运作资金的投入与公司实际货运量进行了统计，统计数据如表 2-6 所示。假如该物流公司在第 7 个月市场运作资金投入预计为 10 万元，试预测该公司第 7 个月的货运量。

表 2-6 物流公司市场部运作情况统计

月　　份	1	2	3	4	5	6
资金投入（万元）	3	5	2	8	9	12
货运量（万元）	4	6	3	9	12	14

解 （1）相关关系的判断与分析。

设资金投入为 x，货运量为 y，将表中的数据画在平面直角坐标系上，如图 2-1 所示。观察这些数据点大致形成什么样的图形。

从图 2-1 中可以看出，这些数据点大致形成一条直线形的发展趋势，因此可以用一条直线来模拟这些数据点的变动趋势，即 $y = a+bx$ 的直线方程。

现在我们用 x_i 来代表 x 的实际值（观测值）；用 $\overline{y}_i$ 来代表将 x_i 代入直线方程式后所得的预测值（计算值），即

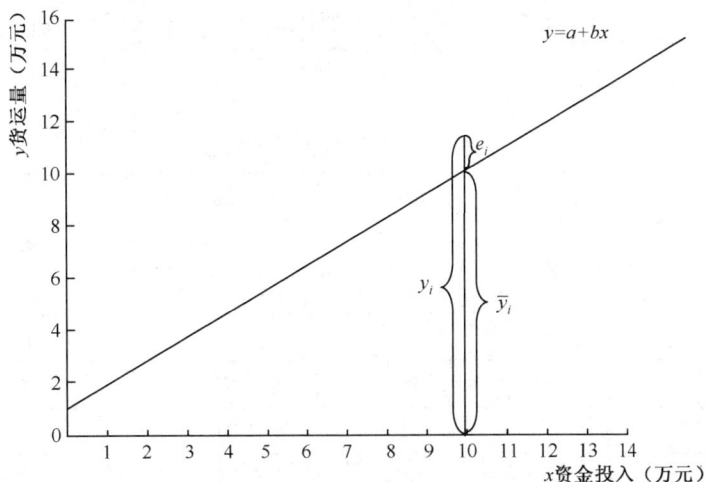

图 2-1　资金投入与货运量关系

$$\overline{y}_i = a + bx_i \quad i = 1, 2, \cdots, 6 \qquad (2\text{-}21)$$

式中　$\overline{y}_i$——预测值（计算值）；

$\quad\quad x_i$——实际值（观测值）。

由图 2-1 可知，y_i 与 $\overline{y}_i$ 之间存在着一个数值上的差，我们把这种差称为误差，用 e_i 来表示。

（2）建立回归方程并计算预测值。

对于所求出的直线方程式，我们希望尽可能地与实际数据所表示的真实情况接近，即建立的方程式与实际变化情况拟合得最好。这样就要求对应不同自变量 x 的因变量 y 的各个实际值与预测值之间的误差为最小，因变量 y 的各个实际值与预测值之间的误差用公式表示为

$$e_i = y_i - \overline{y}_i = y_i - (a + bx_i) \qquad (2\text{-}22)$$

式中　e_i——实际值与预测值之间的误差；

$\quad\quad \overline{y}_i$——预测值；

$\quad\quad y_i$——实际值。

欲使直线方程式与实际变化情况拟合得最好，就必须使误差平方和 $\sum e_i^2$ 最小。运用最小二乘法，使 $\sum e_i$ 达到最小，便得到求解回归参数 a、b 的如下两个方程式：

$$\sum y_i = na + b\sum x_i$$
$$\sum x_i y_i = a\sum x_i + a\sum x_i^2$$

整理得

$$b = \frac{n\sum x_i - \sum x_i \sum y_i}{n\sum x_i^2 - (\sum x_i)^2} \qquad (2\text{-}23)$$

$$a = \overline{y} - b\overline{x} = \frac{\sum y_i}{n} + b\frac{\sum x_i}{n} \qquad (2\text{-}24)$$

式中　$\overline{y}$——因变量实际值的平均值；

$\quad\quad \overline{x}$——自变量实际值的平均值。

根据已知条件分别计算出 $\sum x_i$、$\sum y_i$、$\sum x_i y_i$、$\sum x_i^2$ 和 $\sum y_i^2$，列入表 2-7 中，再计算参数 a、b 的值。

表 2-7 参数确定相关计算值

月　份	资金投入 x_i	货运量 y_i	$x_i y_i$	x_i^2	y_i^2
1	3	4	12	9	16
2	5	6	30	25	36
3	2	3	6	4	9
4	8	9	72	64	81
5	9	12	108	81	144
6	12	14	168	144	196
合　计	39	48	396	327	482

$$b = \frac{n\sum x_i y_i - \sum x_i \sum y_i}{n\sum x_i^2 - (\sum x_i)^2} = \frac{6 \times 396 - 39 \times 48}{6 \times 327 - 39^2} \approx 1.143$$

$$a = \bar{y} - b\bar{x} = \frac{\sum y_i}{n} - b\frac{\sum x_i}{n} = \frac{48}{6} - 1.143 \times \frac{39}{6} \approx 0.57$$

所以求得回归方程的一般表达式为

$$\bar{y} = 0.57 + 1.143x$$

根据第 7 个月公司将在市场运作中投入 10 万元资金计划，可应用回归方程预测出该月公司的运货量为

$$\bar{y} = 0.57 + 1.143x = 0.57 + 1.143 \times 10 = 12.00（万吨）$$

（3）相关系数计算。

判定一个线性回归方程拟合程度的优劣称为模型的显著性检验，即判断所建立的一元线性模型是否符合实际，所选的变量之间是否具有显著的线性相关关系。这就需要对所建立的回归模型进行显著性检验，通常用的检验方法是相关系数检验法。相关系数是一元回归模型中用来衡量两个变量之间相关程度的一个指标，其计算公式为

$$r = \frac{\sum x_i y_i}{\sqrt{\sum(x_i - \bar{x}_i)^2 \sum(y_i - \bar{y}_i)^2}} = \frac{n\sum x_i y_i - \sum x_i \sum y_i}{\sqrt{n\sum x_i^2 - (\sum x_i)^2}\sqrt{n\sum y_i^2 - (\sum y_i)^2}} \quad （2-25）$$

式中　r —— 相关系数；

　　　$\bar{y}_i$ —— 因变量实际值的平均值；

　　　$\bar{x}_i$ —— 自变量实际值的平均值；

　　　y_i —— 因变量实际值；

　　　x_i —— 自变量实际值。

相关系数是一个重要的判定指标。从式（2-25）中可以看出，相关系数等于回归平方和在总平方和中所占的比率，即回归方程所能解释的因变量变异性的百分比，其用来说明

因变量 y 与自变量 x 之间的相关关系或相关程度。

r 的取值范围是 $-1 \leqslant r \leqslant 1$，$r$ 取正值，表明 y 与 x 正相关，即当 x 的值增大时，y 的值也随之增大；r 取负值，表明 y 与 x 负相关，即当 x 的值增大时，y 的值反而减小。如果 $r = \pm 1$，表明所有的观察值全部落在回归直线上；如果 $r = 0$，则表明自变量与因变量无线性关系。因此，r 值越接近 1，说明自变量与因变量线性相关程度越高。

将表 2-7 的数据代入式（2-25），便可计算出上述物流公司市场运作资金投入与公司实际货运量之间的线性相关关系：

$$r = \frac{n \sum x_i y_i - \sum x_i \sum y_i}{\sqrt{n \sum x_i^2 - (\sum x_i)^2} \sqrt{n \sum y_i^2 - (\sum y_i)^2}}$$

$$= \frac{6 \times 396 - 39 \times 48}{\sqrt{6 \times 327 - 39^2} \times \sqrt{6 \times 482 - 48^2}} = 0.9897$$

市场运作资金投入与实际货运量之间有较明显的线性相关程度。

（4）点预测与区间预测。

① 点预测。

假设下一期的自变量 x 的估计值为 x_{t+1}，根据所建立的直线方程式，因变量 y_{t+1} 的预测值为

$$\overline{y}_{t+1} = a + b x_{t+1} \tag{2-26}$$

由于 $\overline{y}_{t+1}$ 表示的是对应于 x_{t+1} 的一个点的纵坐标值，所以，我们把这一预测结果称为点预测。实际上未来 $t+1$ 期的实际值 y_{t+1} 不可能正好等于 $\overline{y}_{t+1}$，而是会在 $\overline{y}_{t+1}$ 的上下一定范围的区间中。

② 区间预测。

对因变量的实际值 y_{t+1} 可能落入预测值 $\overline{y}_{t+1}$ 的一定区间范围的计算是，先求出因变量的点预测值 $\overline{y}_{t+1}$，然后确定区间范围（也称置信区间）的大小。按照一般的要求，实际值 y_{t+1} 落入预测值 $\overline{y}_{t+1}$ 上下区间内的概率应达到 95%。根据这个概率值的要求，当我们根据计算回归方程式 $y = a + bx$ 得到的一组实际数据点大致在回归直线上下接近正态分布时，这个在 $\overline{y}_{t+1}$ 上下的置信区间应是 $\overline{y} = \pm 2S$，其中 S 称为标准偏差。S 的公式为

$$S = \sqrt{\frac{\sum (y_i - \overline{y}_i)^2}{n-2}} \tag{2-27}$$

式中　n —— 所取实际数据点的个数；

$\overline{y}$ —— 利用回归方程式计算出来的数值。

为了减少计算上的麻烦，可以将标准差 S 的表达式转化为下列公式：

$$S = \sqrt{\frac{\sum (y_i - \overline{y})^2 \sum (x_i - \overline{x})^2 - \left[\sum (x_i - \overline{x})(y_i - \overline{y})\right]^2}{(n-2) \sum (x_i - \overline{x})^2}} \tag{2-28}$$

根据本例的已知条件分别计算出 $\sum (x_i - \overline{x})(y_i - \overline{y})$、$\sum (x_i - \overline{x})^2$ 和 $\sum (y_i - \overline{y})^2$，列入表 2-8 中。

表 2-8　标准差计算相关值

$$\bar{x} = 6.5, \quad \bar{y} = 8$$

月　　份	x_i	y_i	$x_i - \bar{x}$	$y_i - \bar{y}$	$(x_i - \bar{x})(y_i - \bar{y})$	$(x_i - \bar{x})^2$	$(y_i - \bar{y})^2$
1	3	4	−3.5	−4	14	12.25	16
2	5	6	−1.5	−2	3	2.25	4
3	2	3	−4.5	−5	22.5	20.25	25
4	8	9	1.5	1	1.5	2.25	1
5	9	12	2.5	4	10	6.25	16
6	12	14	5.5	6	33	30.25	36
合　　计	39	48	0	0	84	73.5	98

根据表 2-8 的数据，可求出本例中的 S 值：

$$S = \sqrt{\dfrac{\sum(y_i - \bar{y})^2 \sum(x_i - \bar{x})^2 - \left[\sum(x_i - \bar{x})(y_i - \bar{y})\right]^2}{(n-2)\sum(x_i - \bar{x})^2}}$$

$$= \sqrt{\dfrac{98 \times 73.5 - 84^2}{(6-2) \times 73.5}} \approx 0.707$$

对于本例前面的一些计算中，我们已知当第 7 个月公司市场运作资金投入为 10 万元时，预测表明公司实际货运量将为 12.00 万吨，这便是一个点的预测值。至于公司实际货运量，有 95% 的概率可能会落入这个点的预测值上界与下界之间的置信区间，即为

$$|\bar{y} \pm 2S| \leqslant 12.00$$

$$12.00 - 2 \times 0.707 \leqslant \bar{y} \leqslant 12.00 + 2 \times 0.707$$

$$10.586 \leqslant \bar{y} \leqslant 13.414$$

这个以区间形式表达出来的预测结果的含义是：物流公司 7 月的货运量在 10.586 万元至 13.414 万元的可信赖程度为 95%；换句话说，7 月该物流公司的实际货运量不在此区间（大于或小于）的可能性为 5%。所以，区间预测较点预测更具有使用价值。

2.5.2　多元线性回归模型

一元线性回归模型预测法研究的是某个因变量和一个自变量之间的关系问题，而客观世界中事物之间的联系是复杂的，许多现象的变动都涉及多个变量之间的数量关系，多元线性回归预测法就是研究某个因变量和多个自变量之间的相互关系的理论和方法。

多元线性回归预测法是根据多个自变量和因变量的 n 组统计数据 $(x_{1i}, x_{2i}, \cdots, x_{mi}, y_i)$，在明确因变量 y 与各个自变量间存在线性相关关系的基础上，给出适宜的回归方程，并据此做出关于因变量 y 的发展变化趋势的预测。因此，多元线性回归预测法的关键是找到适宜的回归方程。

类似于一元线性回归分析，多元线性回归预测法可以用线性方程来近似描述 y 与 $x_{1i}, x_{2i}, \cdots, x_{mi}$ 之间的线性相关关系：

$$y = a + b_1 x_1 + b_2 x_2 + \cdots + b_m x_m \tag{2-29}$$

式中　y——根据所有自变量计算出来的估值；

　　　a——常数项；

　　　b_1，b_2，$\cdots$，b_m——y 对应的偏回归系数。

偏回归系数是假设在其他所有自变量保持不变的情况下，某个自变量的变化引起因变量变化的比重。建立一个多元回归模型需要用到复杂的统计方法，目前通常是在掌握翔实的统计数据的前提下，借助计算机及相关软件来完成多元回归方程建立工作。自变量个数为 2 的多元线性回归方程称为二元回归方程，它是多元回归方程中的特例，其线性回归分析的步骤如下。

1. 建立线性方程

$$y = a + b_1 x_1 + b_2 x_2 \tag{2-30}$$

式中　y——因变量；

　　　x_1、x_2——自变量；

　　　a、b_1、b_2——回归模型的参数。

通过运用最小二乘法，可求得回归参数 a、b_1、b_2。

$$
\begin{aligned}
\sum y &= na + b_1 \sum x_1 + b_2 \sum x_2 \\
\sum x_1 y &= a \sum x_1 + b_1 \sum x_1^2 + b_2 \sum x_1 x_2 \\
\sum x_2 y &= a \sum x_2 + b_1 \sum x_1 x_2 + b_2 \sum x_2^2
\end{aligned}
\tag{2-31}
$$

将相关数据代入上述方程组，解得系数 a、b_1、b_2 的值。

2. 模型的检验

在多元线性回归预测中，需要对模型进行统计检验。常用的有 R 检验、F 检验和 t 检验。R 检验和 F 检验都是从一组解释变量的整体效果与 y 的线性相关关系的角度进行统计检验。这两种检验方法并不能判别每一个解释变量与 y 之间的线性相关程度。然而，t 检验却能够判别每一个解释变量与 y 之间的相关程度。所以这几种检验方法可以互相补充。

在实际应用中，由于多元线性回归设计的数据量较大，相关分析较复杂，计算量也比较大，所以通常使用一些分析软件（如 Excel、SPSS、Eviews 等）来完成。

2.6　物流需求预测的应用

2.6.1　物流需求预测的误差

1. 理论预测误差

理论预测误差是选用预测方案之前，利用数学统计模型所估计的理论预测值与过去同期的实际观察值相比而产生的误差。通过物流需求的理论预测误差的对比和分析，我们可以改进、选择较为合适的预测模型。

2. 实际预测误差

实际预测误差是选用预测方案之后，追踪、检查得出的预测方案的实施结果与实际情况之间的差异。通过物流需求的实际预测误差的比对和分析，可以找出预测误差的大小及原因，总结经验，进一步改进今后的预测工作。

对预测结果的评价，主要来自统计检验和直观判断两个方面，从而判断预测结果的可信度、是否与实际情况相吻合等，根据对预测结果的分析与评价，确定最终的预测值。

2.6.2 物流需求预测的注意问题

1. 预测结果的可信度

各种模型中，只有回归模型提供了可信度结论。

2. 预测方案

实际预测活动中应尽量给出多个预测方案，避免因单个方案造成决策的刚性。

3. 拟合度与精度

拟合度是指预测模型对历史观察值的模拟程度。对既定的历史数据总可以找到拟合程度很高的模型，但拟合度高并不一定表示预测结果准确。预测准确性的高低属于精度问题，拟合度高，不一定精度也高。

4. 预测的期限

预测按预测时间可分为长期预测和中短期预测。对中短期预测较好的模型，不一定对长期预测也较好；反之亦然。

5. 预测模型

预测模型有复杂化、多因素化的发展趋势，这种发展趋势一般有利于提高预测的精度，因为它包括了更多因素的影响，但对这些因素的未来的值也不易判断。

6. 数据处理与模型调整

如果某个模型的预测误差较大，人们通常采取对原始数据进行平滑处理和修改模型的方法去解决。对原始数据进行平滑处理的方法实际上是在回避矛盾。

7. 实际与想象

很多预测人员在预测活动开始时就对预测对象的未来发展做了想象，并以此想象来不断地修正预测结果。这在对中间预测值进行取舍、组合时，会产生错误的影响。

8. 预测的复杂性

预测总是在假定未来的发展和现在已知或过去发生的事物有关的基础上进行的，但又不是简单的数学方程式推断。预测无法回避社会经济发展中同时带有规律性和偶然性的矛盾。

📎**情境链接**

某物流公司的仓储需求预测

1. 预测过程演绎

随着预测技术的不断发展，一些专业的计算机软件，如时间序列软件包 TSP、SPSS、SAS、BMDP 等，为企业、教育科研及政府机构提供了全面信息统计决策支持服务，被广泛应用于不同领域。

Microsoft 公司的 Excel 电子表格处理软件,集表格计算、图表显示、超强内置函数、数据分析等功能于一体,能完成大多数常用统计分析功能,得到了广泛应用。与 SAS、SPSS 等软件相比,Excel 的优势在于:强大的数据与公式自动填充功能,方便的数据编辑与透视分析功能,灵活的单元格绝对引用与相对引用功能,完美的图形绘制系统与丰富的内置函数功能。

下面根据某公司的仓储历史数据对其今后的仓储业务需求进行预测。

仓储周转量数据统计如表 2-9 所示,根据表中数据可画出其仓储周转量曲线。首先创建 Excel 工作表,把数据输入表格,然后利用其数据处理及图表功能,将时间(季度)作为自变量 x,将仓储需求作为因变量 y,选取"插入图表"启动图表工具向导,在"图表类型"中选取 xy 散点图,在"数据源区域"选取表中相应数据区,可得仓储周转量曲线图。

表 2-9　某公司仓储周转量统计表　　　　　　　　　　　　　单位:吨

年　份 ＼ 季　度	第一季度	第二季度	第三季度	第四季度
2007	—	211 500	207 000	213 000
2008	225 000	234 000	234 000	234 000
2009	246 300	264 900	289 500	3 321 050
2010	384 780	408 600	457 800	480 600

采用趋势预测方法对仓储需求进行预测。

曲线拟合法也称趋势拟合法或时间回归法,它根据时间序列随时间变化趋势拟合一条曲线,而后利用该曲线随时间变化的规律对时间序列的未来取值做预测。

创建图表后,用 Excel 为仓储周转量曲线添加趋势线:选中图表,从菜单中选择"图表→添加趋势线"命令,从弹出的对话框中选取最接近现有图表的线型;进行曲线拟合,在 Excel 提供的线性、对数、多项式、乘幂、指数、移动平均等趋势预测曲线类型中,"线性"类型的拟合度最高,为 0.991 2,故选择线性类型拟合曲线,建立数据变量间的趋势方程——$y=37\ 870x+222\ 540$。

上式是仓储需求的趋势方程,反映了该公司仓储需求量随时间变化的趋势。式中 y 为仓储需求预测值,x 为时间,图中已知曲线由 $x=1$,2,3,…,7 的数据点绘成。图中曲线较好地拟合了数据的动态变化规律,拟合度达 99.12%。

2.预测结果分析

从预测数据看,该公司的仓储业务量将有较大幅度的持续增长。该物流公司正处于成长期,鉴于珠三角物流市场不断扩大及客户网络不断扩展,其迫切需要提高综合物流服务能力。根据企业生命周期理论,企业所处生命周期不论在哪个阶段,组织都必须不断评估自身现状与未来需求。企业在生命周期的不同阶段有不同的特征问题,按现有发展速度,其现有仓储能力已无法满足预测的仓储需求。

仓储能力的提升是其提供增值物流服务、参与供应链管理的基础,故现阶段该公司应集中资源优势发展仓储能力,培育企业的核心竞争力,为客户提供更多的物流增值服务。

3．提高预测准确性的方法

预测在实际的物流管理工作中是比较难的一项工作，这是因为要提高物流需求预测准确率，不仅要掌握预测的基本理论，还要有较高的经济分析水平，对产品及市场非常了解。在实际工作中，可采用以下几项措施提高预测准确率。

（1）物流部门为供应商提供需求预测时，必须与销售人员进行认真核实，以确保预测的准确性。

（2）要尽量多地收集历史数据，并仔细研究。历史数据越多，越能看到客户需求的趋势，预测就会越准确。对新产品或新公司而言，及时建立销售资料档案是十分重要的。此外，还要尽量找到该类产品的历史数据，从而为预测提供依据。

（3）要仔细研究历史数据，并深入了解产品及市场的特性，分析产品的需求规律。有些产品的需求规律和从历史资料上看到的趋势不一致，我们就要分析其原因，找到二者之间的关系，这样会使需求预测更有依据，更有说服力。

情境回放

1．本学习情境首先简要介绍了物流预测的概念和基本程序。

2．着重从定量预测方面介绍了平均数预测、移动平均预测和回归分析预测方法的原理与应用。

3．阐述了物流预测在实际应用中的误差和注意问题。

4．通过某物流公司的预测案例具体说明了物流预测的操作流程。

自测练习

1．算术平均数预测方法与移动平均数预测方法各有什么特点？

2．什么是指数平滑预测法？如何确定平滑系数与平滑初始值？

3．回归分析预测需要哪些步骤？点预测与区间预测有何联系与区别？

4．某汽车销售点 2022 年前 3 个季度每月销售的汽车数量如表 2-10 所示。使用移动平均预测法在数据移动跨距分别为 $N=3$ 和 $N=4$ 的条件下预测第 4 季度第一个月的汽车销售量。

表 2-10　前 3 个季度月汽车销售量

月　份	1	2	3	4	5	6	7	8	9
销售量（辆）	45	34	55	62	60	51	46	59	71

5．某物流公司积累了 6 个年度货物运输量的实际值，如表 2-11 所示。试用二次指数平滑法，取平滑系数 $a=0.4$，预测第 7 个年度的货物运输量（根据专家估计，第 1 个年度的预测值为 3 800 吨）。

表 2-11　6 个年度的货物运输量

年 度 序 号	1	2	3	4	5	6
货运量（吨）	3 970	4 450	3 980	5 100	5 210	5 420

物流线性规划

情境目标

1. 理解线性规划的基本概念及定理。
2. 掌握线性规划问题的图解法。
3. 掌握线性规划问题的数学模型及标准型。
4. 掌握单纯形法及其在物流中的应用。

思政融合

以线性规划图解法的知识点和思想为基础，探究其蕴含的丰富思政元素，归纳如下。

1. 做任何事情都要遵守规则

图解法步骤一，根据约束条件在二维欧氏平面上画出可行域，该可行域是由满足约束条件的点所组成的集合。就是先确定可行域，在可行域下求目标函数的最大值。如果没有可行域，再好的目标也无法实现，有可行域但可行域无界，也是达不到最优的，试问给你无数个可行的方案，你能选出最优方案吗？方案太多，等于没有。

俗话说："国有国法，家有家规。"我们生活在社会这个大家庭中，为了每个人都各安其所，就要有各种行为准则来约束我们的行为。张居正说："盖天下之事，不难于立法，而难于法之必行；不难于听言，而难于言之必效。"所以，我们在生活中的一言一行都应该自觉遵守规章制度，向他人释放正能量。

2. 透过现象看本质，抓住事物的共性（本质）才能有所收获

图解法步骤二，根据目标函数确定目标函数值的等值线，以及目标函数增长的方向。等值线把杂乱无章的点归到了等值线这个共性上。世界是复杂的，也是简单的，复杂在每个事物都有自己个性的一方面，而又简单在它们具有本质上的共性。

3. 量的积累引起质变

图解法步骤三，沿目标函数增长方向移动目标函数的等值线，直到和可行域某一顶点相交并达到最大值，该交点即为最优解。这个知识点隐含着量变到质变的转变规律。量变会促进事物的发展，但这需要量的积累，积累得多了，就会引起事物的发展变化。相信"积沙成塔"的真理，不投机、不取巧，踏踏实实做事，每天都有一点进步，就一定能够成功。

企业生产计划安排

某企业用 A、B、C 三种原料生产甲、乙两种产品。已知每生产一件产品甲需用原料 1 kg A、1 kg B，可获得利润 3 万元；每生产一件产品乙需用原料 1 kg A、2 kg B、1 kg C，可获得利润 4 万元。每个计划期内，该企业能得到原料 A、B、C 的供应量分别为 6 kg、8 kg、3 kg。

? 思考：

该企业应该如何制订生产计划，才能使计划期内的总利润达到最大？

3.1 线性规划基础

3.1.1 线性规划问题及其数学模型

线性规划（Linear Programming）是运筹学的一个分支，它已经有一套较为完整的原理、理论和方法，广泛应用于工农业生产、交通运输、商业、国防建设和经济管理等领域，是运筹学中应用最为广泛的一个分支。

最早研究线性规划问题的是苏联数学家康托洛维奇（Kantorovich），他在 1939 年发表的《生产组织与计划中的数学方法》一书中讨论了运输问题、机床负荷问题和下料问题等，但由于没有找到一个统一的求解这类问题的方法，因此在当时没有引起人们足够的重视。1947 年，美国数学家丹捷格（G. B. Dantzig）提出了求解线性规划问题的单纯形法，之后线性规划才得到进一步的发展，理论上逐渐趋于成熟，应用也越来越广泛。

线性规划所研究的问题主要有两类：一是给定人力、物力资源，研究如何合理地运用这些资源；二是研究如何统筹安排，尽量以最少的人力、物力资源来完成一定的任务。实际上，这两类问题是一个问题的两个方面，都是寻求整个问题的某个整体指标的最优化问题。情境案例就是一个典型的线性规划问题。为了清楚起见，我们把情境案例的已知条件列成表格的形式，如表 3-1 所示。

表 3-1 某企业原料供应量与生产计划

原料消耗　　　产品 原　料	甲	乙	每个计划期内原料供应限量（kg）
A	1	1	6
B	1	2	8
C	0	1	3
每件产品的利润（万元）	3	4	

为了解决上述问题，首先要把该问题用数学语言描述出来，这个过程叫作建立该问题的数学模型。至于如何求解这个数学模型，将在后面的情境加以讨论。建立数学模型，可

以按以下三个步骤来进行。

1. 选取决策变量

在上述问题中，所谓制订生产计划，就是要做出以下决策：在现有的条件下，每个计划期内，应生产产品甲、乙分别为多少件。

设每个计划期内生产产品甲、乙的件数分别为 x_1、x_2。这里的 x_1 和 x_2 称为决策变量。

2. 建立目标函数

我们现在追求的目标是计划期内的总利润达到最大，而总利润显然是决策变量 x_1 和 x_2 的函数。

设计划期内的总利润为 z，则

$$z = 3x_1 + 4x_2$$

称为目标函数，现在要求使目标函数取最大值。

3. 确定约束条件

目标函数中的决策变量 x_1 和 x_2 不能任意取值，而是要受到原料供应限量的制约。

每个计划期内，原料 A 的用量不能超过 6 kg，即 $x_1 + x_2 \leq 6$。

同理，每个计划期内，原料 B 的用量不能超过 8 kg，即 $x_1 + 2x_2 \leq 8$。

每个计划期内，原料 C 的用量不能超过 3 kg，即 $x_2 \leq 3$。

而且，显然应该还有：x_1，$x_2 \geq 0$。

综合以上所述，这个问题的数学描述可归纳为

$$\max z = 3x_1 + 4x_2$$

$$\begin{cases} x_1 + x_2 \leq 6 \\ x_1 + 2x_2 \leq 8 \\ x_2 \leq 3 \\ x_1, \ x_2 \geq 0 \end{cases}$$

上式就是该问题的数学模型。

一般线性规划有以下三个方面的共同特征。

（1）每个问题都用一组决策变量（x_1，x_2，$\cdots$，x_n）表示某一方案，这组决策变量的值就代表一个具体的方案。一般这些变量取值是非负且连续的。

（2）存在有关的数据，同决策变量构成互不矛盾的约束条件，这些约束条件可以用一组线性等式或线性不等式来表示。

（3）都有一个要求达到的目标，它可用决策变量及其有关的价值系数构成的线性函数（称为目标函数）来表示。按照问题的不同，要求目标函数实现最大化或最小化。

满足以上三个条件的数学模型称为线性规划的数学模型。其一般形式为

目标函数 $\max$（$\min$）$z = c_1x_1 + c_2x_2 + \cdots + c_nx_n$

满足约束条件 $\begin{cases} a_{11}x_1 + a_{12}x_2 + \cdots + a_{1n}x_n \leq (\text{或} =, \geq) \ b_1 \\ a_{21}x_1 + a_{22}x_2 + \cdots + a_{2n}x_n \leq (\text{或} =, \geq) \ b_2 \\ \qquad\qquad\qquad \vdots \\ a_{m1}x_1 + a_{m2}x_2 + \cdots + a_{mn}x_n \leq (\text{或} =, \geq) \ b_m \\ \qquad x_j \geq 0 (j = 1, 2, \cdots, n) \end{cases}$

其中 a_{ij}、b_i、c_j（$i=1$，2，$\cdots$，m；$j=1$，2，$\cdots$，n）为已知常数。

在线性规划的数学模型中，目标函数中的 c_j 称为价值系数；约束条件中的 a_{ij} 称为技术系数，b_i 称为限额系数；$x_j \geq 0$ 称为变量的非负约束。

3.1.2 线性规划问题的标准型

由 3.1.1 节可知，线性规划问题有各种不同的形式，目标函数有的要求最大化，有的要求最小化；约束条件可以是"$\leq$"或"$\geq$"形式的不等式，也可以是等式。决策变量一般是非负约束，但也允许在（$-\infty$，∞）范围内取值，即无约束。可以将这些不同形式的数学模型统一变换为标准形式，这里规定的标准形式为

$$(M_1) \qquad \max z = c_1x_1 + c_2x_2 + \cdots + c_nx_n$$

$$\begin{cases} a_{11}x_1 + a_{12}x_2 + \cdots + a_{1n}x_n = b_1 \\ a_{21}x_1 + a_{22}x_2 + \cdots + a_{2n}x_n = b_2 \\ \qquad\qquad\qquad \vdots \\ a_{m1}x_1 + a_{m2}x_2 + \cdots + a_{mn}x_n = b_m \\ \qquad x_1，x_2，\cdots，x_n \geq 0 \end{cases}$$

可以将上式简写成

$$(M'_1) \qquad \max z' = \sum_{j=1}^{n} c_j x_j$$

$$\begin{cases} \sum_{j=1}^{n} a_{ij}x_j = b_i & (i=1，2，\cdots，m) \\ x_j \geq 0 & (j=1，2，\cdots，n) \end{cases}$$

在标准形式中规定各约束条件的右端项 $b_i \geq 0$，否则等式两端乘以"-1"。当某一个 $b_i=0$ 时，表示出现退化，这一点将在以后讨论。

在以上线性规划问题的标准型中，如果令

$$A = \begin{pmatrix} a_{11} & a_{12} & \cdots & a_{1n} \\ a_{21} & a_{22} & \cdots & a_{2n} \\ \vdots & \vdots & \vdots & \vdots \\ a_{m1} & a_{m2} & \cdots & a_{mn} \end{pmatrix} —— 系数矩阵 \qquad C = (c_1，c_2，\cdots，c_n) —— 价值向量$$

$$b = \begin{pmatrix} b_1 \\ b_2 \\ \vdots \\ b_m \end{pmatrix} —— 右端向量 \qquad X = \begin{pmatrix} x_1 \\ x_2 \\ \vdots \\ x_n \end{pmatrix} —— 决策向量 \qquad 0 = \begin{pmatrix} 0 \\ 0 \\ \vdots \\ 0 \end{pmatrix}$$

则线性规划问题可表示为如下矩阵形式：

$$\max z = CX$$

$$\begin{cases} AX = b \\ X \geq 0 \end{cases} \qquad (3-1)$$

如果进一步令

$$P_j = \begin{pmatrix} a_{1j} \\ a_{2j} \\ \vdots \\ a_{mj} \end{pmatrix} \text{——} A\text{的第}j\text{列向量（}j=1,2,\cdots,n\text{）}$$

则 $A = (P_1, P_2, \cdots, P_n)$

从而

$$AX = (P_1, P_2, \cdots, P_n) \begin{pmatrix} x_1 \\ x_2 \\ \vdots \\ x_n \end{pmatrix} = \sum_{j=1}^{n} P_j x_j$$

于是线性规划问题可以表示为如下向量形式：

$$\max z = CX$$

$$\begin{cases} \sum_{j=1}^{n} P_j x_j = b \\ X \geqslant 0 \end{cases} \tag{3-2}$$

实际碰到各种线性规划问题时都应把数学模型变换为标准型后再求解。

以下讨论如何变换为标准型的问题。

（1）若要求目标函数实现最小化，即 $\min z = CX$，这时只需将目标函数最小化变换成求目标函数最大化，即令 $z' = -CX$。这样就同标准型的目标函数的形式一致了。

（2）约束方程式为不等式。这里有两种情况：一是约束方程式为"≤"不等式，则可在"≤"不等式的左端加入非负松弛变量，把原"≤"不等式变为等式；二是约束方程式为"≥"不等式，则可在"≥"不等式的左端减去一个非负剩余变量（也可称为松弛变量），把不等式约束条件变为等式约束条件。下面举例说明。

例 3-1　将下述线性规划问题化为标准型。

$$\max z = 2x_1 + 3x_2$$

$$\begin{cases} x_1 + 2x_2 \leqslant 8 \\ 4x_1 \leqslant 16 \\ 4x_2 \leqslant 12 \\ x_1,\ x_2 \geqslant 0 \end{cases}$$

解　在各个不等式中分别加上一个松弛变量 x_3，x_4，x_5，使不等式变为等式。这时得到标准型模型如下：

$$\max z = 2x_1 + 3x_2 + 0x_3 + 0x_4 + 0x_5$$

$$\begin{cases} x_1 + 2x_2 + x_3 = 8 \\ 4x_1 + x_4 = 16 \\ 4x_2 + x_5 = 12 \\ x_1,\ x_2,\ x_3,\ x_4,\ x_5 \geqslant 0 \end{cases}$$

所加松弛变量 x_3，x_4，x_5 表示没有被利用，所以在目标函数中其系数应为零，即 c_3，c_4，$c_5 = 0$。

（3）若存在取值无约束的变量 x_k，可令 $x_k = x_{k1} - x_{k2}$，其中 x_{k1}，$x_{k2} \geqslant 0$。

以上讨论说明，任何形式的数学模型都可化为标准型，下面继续举例说明。

例 3-2 将下述线性规划问题化为标准型。

$$\min z = -x_1 + 2x_2 - 3x_3$$

$$\begin{cases} x_1 + x_2 + x_3 \leqslant 7 \\ x_1 - x_2 + x_3 \geqslant 2 \\ 3x_1 + x_2 + 2x_3 = 5 \end{cases}$$

$$x_1，x_2 \geqslant 0；x_3 \text{ 为无约束}$$

解 ① 用 $x_4 - x_5$ 替换 x_3，其中 x_4，$x_5 \geqslant 0$。

② 在第一个约束不等式"$\leqslant$"的左端加入松弛变量 x_6。

③ 在第二个约束不等式"$\geqslant$"的左端减去剩余变量 x_7。

④ 令 $z' = -z$，把求 $\min z$ 改为求 $\max z'$，即可得到该问题的标准型如下。

$$\max z' = x_1 - 2x_2 + 3(x_4 - x_5) + 0x_6 + 0x_7$$

$$\begin{cases} x_1 + x_2 + (x_4 - x_5) + x_6 = 7 \\ x_1 - x_2 + (x_4 - x_5) - x_7 = 2 \\ -3x_1 + x_2 + 2(x_4 - x_5) = 5 \\ x_1，x_2，x_4，x_5，x_6，x_7 \geqslant 0 \end{cases}$$

3.2 图解线性规划

3.2.1 线性规划问题的图解法

将一个实际问题归结为线性规划问题的数学模型，仅仅是解决问题的第一个步骤，而我们的主要目的是求解数学模型，通过求解得到实际问题的一个最好决策。本节介绍用图解法求解，虽然它只适用于两个变量的线性规划问题，但由此而得出的一些重要结论对于多个变量的线性规划问题也是成立的。另外，图解法还具有直观性强、易于理解和掌握等优点。

例 3-3 解以下线性规划问题。

$$\max z = -x_1 + x_2$$

$$\begin{cases} x_1 + x_2 \leqslant 5 \\ -2x_1 + x_2 \leqslant 2 \\ x_1 - 2x_2 \leqslant 2 \\ x_1，x_2 \geqslant 0 \end{cases}$$

解 ① 分析约束条件，绘出可行域的图形。由解析几何知，两个变量的一个线性方程表示平面上的一条直线，两个变量的一个线性不等式表示一个半平面。例如，$x_1 + x_2 = 5$ 表示平面上的一条直线 RQ，如图 3-1 所示。直线 RQ 将平面划分为上半平面和下半平面两个部分。$x_1 + x_2 \geqslant 5$ 表示包括直线 RQ 在内的上半平面，$x_1 + x_2 \leqslant 5$ 表示包括直线 RQ 在内的下半平面。所以，满足不等式 $x_1 + x_2 \leqslant 5$ 的点，位于直线 RQ 上或它的下方。同理，满足 $-2x_1 + x_2 \leqslant 2$

的点，位于直线 SR 上或它的下方；满足 $x_1 - 2x_2 \leqslant 2$ 的点，位于直线 PQ 上或它的上方；满足 $x_1 \geqslant 0$ 的点，位于纵坐标轴 Ox_2 上或它的右方；满足 $x_2 \geqslant 0$ 的点，位于横坐标轴 Ox_1 上或它的上方。同时满足所有约束条件的点，位于五边形 $OPQRS$ 的边界上或它的内部。

上述五边形 $OPQRS$ 所围成的区域，称为线性规划问题的可行域。可行域上的任意一个点，称为线性规划问题的一个可行解。本题的要求是在可行域上找出一个可行解 (x_1, x_2)，使其对应的目标函数 $z = -x_1 + x_2$ 取得最大值。

② 考虑目标函数，绘制目标函数的等值线。对于给定的 z，$-x_1 + x_2 = z$ 表示平面上的一条直线。由于该直线上的任意一个点对应的目标函数值都相等，因此，该直线称为目标函数的等值线。例如，给定 $z = 0$，直线 $-x_1 + x_2 = 0$ 是一条目标函数的等值线（见图 3-1 中的虚线）。如果把 z 看作参数，则 $-x_1 + x_2 = z$ 表示一组平行的目标函数的等值线。而且不难看出，随着 z 值的增大，等值线逐渐沿图中箭头方向平行移动；反之，随着 z 值的减小，等值线逐渐沿图中箭头的反方向平行移动。

③ 向 z 值增大的方向平行移动等值线。现在我们要求使目标函数取得最大值。因此，一方面要使 z 的值尽可能增大，另一方面又要使等值线与可行域相交。由图 3-1 可见，点 R 就是我们要求的点。

解方程组

$$\begin{cases} x_1 + x_2 = 5 \\ -2x_1 + x_2 = 2 \end{cases}$$

得点 R 的坐标 $x_1 = 1$，$x_2 = 4$，称为线性规划问题的最优解。其对应的目标函数值 $z = -x_1 + x_2 = -1 + 4 = 3$，称为线性规划问题的最优值。

例 3-4　求解

$$\max z = 2x_1 + 2x_2$$

$$\begin{cases} x_1 - x_2 \geqslant 1 \\ x_1 - 2x_2 \geqslant 0 \\ x_1, \ x_2 \geqslant 0 \end{cases}$$

解　按例 3-3 的方法，首先由约束条件绘出可行域，如图 3-2 中的阴影部分，由图可见，可行域是一个无界的区域。

然后，把 z 看作参数，作目标函数的等值线 $2x_1 + 2x_2 = z$（见图 3-2 中的虚线）。不难发现，随着 z 值的增大，等值线逐渐沿图中箭头方向平行移动，始终与可行域相交。故目标函数无最大值，此线性规划问题无最优解。

例 3-5　求解

$$\min z = 2x_1 + 2x_2$$

$$\begin{cases} x_1 + x_2 \geqslant 1 \\ x_1 - 3x_2 \geqslant -3 \\ x_1 \leqslant 3 \\ x_1, \ x_2 \geqslant 0 \end{cases}$$

解　绘出可行域及目标函数的等值线 $2x_1 + 2x_2 = z$，如图 3-3 所示（图中虚线）。值得注意的是，等值线恰好与可行域的一条边界 PQ 平行。

图 3-1　求解线性规划问题示意（1）

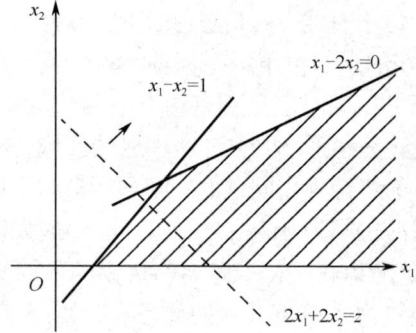

图 3-2　求解线性规划问题示意（2）

为了求目标函数的最小值，将等值线逐渐沿图中箭头的反方向平行移动，当其经过 PQ 时，对应的目标函数取得最小值。此时由于等值线与可行域相交于 PQ，故 PQ 上的任意一点都是最优解，本题有无穷多个最优解。

在 PQ 上任取一点，例如，$P（0,1）$，其对应的目标函数值 $z = 2x_1+2x_2 = 2$ 为最优值。

例 3-6　解线性规划问题

$$\max\ z=5x_1+3x_2$$
$$\begin{cases} x_1 + x_2 \leqslant 1 \\ x_1 + 2x_2 \geqslant 4 \\ x_1,\ x_2 \geqslant 0 \end{cases}$$

解　由于约束条件的 4 个半平面没有公共部分，因此，这个线性规划问题没有可行解，也就没有可行域，当然不会有最优解，如图 3-4 所示。

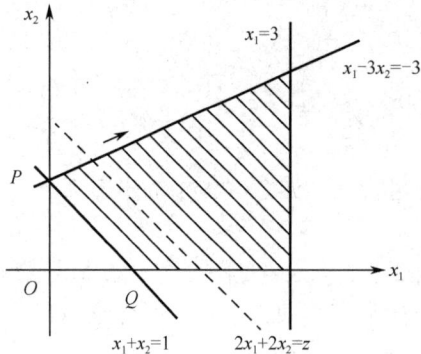

图 3-3　求解线性规划问题示意（3）

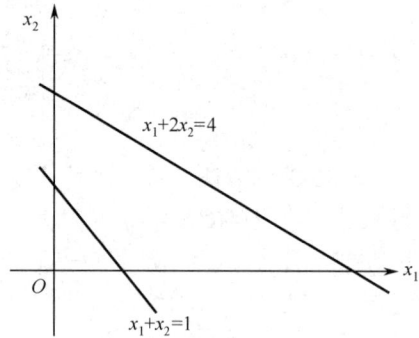

图 3-4　求解线性规划问题示意（4）

综合以上 4 个例子，我们可以看出，两个变量的线性规划问题具有以下两个重要的性质。

（1）两个变量的线性规划问题的可行域（如果存在）是一个凸多边形（可能有界，也可能无界）。

（2）如果两个变量的线性规划问题有最优解，则最优解一定可以在可行域的某一个顶点处取得。

在后面的学习中，我们可以发现以上两个性质对于多个变量的线性规划问题也是成立的。

3.2.2　线性规划问题中的基本概念

在讨论线性规划问题的求解前，要先了解线性规划问题的解的概念，由 3.1.2 节可知，一般线性规划问题的标准型为

$$\max z' = \sum_{j=1}^{n} c_j x_j \qquad (3\text{-}3)$$

$$\begin{cases} \sum_{j=1}^{n} a_{ij}x_j = b_i & (i = 1,2,\cdots,m) & (3\text{-}4) \\ x_j \geqslant 0 & (j = 1,2,\cdots,n) & (3\text{-}5) \end{cases}$$

1．可行解和可行域

满足约束条件式（3-4）及式（3-5）的 $X = (x_1, x_2, \cdots, x_n)^{\mathrm{T}}$，称为线性规划问题的可行解。所有可行解构成的集合，称为线性规划问题的可行域。

如果上述的 $X = (x_1, x_2, \cdots, x_n)^{\mathrm{T}}$ 不存在，则线性规划问题就没有可行解。

2．最优解和最优值

使目标函数取得最大值的可行解，称为线性规划问题的最优解。最优解对应的目标函数值，称为线性规划问题的最优值。

对于其他形式的线性规划问题，都可类似地定义它们的可行解、可行域、最优解和最优值。

3．基、基变量、非基变量

设 A 是由约束方程组式（3-4）的系数构成的 $m \times n$ 阶矩阵，即

$$A = \begin{pmatrix} a_{11} & a_{12} & \cdots & a_{1n} \\ a_{21} & a_{22} & \cdots & a_{2n} \\ \vdots & \vdots & \vdots & \vdots \\ a_{m1} & a_{m2} & \cdots & a_{mn} \end{pmatrix} = (P_1, P_2, \cdots, P_n)$$

P_j（$j=1,2,\cdots,n$）是 A 的 n 个列向量。

并设 A 的秩为 m，B 是 A 的任意一个 m 阶非奇异子矩阵（$|B| \neq 0$），则称 B 是线性规划问题的一个基。

显然，一个线性规划问题的基的个数不会超过 C_n^m。由线性代数知识可知，若 B 是线性规划问题的一个基，则 B 一定是由 m 个线性无关的列向量组成的。为了确定起见，不失一般性，可设

$$B = \begin{pmatrix} a_{11} & a_{12} & \cdots & a_{1m} \\ a_{21} & a_{22} & \cdots & a_{2m} \\ \vdots & \vdots & \vdots & \vdots \\ a_{m1} & a_{m2} & \cdots & a_{mm} \end{pmatrix} = (P_1, P_2, \cdots, P_m)$$

我们称 P_j（$j=1,2,\cdots,m$）为关于基 B 的基向量，与基向量 P_j 对应的变量 x_j（$j=1,2,\cdots,m$）称为关于基 B 的基变量，其余的变量 x_j（$j=m+1,\cdots,n$）称为关于基 B 的非基变量。

4．基本解、基本可行解

当基 $B=(P_1, P_2, \cdots, P_m)$ 取定以后，如果令所有关于基 B 的非基变量为零，即令 $x_{m+1}=x_{m+2}=\cdots=x_n=0$，因为 B 非奇异，所以由约束方程组式（3-4）可以求出唯一的一个解

$$X=(x_1, x_2, \cdots, x_m, 0, \cdots, 0)^{\mathrm{T}}$$

称为关于基 B 的基本解。

基本解不一定满足非负条件式（3-5），即基本解不一定是可行解。满足非负条件式（3-5）的基本解，称为关于基 B 的基本可行解。显然，每个基本可行解的非零分量的个数都不会超过 m，如果非零分量的个数小于 m，也就是存在着取值为零的基变量，则称该基本可行解为退化的基本可行解。

由此可见，一个线性规划问题的所有基本解都可分为基本可行解和不可行的基本解两类。由于基和基本解是一一对应的，所以相应地，一个线性规划问题的所有的基也分为两类：

（1）基本可行解对应的基，称为可行基。当基本可行解是最优解时，它所对应的可行基称为最优可行基或最优基。

（2）不可行的基本解对应的基，称为非可行基。

例 3-7 求下列线性规划问题的基本可行解。

$$\max \ z=2x_1+3x_2$$

$$\begin{cases} 2x_1+x_2+x_3=2 \\ x_1+3x_2+x_4=3 \\ x_1,\ x_2,\ x_3,\ x_4 \geq 0 \end{cases}$$

解 该线性规划问题约束方程组的系数矩阵为

$$A=\begin{bmatrix} 2 & 1 & 1 & 0 \\ 1 & 3 & 0 & 1 \end{bmatrix}=(P_1 \quad P_2 \quad P_3 \quad P_4)$$

A 的子矩阵 $B_1=(P_3 \quad P_4)=\begin{bmatrix} 1 & 0 \\ 0 & 1 \end{bmatrix}$ 非奇异，因而 B_1 是一个基，关于基 B_1 的基变量为 x_3，x_4，非基变量为 x_1，x_2，令非基变量 $x_1=x_2=0$，解约束方程组，得关于基 B_1 的基本解

$$X^{(1)}=(0, 0, 2, 3)^{\mathrm{T}}$$

因为 $X^{(1)}$ 满足非负条件，所以 $X^{(1)}$ 是关于基 B_1 的一个基本可行解，B_1 是一个可行基。同理，A 的子矩阵 $B_2=(P_1 \quad P_2)=\begin{bmatrix} 2 & 1 \\ 1 & 3 \end{bmatrix}$ 非奇异，因而它也是一个基，用同样的方法可求得其对应的基本可行解

$$X^{(2)}=(3/5, 4/5, 0, 0)^{\mathrm{T}}$$

B_2 也是一个可行基。

其余的基本可行解请读者自行求出。

值得注意的是，虽然 A 的非奇异子矩阵 $B_3=(P_2 \quad P_4)=\begin{bmatrix} 1 & 0 \\ 3 & 1 \end{bmatrix}$ 也是一个基，但其对应的基本解

$$X^{(3)}=(0, 2, 0, -3)^{\mathrm{T}}$$

不满足非负条件，故 $X^{(3)}$ 不是基本可行解，B_3 为非可行基。

3.3 单纯形法

3.3.1 单纯形法的基本思想

单纯形法是用迭代法求解线性规划问题的一种方法。迭代法是一种计算方法，用这种方法可以产生一系列有次序的点，除初始点以外的每个点，都是根据它前面的点计算出来的。

单纯形法的基本思想是：从线性规划问题的标准型出发，首先求出一个基本可行解（称为初始基本可行解），然后按一定的方法迭代到另一个基本可行解，并使基本可行解所对应的目标函数值逐步增大；经过有限次迭代，当目标函数达到最大值或判定目标函数无最大值时，就停止迭代。

上述迭代过程，可以用代数运算形式或表格形式来进行。代数运算形式比较烦琐，表格形式相对简练。但是代数运算形式能详细地说明单纯形法的迭代过程。因此，本节首先介绍单纯形法的代数运算形式，使初学者了解迭代的全过程，然后在此基础上进行简化，介绍单纯形法的表格形式。下面结合实例来介绍单纯形法的代数运算形式。

例 3-8 用单纯形法的代数运算形式求解下列线性规划问题。

$$\max z = 7x_1 + 15x_2$$

$$\begin{cases} x_1 + x_2 \leqslant 6 \\ x_1 + 2x_2 \leqslant 8 \\ x_2 \leqslant 3 \\ x_1, \ x_2 \geqslant 0 \end{cases} \tag{3-6}$$

解 ① 化为标准型。引入松弛变量 x_3, x_4, x_5，将上述问题化为如下标准型：

$$\max z = 7x_1 + 15x_2$$

$$\begin{cases} x_1 + x_2 + x_3 = 6 \\ x_1 + 2x_2 + x_4 = 8 \\ x_2 + x_5 = 3 \\ x_1, \ x_2, \ \cdots, \ x_5 \geqslant 0 \end{cases} \tag{3-7}$$

② 找一个初始基本可行解 $X^{(0)}$。上述标准型的约束方程组的系数矩阵为

$A = \begin{bmatrix} 1 & 1 & 1 & 0 & 0 \\ 1 & 2 & 0 & 1 & 0 \\ 0 & 1 & 0 & 0 & 1 \end{bmatrix}$，含有 3 个线性无关的单位列向量：

$$P_3 = \begin{bmatrix} 1 \\ 0 \\ 0 \end{bmatrix} \qquad P_4 = \begin{bmatrix} 0 \\ 1 \\ 0 \end{bmatrix} \qquad P_5 = \begin{bmatrix} 0 \\ 0 \\ 1 \end{bmatrix}$$

从而 A 的子矩阵

$$B_0 = (P_3 \quad P_4 \quad P_5) = \begin{bmatrix} 1 & 0 & 0 \\ 0 & 1 & 0 \\ 0 & 0 & 1 \end{bmatrix}$$

为非奇异，它是线性规划问题式（3-7）的一个基。而且由于约束方程组的右端常数项均为非负，所以 B_0 显然是一个可行基，x_3，x_4，x_5 为关于可行基 B_0 的基变量，x_1，x_2 为关于可行基 B_0 的非基变量。为求初始基本可行解，在式（3-7）的约束方程组中令非基变量 $x_1 = x_2 = 0$，从而有 $x_3 = 6$，$x_4 = 8$，$x_5 = 3$，它们就是约束方程组的右端常数项。于是得到初始基本可行解 $X^{(0)} = (0, 0, 6, 8, 3)^T$，其对应的目标函数值 $z_0 = 7 \times 0 + 15 \times 0 = 0$。

③ 检验 $X^{(0)}$ 是否为最优解。由目标函数的表达式 $z = 7x_1 + 15x_2$ 可知，非基变量 x_1 和 x_2 的系数为正数，如果把非基变量 x_1 或 x_2 转换为基变量，而且取正值，则会使目标函数的值增大。可见 $X^{(0)}$ 不是最优解。

④ 第一次迭代。经过每一次迭代，得到一个新的基本可行解。因此，每一次迭代以后，哪些变量作为基变量，哪些变量作为非基变量，就会发生变化。

现在的目标函数中 x_2 的系数大于 x_1 的系数，因此，可以选取 x_2 为基变量，而且让它取尽可能大的值，x_1 仍作为非基变量，取值为零。从原来的基变量 x_3，x_4，x_5 中选出一个作为非基变量。但是 x_2 的取值不能任意地增大，它要受到约束方程组的限制，由式（3-7）的约束方程组得

$$\begin{cases} x_3 = 6 - x_1 - x_2 \\ x_4 = 8 - x_1 - 2x_2 \\ x_5 = 3 - x_2 \end{cases} \tag{3-8}$$

将 $x_1 = 0$，$x_2 = \theta$ 代入式（3-8），为了让 θ 取尽可能大的值，同时又考虑到 x_3，x_4，x_5 必须取非负值，从而 θ 的值应满足

$$\begin{cases} x_3 = 6 - \theta \geqslant 0 \\ x_4 = 8 - 2\theta \geqslant 0 \\ x_5 = 3 - \theta \geqslant 0 \end{cases}$$

即

$$x_2 = \theta = \min\left\{ \frac{6}{1} \quad \frac{8}{2} \quad \frac{3}{1} \right\} = 3$$

相应地有

$$\begin{cases} x_3 = 6 - 3 = 3 \\ x_4 = 8 - 2 \times 3 = 2 \\ x_5 = 3 - 3 = 0 \end{cases}$$

由此可见，从原来的基变量 x_3，x_4，x_5 中选出 x_5 作为非基变量，得第一次迭代后的基本可行解

$$X^{(1)} = (0, 3, 3, 2, 0)^T$$

其对应的目标函数值为

$$z_1 = 7 \times 0 + 15 \times 3 = 45 \geqslant z_0$$

⑤ 检验 $X^{(1)}$ 是否为最优解。为了回答这个问题，我们将式（3-7）的约束方程组改写为

用非基变量 x_1，x_5 来表示基变量 x_2，x_3，x_4 的表达式：

$$\begin{cases} x_3 = 3 - x_1 + x_5 \\ x_4 = 2 - x_1 + 2x_5 \\ x_2 = 3 - x_5 \end{cases} \tag{3-9}$$

将式（3-9）代入目标函数，得目标函数用非基变量 x_1，x_5 表示的表达式 $z = 45 + 7x_1 - 15x_5$，非基变量 x_1 的系数是正数，如果把非基变量 x_1 转换为基变量，而且取正值，则会使目标函数值进一步增大。由此可见，$\boldsymbol{X}^{(1)}$ 不是最优解。

⑥ 第二次迭代。和第一次迭代同样的道理，应选取非基变量 x_1 成为基变量，让它取尽可能大的值，x_5 仍作为非基变量取值为零，从基变量 x_2，x_3，x_4 中选出一个作为非基变量。x_1 的取值也按同样的方法来确定。

将 $x_1 = \theta$，$x_5 = 0$ 代入式（3-9），并考虑到 x_2，x_3，x_4 必须取非负值，因此 θ 的值应满足

$$\begin{cases} x_3 = 3 - \theta \geq 0 \\ x_4 = 2 - \theta \geq 0 \\ x_2 = 3 \geq 0 \end{cases}$$

即

$$x_1 = \theta = \min\left\{ \frac{3}{1} \quad \frac{2}{1} \right\} = 2$$

相应地有

$$\begin{cases} x_3 = 3 - 2 = 1 \\ x_4 = 2 - 2 = 0 \\ x_2 = 3 \end{cases}$$

可见 x_4 成为非基变量，得第二次迭代后的基本可行解 $\boldsymbol{X}^{(2)} = (2, 3, 1, 0, 0)^{\mathrm{T}}$，对应的目标函数值 $z_2 = 45 + 7 \times 2 - 15 \times 0 = 59 \geq z_1$。

⑦ 检验 $\boldsymbol{X}^{(2)}$ 是否为最优解。同前面检验 $\boldsymbol{X}^{(1)}$ 一样的道理，将式（3-7）的约束方程组改写为用非基变量 x_4，x_5 来表示基变量 x_1，x_2，x_3 的表达式，可在式（3-9）的基础上移项后得

$$\begin{cases} x_3 = 1 + x_4 - x_5 \\ x_1 = 2 - x_4 + 2x_5 \\ x_2 = 3 - x_5 \end{cases} \tag{3-10}$$

将式（3-10）代入目标函数，得目标函数用非基变量 x_4，x_5 表示的表达式 $z = 59 - 7x_4 - x_5$，这时，目标函数中的非基变量 x_4，x_5 的系数都不大于零。可见目标函数的值已经不可能再继续增大，目标函数已经取得最大值 59，故 $\boldsymbol{X}^{(2)}$ 是最优解。

通过以上例题的分析，可以归纳出单纯形法的步骤如下。

（1）建立实际问题的线性规划数学模型。

（2）把一般的线性规划问题化为标准型。

（3）确定初始基本可行解。

（4）检验所得到的基本可行解是否为最优解。

（5）迭代，求得新的基本可行解。

（6）重复（4）和（5），直到得到最优解，或者判定无最优解。

关于建立数学模型和化为标准型的问题，在前面已经讨论过，下面主要讨论：①初始基本可行解的确定；②最优性检验；③如何进行迭代。

3.3.2 单纯形表

单纯形表的实质就是把线性规划问题中的系数分离出来，然后利用这些系数将目标函数、约束方程组及迭代过程用表格的形式表示出来，从而简化单纯形法的计算。

前面提到，单纯形法求解线性规划问题时，首先将问题化为标准型，然后看其是不是规范型。若不是规范型，则将其化为规范型。因此，现在就从规范型出发讨论。

给出以 x_1, x_2, $\cdots$, x_m 为基变量的规范型为

$$\max \ z = c_1 x_1 + c_2 x_2 + \cdots + c_n x_n$$

$$\begin{cases} x_1 + a_{1,\,m+1} x_{m+1} + \cdots + a_{1n} x_n = b_1 \\ x_2 + a_{2,\,m+1} x_{m+1} + \cdots + a_{2n} x_n = b_2 \\ \qquad\qquad\qquad \vdots \\ x_m + a_{m,\,m+1} x_{m+1} + \cdots + a_{mn} x_n = b_m \\ \qquad x_1, \ x_2, \ \cdots, \ x_n \geq 0 \end{cases} \qquad (3\text{-}11)$$

其中，$b_i \geq 0$（$i = 1$, 2, $\cdots$, m）。

从规范型出发，可立即得到初始可行基

$$B_0 = (P_1, \ P_2, \ \cdots, \ P_m) = \begin{bmatrix} 1 & 0 & \cdots & 0 \\ 0 & 1 & \cdots & 0 \\ \vdots & \vdots & \vdots & \vdots \\ 0 & 0 & \cdots & 1 \end{bmatrix}$$

和初始基本可行解 $X^{(0)} = (b_1, \ b_2, \ \cdots, \ b_m, \ 0, \ \cdots, \ 0)^{\mathrm{T}}$。

为了判断所得到的基本可行解是不是最优解，需要求出所有非基变量的检验数 σ_j（$j = m+1$, $\cdots$, n），并要得到基本可行解所对应的目标函数值 z_0。

将式（3-11）的目标函数和约束方程组的系数分离出来，写成表格的形式，如表 3-2 所示。

表 3-2 单纯形表

	c_j	c_1	c_2	$\cdots$	c_m	c_{m+1}	$\cdots$	c_n	b	θ
C_B	X_B	x_1	x_2	$\cdots$	x_m	x_{m+1}	$\cdots$	x_n		
c_1	x_1	1	0	$\cdots$	0	$a_{1,\,m+1}$	$\cdots$	a_{1n}	b_1	θ_1
c_2	x_2	0	1	$\cdots$	0	$a_{2,\,m+1}$	$\cdots$	a_{2n}	b_2	θ_2
$\vdots$	$\vdots$	$\vdots$	$\vdots$	$\vdots$	$\vdots$	$\vdots$	$\vdots$	$\vdots$	$\vdots$	$\vdots$
c_m	x_m	0	0	$\cdots$	1	$a_{m,\,m+1}$	$\cdots$	a_{mn}	b_m	θ_m
σ_j		0	0	$\cdots$	0	σ_{m+1}	$\cdots$	σ_n	z_0	

表中各部分的含义如下。

c_j 行填入式（3-11）的目标函数中变量 x_j 的系数 c_j（$j = 1$, 2, $\cdots$, n）。

X_B 列填入基变量。

C_B 列填入式（3-11）的目标函数中基变量的系数。

b 列填入基本可行解中基变量的值。

σ_j 行填入所有变量的检验数，其中基变量的检验数为零，非基变量的检验数为 c_j 减去 C_B 与其对应的 P_j 元素积之和。若所有非基变量的检验数 $\sigma_j \leq 0$，则其对应的基本可行解为最优解；若至少存在一个 $\sigma_k \geq 0$（$m+1 \leq k \leq n$），而且所有 $a_{ik} \leq 0$（$i=1，2，\cdots，m$），则问题无最优解。σ_j 行最后一列为基本可行解对应的目标函数值 z_0（目标函数值为 b 列与 C_B 对应元素积之和）。

中间一块矩形区域填入约束方程组的系数矩阵。

θ 列数字是在确定入基变量后，按 θ 法则计算出来的 θ 值，之后利用这一列值进行计算，由此确定出基变量。具体分析如下。

首先确定入基变量。根据目标函数 z 用非基变量来表示的表达式可知，要使目标函数值能较快地增大，通常会选择正的检验数中最大的一个所对应的非基变量作为入基变量。入基变量的确定法则为：

若 $\max\left\{\sigma_j \middle| \sigma_j > 0\right\} = \sigma_k$，则取 x_k 为入基变量。

然后要确定出基变量。设迭代以后得到基本可行解 $X' = (x'_1，x'_2，\cdots，x'_n)^T$。由此可知，基本可行解 X' 的 n 个分量为

$$\begin{cases} x'_j = 0\,(j = m+1，\cdots，k-1，k-2，\cdots，n) \\ x'_k = \theta \geq 0\,（\theta\text{取尽可能大的值}） \\ x'_i = b_i - a_{ik}\theta\,(i = 1，2，\cdots，m) \end{cases}$$

为了使 $x'_1，x'_2，\cdots，x'_m$ 中有一个成为非基变量，取值为零，其余变量要求保持非负。故 θ 的取值应满足以下法则：

若　$\theta = \min\left\{\dfrac{b_i}{a_{ik}} \middle| a_{ik} > 0\right\} = \dfrac{b_l}{a_{lk}}$　（$1 \leq l \leq m$）

则取 x_1 为出基变量。

以上法则也称为 θ 法则，后面将举例说明。

需要指出的是，随着迭代过程的进行，哪些变量作为基变量、哪些变量作为非基变量会发生变化，相应的 X_B 列、C_B 列、b 列、σ_j 行及系数矩阵都会发生变化，从而得到一系列单纯形表。

例 3-9　用单纯形法求解。

$$\max\ z = 7x_1 + 15x_2$$
$$\begin{cases} x_1 + x_2 \leq 6 \\ x_1 + 2x_2 \leq 8 \\ x_2 \leq 3 \\ x_1，x_2 \geq 0 \end{cases}$$

解　引入松弛变量 $x_3，x_4，x_5$，将上述问题化为规范型：

$$\max\ z = 7x_1 + 15x_2$$

$$\begin{cases} x_1 + x_2 + x_3 = 6 \\ x_1 + 2x_2 + x_4 = 8 \\ x_2 + x_5 = 3 \\ x_1, \ x_2, \ \cdots, \ x_5 \geq 0 \end{cases}$$

建立初始单纯形表，如表 3-3 所示。

表 3-3　初始单纯形表

c_j		7	15	0	0	0	b	θ
C_B	X_B	x_1	x_2	x_3	x_4	x_5		
0	x_3	1	1	1	0	0	6	6/1
0	x_4	1	2	0	1	0	8	8/2
0	x_5	0	[1]	0	0	1	3	3/1
σ_j		7	15	0	0	0		0

由上述初始单纯形表可以看出，初始基本可行解 $X^{(0)}=(0, 0, 6, 8, 3)^{T}$，其对应的目标函数值 $z_0=0$。

为了检验 $X^{(0)}$ 是否为最优解，从表中最后一行可得到非基变量 x_1 和 x_2 的检验数 $\sigma_1=7$ 和 $\sigma_2=15$，均大于零，故 $X^{(0)}$ 不是最优解。

因为 $\max\{\sigma_1, \sigma_2\}= \max\{7, 15\}=15$，所以取 x_2 为入基变量，并把变量 x_2 所在列称为"主列"。

又因为 $\theta = \min\left\{\dfrac{b_i}{a_{i2}}\Big|a_{i2}>0\right\}= \min\{6/1, 8/2, 3/1\}=3$，所以取 x_5 为出基变量，并把变量 x_5 所在的行称为"主行"。主行和主列交叉处的数称为"主元素"，即表中带有"[]"的数。

以[1]为主元素，用高斯消去法（初等行变换法）进行第一次迭代运算，使主列 $\begin{bmatrix}1\\2\\1\end{bmatrix}$ 变为 $\begin{bmatrix}0\\0\\1\end{bmatrix}$，其他数字也做相应的变化，并重新求出检验数，得第一次迭代后的单纯形表如表 3-4 所示。

表 3-4　第一次迭代后的单纯形表

c_j		7	15	0	0	0	b	θ
C_B	X_B	x_1	x_2	x_3	x_4	x_5		
0	x_3	1	0	1	0	−1	3	3/1
0	x_4	[1]	0	0	1	−2	2	2/1
15	x_2	0	1	0	0	1	3	~
σ_j		7	0	0	0	−15		45

由表 3-4 可得 $\boldsymbol{X}^{(1)}=(0,3,3,2,0)^{\mathrm{T}}$，$z_1=45$。

由于 $\sigma_1=7>0$，故取 x_1 为入基变量。

又因 $\theta=\min\{3/1,2/1,\sim\}=2$，故取 x_4 为出基变量。

按照与第一次迭代相同的方法，找到主行、主列、主元素后，进行第二次迭代，其单纯形表如表 3-5 所示。

表 3-5　第二次迭代后的单纯形表

c_j		7	15	0	0	0	b	θ
C_B	X_B	x_1	x_2	x_3	x_4	x_5		
0	x_3	0	0	1	−1	1	1	
7	x_1	1	0	0	1	−2	2	
15	x_2	0	1	0	0	1	3	
σ_j		0	0	0	−7	−1	59	

由表 3-5 可得 $\boldsymbol{X}^{(2)}=(2,3,1,0,0)^{\mathrm{T}}$，$z_2=59$。

这时，非基变量的检验数均不大于零，故 $\boldsymbol{X}^{(2)}$ 为最优解，$z_2=59$ 为最优值。实际计算时，在写法上还可进一步简化。

例 3-10　用单纯形法求解。

$$\max z = 6x_1 + 2x_2 + 10x_3 + 8x_4$$

$$\begin{cases} 5x_1 + 6x_2 - 4x_3 - 4x_4 \leqslant 20 \\ 3x_1 - 3x_2 + 2x_3 + 8x_4 \leqslant 25 \\ 4x_1 - 2x_2 + x_3 + 3x_4 \leqslant 10 \\ x_1,\ x_2,\ x_3,\ x_4 \geqslant 0 \end{cases}$$

解　引入松弛变量 x_5，x_6，x_7，将上述问题化为规范型：

$$\max z = 6x_1 + 2x_2 + 10x_3 + 8x_4$$

$$\begin{cases} 5x_1 + 6x_2 - 4x_3 - 4x_4 + x_5 = 20 \\ 3x_1 - 3x_2 + 2x_3 + 8x_4 + x_6 = 25 \\ 4x_1 - 2x_2 + x_3 + 3x_4 + x_7 = 10 \\ x_1,\ x_2,\ \cdots,\ x_7 \geqslant 0 \end{cases}$$

运算过程如表 3-6 所示。

表 3-6　单纯形表运算过程

c_j		6	2	10	8	0	0	0	b	θ
C_B	X_B	x_1	x_2	x_3	x_4	x_5	x_6	x_7		
0	x_5	5	6	−4	−4	1	0	0	20	$\sim$
0	x_6	3	−3	2	8	0	1	0	25	25/2
0	x_7	4	−2	[1]	3	0	0	1	10	10/1

续表

σ_j		6	2	10	8	0	0	0		0
0	x_5	21	−2	0	8	1	0	4	60	~
0	x_6	−5	[1]	0	2	0	1	−2	5	5/1
10	x_3	4	−2	1	3	0	0	1	10	~
σ_j		−34	22	0	−22	0	0	−10		100
0	x_5	11	0	0	12	1	2	0	70	
2	x_2	−5	1	0	2	0	1	−2	5	
10	x_3	−6	0	1	7	0	2	−3	20	
σ_j		76	0	0	−66	0	−22	34		210

根据前面所讲的"无最优解判别定理",因为存在一个 $\sigma_7=34>0$,且所有 $a_{i7}\leqslant0$,故本题无最优解。

前面所讲的单纯形法,是针对求最大值问题而言的。对于求最小值问题,可以按之前所介绍的方法先将其转化为求最大值问题,然后再来求解。为了方便起见,我们也可以直接对最小值问题求解,只要将最优性检验和出/入基变量的确定法则做相应的改变就可以了。相关的法则如表 3-7 所示。

表 3-7 最优性检验和出/入基变量的确定法则

问题 法则	max	min
最优性检验	所有非基变量的检验数 $\sigma_j\leqslant0$	所有非基变量的检验数 $\sigma_j\geqslant0$
入基变量的确定	若 $\max\{\sigma_j\mid\sigma_j>0\}=\sigma_k$,则取 x_k 为入基变量	若 $\max\{\sigma_j\mid\sigma_j<0\}=\sigma_k$,则取 x_k 为入基变量
出基变量的确定	若 $\theta=\min\left\{\dfrac{b_i}{a_{ik}}\mid a_{ik}>0\right\}=\dfrac{b_l}{a_{lk}}$,则取 x_l 为出基变量(i 为所有基变量的下标)	

单纯形法求解最大值问题的步骤可归纳如下。

(1)将一般线性规划问题化为标准型后,进一步化为规范型,必要时需要用人工变量法。人工变量是指在一般情况下,将线性规划问题化为标准型以后,不一定是规范型,这时可以人为地增加一些非负变量,将标准型化为规范型。这样的非负变量,不同于决策变量和松弛变量,我们把它们称为人工变量。

增加了人工变量以后的线性规划问题,已经不是原来的问题了。因此,它的解不一定是我们所需要的解。人工变量法的关键就是通过一定的方法,在最终所得到的最优解中,使所有的人工变量的取值为零,从而回到原来的问题上。

(2)找出初始可行基,确定初始基本可行解,建立初始单纯形表。

(3)若所有非基变量的检验数 $\sigma_j\leqslant0$,则已得到最优解,停止计算;否则,转到下一步。

(4)在所有正的检验数中,若有一个 σ_k 对应的系列列向量 $P_k\leqslant0$,则此线性规划问题无最优解,停止计算;否则,转入下一步。

(5)若在所有正的检验数中,最大的一个为 σ_k,则取 x_k 为入基变量。

（6）根据 θ 法则确定出基变量。

（7）进行迭代运算，求得新的单纯形表和新的基本可行解，转到步骤（3）。

求解最小值问题的步骤，只要将上述步骤做相应的改变即可。

3.4 线性规划的应用

下面举例说明线性规划在交通运输、经济管理等方面的应用。

例 3-11 某工厂用两种不同原料均可生产同一产品，若采用甲种原料，每吨成本为 1 000 元，运费 500 元，可得产品 90 千克；若采用乙种原料，每吨成本为 1 500 元，运费 400 元，可得产品 100 千克。如果每月原料的总成本不超过 6 000 元，运费不超过 2 000 元，如表 3-8 所示，那么此工厂每月最多可生产多少千克产品？

表 3-8 某工厂月原料总成本和总运费

原 材 料	成 本	运 费	产 品
甲	1 000 元/吨	500 元/吨	90 千克
乙	1 500 元/吨	400 元/吨	100 千克
最大消耗	6 000 元	2 000 元	

解 为了生产出最多的该产品，可设分别需要甲、乙两种材料 x_1、x_2 吨，可生产 z 千克产品，则列出以下数学模型：

$$\max z = 90x_1 + 100x_2$$

$$\begin{cases} 1\,000x_1 + 1\,500x_2 \leqslant 6\,000 \\ 500x_1 + 400x_2 \leqslant 2\,000 \\ x_1,\ x_2 \geqslant 0 \end{cases}$$

由此计算出工厂每月最多生产产品的数量。

例 3-12 某家具厂有方木料 90 m³，五合板 600 m³，准备加工成书桌和书橱。已知生产每张书桌需要方木料 0.1 m³，五合板 2 m³，生产每个书橱需要方木料 0.2 m³，五合板 1 m³，出售一张书桌可获利 80 元，出售一个书橱可获利 120 元，如表 3-9 所示。如果只安排生产书桌可获利多少？如果只安排生产书橱可获利多少？怎样安排生产可使所得利润最大？

表 3-9 某家具厂资源及分配

产品资源	书 桌	书 橱	资源限额
方木料	0.1 张	0.2 个	90m³
五合板	2 张	1 个	600 m³
利润	80 元	120 元	

解 分析如下。

由表 3-9 可知：

① 只生产书桌，用完了五合板，可生产书桌 600÷2=300（张）。

可获利润：80×300=24 000（元），但方木料没有用完。

② 只生产书橱，用完了方木料，可生产书橱 90÷0.2=450（个）。

可获利润：120×450=54 000（元），但五合板没有用完。

在上面两种情况下，原料都没有充分利用，造成了资源的浪费，那么该怎样安排才能够使资源得到最大限度的利用，且可获得最大利润呢？

解决方案如下：

设可生产书桌 x_1 张，书橱 x_2 个，最大利润为 z，由表3-9可得

$$\max \ z = 80x_1 + 120x_2$$

$$\begin{cases} 0.1x_1 + 0.2x_2 \leqslant 90 \\ 2x_1 + x_2 \leqslant 600 \\ x_1, \ x_2 \geqslant 0 \end{cases}$$

通过以上分析，把实际问题转化为数学中求线性目标函数的最优解问题。

例 3-13 某货轮有 3 个舱口，它们的载容量和载重量如表 3-10 所示。

表 3-10 某货轮舱口的载容量和载重量

舱　号	载容量（m³）	载重量（t）
1	3 600	2 800
2	4 200	3 200
3	3 000	2 400

待运货物的品种、数量、体积、重量及运费如表 3-11 所示。

表 3-11 待运货物的品种、数量、体积、重量及运费

货物种类	数量（件）	体积（m³/件）	重量（t/件）	运费（元/件）
1	500	8	6	1 500
2	1000	4	3	800
3	600	5	4	900

为了保证航行的安全，要求各舱基本上按照确定的载重量装货，2 号舱对 1 号舱的载重量比值和 2 号舱对 3 号舱的载重量比值，允许变动的范围在 10% 以内，3 号舱对 1 号舱的载重量比值，允许变动的范围在 5% 以内。试问应如何合理地配载，才能使总的运费收入达到最大？

解 设 x_{ij} 为第 i 种货物装在第 j 号舱的件数（$i, j = 1, 2, 3$），z 为总运费收入，求 x_{ij}（$i, j = 1, 2, 3$），使

$$z = 1500(x_{11}+x_{12}+x_{13}) + 800(x_{21}+x_{22}+x_{23}) + 900(x_{31}+x_{32}+x_{33})$$

取得最大值。

各舱载重量的约束：

$$6x_{11}+3x_{21}+4x_{31} \leqslant 2\,800$$
$$6x_{12}+3x_{22}+4x_{32} \leqslant 3\,200$$
$$6x_{13}+3x_{23}+4x_{33} \leqslant 2\,400$$

各舱载容量的约束：

$$8x_{11}+4x_{21}+5x_{31}\leqslant 3\,600$$
$$8x_{12}+4x_{22}+5x_{32}\leqslant 4\,200$$
$$8x_{13}+4x_{23}+5x_{33}\leqslant 3\,000$$

货物数量的约束：

$$x_{11}+x_{12}+x_{13}\leqslant 500$$
$$x_{21}+x_{22}+x_{23}\leqslant 1\,000$$
$$x_{31}+x_{32}+x_{33}\leqslant 600$$

各舱载重量的比值：

$$\frac{1\text{号舱的载重量}}{2\text{号舱的载重量}}=\frac{2\,800}{3\,200}=\frac{7}{8}$$
$$\frac{3\text{号舱的载重量}}{2\text{号舱的载重量}}=\frac{2\,400}{3\,200}=\frac{3}{4}$$
$$\frac{1\text{号舱的载重量}}{3\text{号舱的载重量}}=\frac{2\,800}{2\,400}=\frac{7}{6}$$

平衡条件的约束：

$$\frac{7}{8}(1-0.10)\leqslant \frac{6x_{11}+3x_{21}+4x_{31}}{6x_{12}+3x_{22}+4x_{32}}\leqslant \frac{7}{8}(1+0.10)$$
$$\frac{3}{4}(1-0.10)\leqslant \frac{6x_{13}+3x_{23}+4x_{33}}{6x_{12}+3x_{22}+4x_{32}}\leqslant \frac{3}{4}(1+0.10)$$
$$\frac{7}{6}(1-0.05)\leqslant \frac{6x_{11}+3x_{21}+4x_{31}}{6x_{13}+3x_{23}+4x_{33}}\leqslant \frac{7}{6}(1+0.05)$$

综合以上讨论，得到该问题的数学模型

$$\max z=1\,500(x_{11}+x_{12}+x_{13})+800(x_{21}+x_{22}+x_{23})+900(x_{31}+x_{32}+x_{33})$$

$$\begin{cases}6x_{11}+3x_{21}+4x_{31}\leqslant 2\,800\\6x_{12}+3x_{22}+4x_{32}\leqslant 3\,200\\6x_{13}+3x_{23}+4x_{33}\leqslant 2\,400\\8x_{11}+4x_{21}+5x_{31}\leqslant 3\,600\\8x_{12}+4x_{22}+5x_{32}\leqslant 4\,200\\8x_{13}+4x_{23}+5x_{33}\leqslant 3\,000\\x_{11}+x_{12}+x_{13}\leqslant 500\\x_{21}+x_{22}+x_{23}\leqslant 1\,000\\x_{31}+x_{32}+x_{33}\leqslant 600\\\frac{7}{8}(1-0.10)\leqslant \frac{6x_{11}+3x_{21}+4x_{31}}{6x_{12}+3x_{22}+4x_{32}}\leqslant \frac{7}{8}(1+0.10)\\\frac{3}{4}(1-0.10)\leqslant \frac{6x_{13}+3x_{23}+4x_{33}}{6x_{12}+3x_{22}+4x_{32}}\leqslant \frac{3}{4}(1+0.10)\\\frac{7}{6}(1-0.05)\leqslant \frac{6x_{11}+3x_{21}+4x_{31}}{6x_{13}+3x_{23}+4x_{33}}\leqslant \frac{7}{6}(1+0.05)\\x_{ij}\geqslant 0\,(i,\ j=1,2,3)\end{cases}$$

3.5 Excel 的应用

Excel（以 2003 版为例）是用于创建和维护电子表格的应用软件。电子表格实际上就是一个数据库，对数据的各种操作同样适用于电子表格，因此很多线性规划问题都可以借助 Excel 来求解。

下面以一个简单的线性规划例子来说明如何在 Excel 中建立线性规划模型及求解。

例 3-14 用 Excel 求解下列线性规划数学模型。

$$\max z = 3x_1 + 4x_2$$
$$\begin{cases} x_1 + x_2 \leqslant 6 \\ x_1 + 2x_2 \leqslant 8 \\ x_2 \leqslant 3 \\ x_1, \ x_2 \geqslant 0 \end{cases}$$

解 ① 启动 Excel，打开"工具"菜单。如果没有"规划求解"选项，就单击"加载宏"选项，弹出"加载宏"对话框，选中"规划求解"复选框，单击"确定"按钮后返回，这时在"工具"菜单中就会有"规划求解"选项。

② 在 Excel 中创建线性规划模型。首先在 Excel 中建立线性规划模型，如图 3-5 所示。将"目标函数""变量""约束"作为标签，能使我们很容易地理解每部分的意思。

第一步：确定每个决策变量所对应的单元格的位置。单元格 B4 是 x_1，单元格 B5 是 x_2。

第二步：选择一个单元格，输入用来计算目标函数值的公式。在单元格 B2 中输入"=3*B4+4*B5"，如图 3-5 所示。

第三步：选择单元格，输入公式，计算每个约束条件左边的值。

在单元格 A8 中输入"=B4+B5"，如图 3-6 所示。

图 3-5 在 Excel 中建立线性规划模型（1） 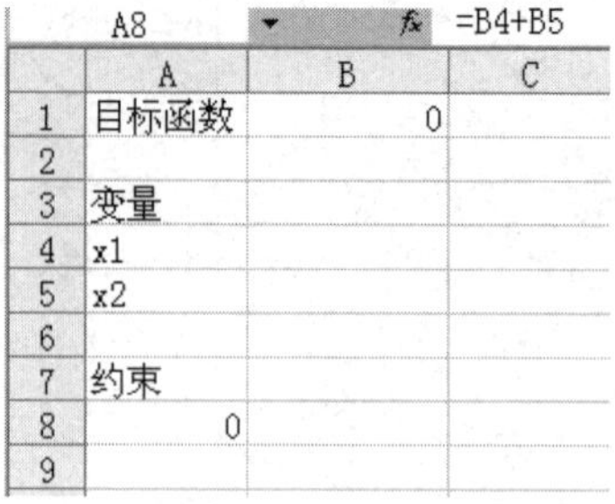 图 3-6 在 Excel 中建立线性规划模型（2）

在单元格 A9 中输入"=B4+2*B5"，如图 3-7 所示。

在单元格 A10 中输入"=B5"，如图 3-8 所示。

第四步：选择一个单元格，输入约束条件右边的值。

在单元格 C8 中输入 6，C9 中输入 8，C10 中输入 3，如图 3-9 所示。

为了便于理解，在单元格 B8～B10 中输入标签"<="，表示约束条件左右两边的关系。

A9	▼	fx	=B4+2*B5
	A	B	C
1	目标函数	0	
2			
3	变量		
4	x1		
5	x2		
6			
7	约束		
8		0	
9		0	
10			

A10	▼	fx	=B5
	A	B	C
1	目标函数	0	
2			
3	变量		
4	x1		
5	x2		
6			
7	约束		
8		0	
9		0	
10		0	

图 3-7 在 Excel 中建立线性规划模型（3）　　　　图 3-8 在 Excel 中建立线性规划模型（4）

B10	▼	fx	<=
	A	B	C
1	目标函数	0	
2			
3	变量		
4	x1		
5	x2		
6			
7	约束		
8		0 <=	6
9		0 <=	8
10		0 <=	3

图 3-9 在 Excel 中建立线性规划模型（5）

③ 使用 Excel 求解。步骤如下。

第一步：选择"工具"下拉菜单。

第二步：选择"规划求解"选项。

第三步：当出现"规划求解参数"对话框时，如图 3-10 所示，在"设置目标单元格"栏中输入 B1，"等于"后选择"最大值"项，在"可变单元格"栏中输入 B4:B5，然后单击"添加"按钮。

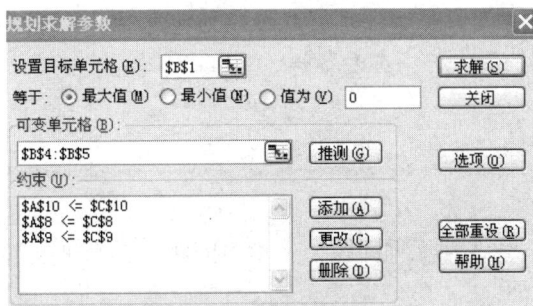

图 3-10 "规划求解参数"对话框

第四步：当弹出"添加约束"对话框时，在"单元格引用位置"栏中输入 A8，选择"<="，在"约束值"栏中输入 C8，然后单击"确定"按钮。

再次单击"添加"按钮，当弹出"添加约束"对话框时，在"单元格引用位置"栏中输入 A9，选择"<="，在"约束值"栏中输入 C9，然后单击"确定"按钮。

再次单击"添加"按钮，当弹出"添加约束"对话框时，在"单元格引用位置"栏中输入 A10，选择 "<="，在 "约束值" 栏中输入 C10，然后单击 "确定" 按钮。

第五步：当 "规划求解参数" 对话框出现时，选择 "选项"。

第六步：当 "规划求解参数" 对话框出现时，选择 "假定非负"，单击 "确定" 按钮。

第七步：当 "规划求解参数" 对话框出现时，选择 "求解"。

第八步：当 "规划求解参数" 对话框出现时，选择 "保存规划求解结果"，单击 "确定" 按钮。如图 3-11 所示，即该线性规划问题的求解过程。

	A10	▼	*fx*	=B5
	A	B	C	
1	目标函数	20		
2				
3	变量			
4	x1	4		
5	x2	2		
6				
7	约束			
8	6	<=	6	
9	8	<=	8	
10	2	<=	3	

图 3-11　线性规划问题的求解过程

情境回放

1. 通过情境案例引述线性规划数学模型的构成及其特征。

2. 在介绍图解法求解线性规划问题的基础上，通过具体例子讨论了应如何判断解的各种情况（有唯一最优解、有无穷多个最优解、无可行解、有可行解但无最优解）。

3. 介绍了线性规划问题的标准型，以及为什么要化标准型和如何将非标准的线性规划问题标准化。

4. 讨论了单纯形法的计算步骤及如何进行最优性检验。

5. 通过实例说明了在用单纯形法求解线性规划问题时，应如何判断线性规划问题具有唯一最优解、有无穷多个最优解、有无界解、无可行解。

自测练习

1. 用图解法求解下列线性规划问题，并指出问题是具有唯一最优解、无穷多最优解、无界解，还是无可行解。

（1）$\max z = x_1 + 3x_2$

$$\begin{cases} 5x_1 + 10x_2 \leq 50 \\ x_1 + x_2 \geq 1 \\ x_2 \leq 4 \\ x_1, \ x_2 \geq 0 \end{cases}$$

（2）$\min z = x_1 + 1.5x_2$

$$\begin{cases} x_1 + 3x_2 \geq 3 \\ x_1 + x_2 \geq 2 \\ x_1, \ x_2 \geq 0 \end{cases}$$

（3）$\max z = 2x_1 + 2x_2$

$$\begin{cases} x_1 - x_2 \geq -1 \\ -0.05x_1 + x_2 \leq 2 \\ x_1, \ x_2 \geq 0 \end{cases}$$

（4）$\max z = x_1 + x_2$

$$\begin{cases} x_1 - x_2 \geq 0 \\ 3x_1 - x_2 \geq -3 \\ x_1, \ x_2 \geq 0 \end{cases}$$

2. 将下列线性规划问题化为标准型。

（1）$\max z = 2x_1 + 3x_2$

$$\begin{cases} x_1 + x_2 \leq 3 \\ 2x_1 - x_2 \geq 1 \\ x_1 \geq 0 \end{cases}$$

（2）$\min z = -3x_1 + 4x_2 - 2x_3 + 5x_4$

$$\begin{cases} 4x_1 - x_2 + 2x_3 - x_4 = -2 \\ x_1 + x_2 + 2x_3 - x_4 \leq 14 \\ -2x_1 + 3x_2 - x_3 + 2x_4 \geq 2 \\ x_1, \ x_2, \ x_3 \geq 0 \end{cases}$$

3. 用单纯形法求解下列线性规划问题。

（1）$\max z = 10x_1 + 5x_2$

$$\begin{cases} 4x_1 + 5x_2 \leq 100 \\ 5x_1 + 2x_2 \leq 80 \\ x_1, \ x_2 \geq 0 \end{cases}$$

（2）$\max z = -6x_1 + 3x_2 - 3x_3$

$$\begin{cases} 2x_1 + x_2 \leq 8 \\ -4x_1 - 2x_2 + 3x_3 \leq 14 \\ x_1 - 2x_2 + x_3 \leq 18 \\ x_1, \ x_2, \ x_3 \geq 0 \end{cases}$$

4. 写出下列运输问题的模型。

某钢铁公司有 3 个矿山，日产矿石分别为 5 000 吨、3 000 吨和 1 000 吨。该公司还有 4 个炼钢厂，每天所需的矿石量分别为 4 000 吨、25 000 吨、1 000 吨和 15 000 吨。这 3 个矿山与 4 个炼钢厂的距离如表 3-12 所示。问该公司应如何安排运输，才能既满足各炼钢厂的需要，又能使吨千米数最小？

表 3-12　炼钢厂与矿山的距离　　　　　　　　　　　　单位：千米

距离　　　　　炼钢厂　　　　　矿山	B_1	B_2	B_3	B_4
A_1	16	30	41	50
A_2	34	30	32	45
A_3	55	40	24	33

学习情境 4

物流决策

情境目标

1. 理解决策的基本概念。
2. 掌握不确定型决策及其在物流领域中的应用。
3. 掌握风险型决策及其在物流领域中的应用。
4. 掌握效用决策及其在物流领域中的应用。

思政融合

决策不可盲从、跟风

当决策处于不确定状态时，个人对风险的态度会影响决策分析和决策行为，效用决策模式也告诉我们决策是以期望值为标准的。因此我们每个人在进行决策时，切不可盲从和跟风，风险态度、个人能力、个人价值观和决策群里的关系都是影响决策主体的因素，只有正确认识自我、全面分析，才能做出适合自己的有效决策。

物流企业的仓库投资决策

某物流仓库为适应日益扩大的业务量，拟定以下三个方案。

（1）新建一座仓库，投资 300 万元。据估计，如果仓储业景气，每年可获利 90 万元；如果不景气，将亏损 20 万元。仓库服务期限为 10 年。

（2）扩建旧仓库，投资 140 万元。如果仓储业景气，每年可获利 40 万元；如果不景气，仍可获利 30 万元。

（3）先扩建旧仓库，3 年后如果仓储业景气，再建新仓库，投资 200 万元，服务期限为 7 年，每年估计获利 90 万元。

思考：

假如根据物流市场预测，仓储业景气的概率为 0.7，不景气的概率为 0.3，试选择最优方案。

4.1　决策的基本概念

4.1.1　决策的概念

决策是人类的一种普遍性活动，指个人或集体为达到预定目标，从两个以上的可行方案中，选择最优方案或综合成最优方案，并推动方案实施的过程。正确的决策是人们采取有效行动、达到预期目标的前提。决策活动广泛存在于社会实践的各个领域，贯穿管理工作的各个环节。

决策在管理活动中具有十分重要的地位。1978 年，诺贝尔经济学奖的获得者赫伯特·A. 西蒙（Herbert A. Simon）认为：决策是管理的中心，贯穿管理的全过程，所以既可以说"决策就是管理"，也可以说"管理就是决策"。朴素的决策思想自古就有，但在落后的生产方式和技术条件下，决策主要凭借个人的智慧和经验。随着生产和科学技术的发展，对决策问题的分析已形成了一套科学的方法和程序。

由于人的社会活动是多方面、多领域、多层次的，因而，相关的决策问题和决策活动也是多方面、多领域、多层次的。无论是政治、经济、军事、文化、教育，还是在工程技术、经济管理、交通运输等各个领域，都存在着大量的决策问题。物流决策就是在物流管理中与物流活动相关的决策问题，如物流中心选址决策、物流经济决策等。

4.1.2　决策的要素

1．决策者

决策者指的是决策过程的主体，即决策人，一般来说，他代表着某一方的利益。决策的正确与否受决策者所处的社会、政治、经济和文化等环境及决策者个人素质的影响。正确的决策需要科学的决策程序和集体的智慧。

2．方案

方案是为实现既定目标而采取的一系列活动或措施。方案可以是有限的，也可以是无限的。在现实生活中，选择方案时要考虑它的技术、经济等的可行性，一般方案都是有限的。

3．自然状态

自然状态是指决策者会遇到的不受决策者个人意志控制的客观状况，如战争、天灾等，决策者在决策时要进行预先估计。

4．损益值

每个可行方案在每种客观情况下可能产生的后果，称为损益值。对应 n 种自然状态和 m 个方案，便可得到一个 m 行 n 列的矩阵，称为损益矩阵。

自然状态、方案、损益值三者的对应关系如表 4-1 所示。

表 4-1　自然状态、方案、损益值三者的对应关系

自然状态 损益值 方案	状态 1	状态 2	…	状态 n
方案 1	C_{11}	C_{12}	…	C_{1n}
方案 2	C_{21}	C_{22}	…	C_{2n}
⋮	⋮	⋮		⋮
方案 m	C_{m1}	C_{m2}	…	C_{mn}

4.1.3　决策的分类

由于事物发展变化有其复杂性，要分析、解决的问题也有多种类型，因此从不同的角度分析决策问题，可以得出不同的决策分类。

1．按决策环境可将决策分为确定型、风险型和不确定型三种

确定型决策是指决策环境是完全确定的，做出的选择结果也是确定的。风险型决策是指决策的环境不是完全确定的，而其发生的概率是已知的。不确定型决策是指决策者对发生结果的概率一无所知，只能凭自己的主观倾向进行决策。

2．按定量和定性可将决策分为定量决策和定性决策

描述决策对象的指标都可以量化时用定量决策，否则只能用定性决策。总的趋势是尽可能地把决策问题量化。

3．按决策的结构可将决策分为程序化决策和非程序化决策

程序化决策是指针对经常出现的问题，可以按照现有的经验、方法和步骤进行的决策，如订单标价、核定工资和生产调度等。非程序化决策是指针对临时或偶尔出现的问题，必须采取新的方法和步骤进行的决策，如开辟新市场和作战指挥决策等。

4．按决策过程的连续性可将决策分为单项决策和序贯决策

单项决策是指整个决策过程只做一次决策就能得到结果。序贯决策是指整个决策过程由一系列决策组成。一般来讲，物流管理活动是由一系列决策组成的，但往往可把这一系列决策中的几个关键决策环节分别看成单项决策。

5．按性质的重要性可将决策分为战略决策、策略决策和执行决策

战略决策是涉及企业生存和发展的全局性、长远性问题的决策，如厂址的选择、新产品和新市场的开发等。策略决策是为完成战略决策所规定的目标而进行的决策，如企业的产品规格选择、工艺方案和设备的选择等。执行决策是根据策略决策的要求对执行方案的选择，如生产标准选择、生产调度、人员和财力配备等。

4.1.4　决策的基本步骤

决策过程就是实施决策的步骤，一般包括 4 个步骤，如图 4-1 所示。

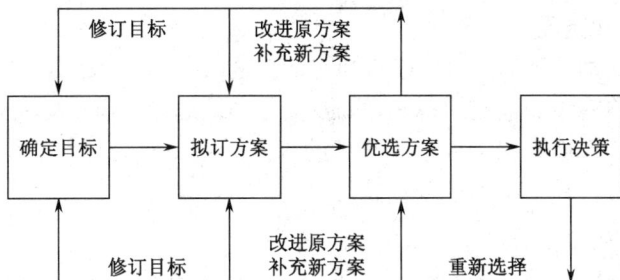

图 4-1 决策过程

1. 确定目标

在重大事件的决策过程中，首先要确定目标。决策目标一定要具体明确，避免抽象、含糊。如果决策的目标不止一个，应分清主次，优先实现主要目标。

2. 拟订方案

决策工作的中心任务就是根据决策目标，通过各种调查研究和综合分析，产生多个可供选择的决策方案。可行方案即技术上先进、经济上合理的方案。

3. 优选方案

首先，由专业技术人员运用运筹学、数理统计等方法进行定量分析比较，找出初步的最优方案；其次，由业务主管部门组织方案论证；最后，由决策领导者对经过论证的方案进行最后抉择，决定是否采纳。

4. 执行决策

决策形成以后，由职能部门编制计划、组织实施。

决策并不是一次就能够完成的，应该反复修正，直到各方面都尽可能地达到要求为止。此外，决策方案也不是一成不变的，需要在实施过程中根据实际情况不断进行调整和完善。

4.1.5 决策中的几个问题

1. 决策必须有资源做保证

决策要考虑人力、资金、设备、动力、原材料、技术、时间、市场管理能力等方面的条件，只有这些条件都得到满足，决策才有实现的可能。

2. 一个好的决策必须有应对变化的能力

客观情况总是变化的，经济管理决策面对的是环境多变的可能性。决策者不仅要认识到这种可能性，而且要事先考虑到一些应变措施，使决策具有一定的弹性，留有回旋的余地。

3. 应充分考虑到决策所面临的风险

不冒任何风险的决策，客观上是不存在的。决策总是面对未来，而未来总是带有不确定性，因此决策多少都要冒一定的风险。有时获得大成就的决策，往往要冒较大的风险。所以对决策者来说，问题不在于要不要冒风险，而是要估计一个界限，确定可以冒多大程度的风险，要使风险损失不至于引起灾难性的、不可挽回的后果。

4．决策的方式和范围

决策的方式可以是复杂的，也可以是简单的，这两种方式都要用，但要有个范围问题。如果是重大问题，事关整个企业的兴衰，如投资、厂址选择、设备更新、产品品种及产量、市场、价格、成本、人事等，需要用到复杂的方式；而一般的日常工作或小问题，就不必用复杂方式进行决策，只要用简单方式就可以了。

5．个人决策与集体决策

一个人的思路和知识总是有限的，在决策过程中要充分发挥集体的智慧，参与的人多了，考虑问题就相对全面，做出的决策一般来说比一个人决策成功的概率要大。

决策过程是一个复杂的过程，要用到数学、运筹学、经济学、心理学、社会学及电子计算机等方面的知识，而且还有决策人的主观因素在起作用，因此需要决策者精通有关的知识和技术，并通过反复实践才能做出好的决策。

4.2 不确定型决策

情境案例

　　某企业计划贷款修建一个仓库，初步考虑了三种修建仓库的方案（修建大型仓库、修建中型仓库和修建小型仓库），且当货物量不同时，对不同规模的仓库而言，其获利情况、支付贷款利息和营运费用都不同。经初步估算，该企业编制了每种方案在不同货物量下的损益值，如表 4-2 所示。试问该企业应如何进行方案的决策？

表 4-2　不同货物量的损益值

货物量 方　案	损益值（万元）		
	货物量大	货物量中	货物量少
建大型仓库	90	40	20
建中型仓库	50	70	40
建小型仓库	30	50	60

不确定型决策是在决策者对环境情况一无所知时，根据自己的主观倾向所进行的决策。决策者面临多种可能的自然状态，而未来自然状态出现的概率不可预知，由于无法确定何种状态出现，因此决策者只能依据一定的决策准则来进行分析决策。

常用的决策准则有悲观准则、乐观准则、折中准则、等可能性准则和最小后悔值准则等。对于同一个决策问题，运用不同的决策准则，得到的最优方案会有所不同。

4.2.1　悲观准则

由于对决策问题的情况不明，决策者持稳健和保守心理，因此在进行决策分析时比较谨慎小心，从最坏的结果着想，并从中选择最好的结果。这种决策的主要特点是对现实方案的选择持悲观原则，所以称为悲观决策标准。

悲观准则的决策过程是先从每个方案中选出一个最小损益值，再从这些最小损益值中选出最大损益值，对应的方案就是决策方案。

利用悲观准则对本节情境案例中所提出的问题进行决策，结果如表 4-3 所示。决策结果是建中型仓库，收益为 40 万元。

表 4-3　悲观准则决策结果

方　案 \ 货　物　量	损益值（万元）			最小收益值
	货物量大	货物量中	货物量少	
建大型仓库	90	40	20	20
建中型仓库	50	70	40	40
建小型仓库	30	50	60	30
max {20，40，30} = 40				

4.2.2　乐观准则

如果决策者不放弃任何机会，以乐观冒险的精神寄希望于出现对自己最有利的自然状态，自己做出的决策有时能取得最好的结果，这种准则就称为乐观准则。乐观准则的核心是"好中选好"，所以该准则又叫大中取大准则。

乐观准则的决策过程是先从每个方案中选出一个最大损益值，再从这些最大损益值中选出最大值，该最大值对应的方案就是决策所选定的方案。

利用乐观准则对本节情境案例中所提出的问题进行决策，结果如表 4-4 所示。决策结果是建大型仓库，收益为 90 万元。

表 4-4　乐观准则决策结果

方　案 \ 货　物　量	损益值（万元）			最大收益值
	货物量大	货物量中	货物量少	
建大型仓库	90	40	20	90
建中型仓库	50	70	40	70
建小型仓库	30	50	60	60
max {90，70，60} = 90				

4.2.3　折中准则

这种标准是介于悲观与乐观之间的一个折中标准。在决策过程中，最好和最差的自然状态都有可能出现，决策者对未来事物的判断不能盲目乐观，也不可盲目悲观。因此，可以把两种决策准则予以综合，通过一个乐观系数 α（$0 \leqslant \alpha \leqslant 1$）将悲观与乐观结果加权平均，以此来确定每个方案的收益值。

折中准则的决策过程是，决策时，决策者根据自己的愿望、经验和历史数据，先给出乐观系数 α，按下式计算每个方案的折中收益值：

$$折中收益值=α×最大收益值+（1-α）×最小收益值$$

再从各方案的折中收益值中选择数值最大者，对应的方案就是决策方案。

若取乐观系数 $α = 0.7$，利用折中准则对本节情境案例中所提出的问题进行决策，则结果如表 4-5 所示。决策结果是建大型仓库，折中收益为 69 万元。

表 4-5　折中准则决策结果

货物量　　方案	损益值（万元）			最小收益值	最大收益值	折中收益值 $α = 0.7$
	货物量大	货物量中	货物量少			
建大型仓库	90	40	20	20	90	69
建中型仓库	50	70	40	40	70	61
建小型仓库	30	50	60	30	60	51

$$max \{69，61，51\} = 69$$

由上述计算公式可见，当 $α = 0$ 时，是悲观准则；当 $α = 1$ 时，是乐观准则。因此，这两种方法都是折中准则的特例。需要注意的是，$α$ 的选择是非常重要的，它体现了决策者的冒险程度。

4.2.4　等可能性准则

等可能性准则又称拉普拉斯准则。该准则认为当一个决策者面对各种自然状态时，如果没有什么特殊的理由来说明这个状态比那个状态出现的可能性更大，则只能认为所有状态发生的机会是相等的。因此，决策者就应赋予每个状态以相同的发生概率，即每一状态发生的概率都是 1/状态数。

等可能性准则的决策过程是决策者计算各方案的收益期望值，然后在所有这些期望值中选择最大者，以它对应的策略为决策策略。

利用等可能性准则对本节情境案例中所提出的问题进行决策，结果如表 4-6 所示。决策结果是建中型仓库，收益期望值为 53.3 万元。

表 4-6　等可能性准则决策结果

货物量　　方案	损益值（万元）			收益期望值
	货物量大	货物量中	货物量少	
建大型仓库	90	40	20	50
建中型仓库	50	70	40	53.3
建小型仓库	30	50	60	46.7

$$max \{50，53.3，46.7\} = 53.3$$

4.2.5　最小后悔值准则

由于自然状态的不确定性，在决策实施后决策者很可能会觉得如果采取了其他方案将会有更好的收益，决策者由此所造成的损失价值，称为后悔值。根据后悔值准则，每个自然状态下的最高收益值为理想值，该状态下每个方案的收益值与理想值之差为后悔值。最小后悔值准则就是为达到后悔值最小的目的而设计的一种决策方法。

最小后悔值准则的决策过程是，决策时，首先，根据损益表计算出每个状态、每个方案的后悔值，构成后悔值矩阵；其次，在后悔值矩阵中对每一方案选出最大后悔值；最后，从这些最大后悔值中选出最小后悔值，它所对应的方案为选定的决策方案。

利用最小后悔值准则对本节情境案例中所提出的问题进行决策，如表 4-7 和表 4-8 所示。表 4-7 中用 "*" 标出不同状态下的最大收益值，表 4-8 中通过计算得到了后悔值矩阵，从中确定的最小后悔值为 40 万元，对应的决策结果是建大型仓库或中型仓库均可。

表 4-7　不同状态下的最大收益值

方　案 ＼ 货　物　量	损益值（万元）		
	货物量大	货物量中	货物量少
建大型仓库	90*	40	20
建中型仓库	50	70*	40
建小型仓库	30	50	60*

表 4-8　最小后悔值准则决策结果

方　案 ＼ 货　物　量	损益值（万元）			最大后悔值
	货物量大	货物量中	货物量少	
建大型仓库	0	30	40	40
建中型仓库	40	0	20	40
建小型仓库	60	20	0	60
min {40，40，60} = 40				

4.3　风险型决策

某企业计划贷款修建一个仓库，初步考虑了三种修建仓库的方案：修建大型仓库、修建中型仓库和修建小型仓库。经初步估算，编制出每种方案在不同货物量下的损益值，如表 4-9 所示。根据对货运量的调查分析，估计货物量大的可能性是 50%，货物量中的可能性是 30%，货物量小的可能性是 20%，要求进行方案决策。

表 4-9　不同货物量的损益值

方　案 ＼ 货　物　量	损益值（万元）		
	货物量大	货物量中	货物量少
建大型仓库	90	40	20
建中型仓库	50	70	40
建小型仓库	30	50	60

风险型决策是指在决策问题中，决策者除了知道未来可能出现哪些状态外，还知道出现这些状态的概率分布，需要根据几种不同自然状态下可能发生的概率进行决策。由于在决策中引入了概率，因此应根据不同概率拟订不同的决策方案，但不论选择哪一种决策方案，都要承担一定程度的风险。

风险型决策问题应具备以下几个条件。

（1）具有决策者希望的一个明确目标。

（2）具有两个以上不以决策者的意志为转移的自然状态。

（3）具有两个以上决策方案可供决策者选择。

（4）不同决策方案在不同自然状态下的损益值可以计算出来。

（5）对于不同自然状态下出现的概率，决策者可以事先计算或估计出来。

风险型决策的常用方法有最大可能法、期望值准则法、决策表法和决策树法，下面分别进行介绍。

4.3.1　最大可能法

我们知道，在某些情况下，确定型决策问题要比风险型决策问题容易些。那么，在什么条件下才能把风险型决策问题转化为确定型决策问题呢？根据概率论的原理，一个事件的概率越大，其发生的可能性就越大。基于这种想法，我们可以在风险型决策问题中选择一个概率最大的自然状态进行决策，而不论其他自然状态如何，这样就变成了确定型决策问题，这就是最大可能法。

最大可能法的决策过程非常简单。首先，从各自然状态的概率值中选出最大者对应的状态，其余状态则不再考虑；其次，根据在最大可能状态下各方案的损益值进行决策。

利用最大可能法对本节情境案例中所提出的问题进行决策。根据估计的三种状态的概率值大小，只需考虑发生概率最大的"货物量大"这一情况，然后分别从收益值最大和损失值最小两个方面进行决策，如表 4-10 所示。

表 4-10　最大可能法决策结果

方　　案	收益值最大（万元）	损失值最小（万元）
建大型仓库	90	0
建中型仓库	50	40
建小型仓库	30	60
决　　策	max（90，50，30）= 90	min（0，40，60）= 0

从表 4-10 中可以看出，收益值最大和损失值最小对应的决策结果都是修建大型仓库。

最大可能法有着十分广泛的应用范围，特别是当某一自然状态的概率非常突出，比其他状态的概率大许多的时候，使用这种方法的决策效果是比较理想的。但是，当自然状态发生的概率彼此都很接近且变化不明显时，采用这种方法的效果就不理想，甚至会出现严重的错误。

4.3.2　期望值准则法

期望值准则法是将每个方案看成离散型随机变量，随机变量的取值是每个方案在不同自然状态下的损益值，其概率等于自然状态的概率，从而可以计算出每个方案的期望值，来进行各方案的取舍。这里所说的期望值就是概率论中离散随机变量的数学期望，即

$$E_i = \sum_{j=1}^{m} x_{ij} P_j(S_j) \tag{4-1}$$

式中　E_i——第 i 个方案的损益期望值；

　　　x_{ij}——第 i 个方案在自然状态 S_j 下的损益值；

　　　P_j——自然状态 S_j 出现的概率。

如果决策目标是效益最大，则采取期望值最大的备选方案；如果损益矩阵的元素是损失值，而且决策目标是使损失最小，则应选定期望值最小的备选方案。

4.3.3　决策表法

决策表法的决策过程是先按各行计算各状态下的损益值与概率值乘积之和，得到期望值；再比较各行的期望值，根据期望值的大小和决策目标，选出最优者，对应的方案就是决策方案。

利用决策表法对本节情境案例中所提出的问题进行决策，如表 4-11 所示。

表 4-11　决策收益值

状态概率 方　案	损益值（万元）			期望收益值 $E_i = \sum_{j=1}^{m} x_{ij} P_j(S_j)$
	货物量大	货物量中	货物量少	
	0.5	0.3	0.2	
建大型仓库	90	40	20	0.5×90+0.3×40+0.2×20 = 61
建中型仓库	50	70	40	0.5×50+0.3×70+0.2×40 = 54
建小型仓库	30	50	60	0.5×30+0.3×50+0.2×60 = 42
max { 61，54，42 } = 61				

决策结果是修建大型仓库，期望收益值为 61 万元。

下面通过两个例题来看看决策表法的具体应用。

例 4-1　某物流企业在组织运输时，从气象部门得到的天气状况预报为：30%的概率为晴天，50%的概率为多云，20%的概率为小雨。现该物流企业准备了甲、乙和丙三套配送方案，这三套方案在三种天气下所对应的损益矩阵如表 4-12 所示。

表 4-12　损益矩阵　　　　　　　　单位：万元

状态概率 方　案	晴　天	多　云	小　雨
	0.3	0.5	0.2
甲	120	−40	−60
乙	10	90	100
丙	80	100	70

按 $E_i = \sum_{j=1}^{m} x_{ij} P_j(S_j)$ 计算出各方案的期望值，如表 4-13 所示。

表 4-13 决策收益值　　　　　　单位：万元

状态概率 方案	晴天 0.3	多云 0.5	小雨 0.2	期望收益值
甲	120	−40	−60	$E_1 = 120 \times 0.3 + (−40) \times 0.5 + (−60) \times 0.2 = 4$
乙	10	90	100	$E_2 = 10 \times 0.3 + 90 \times 0.5 + 100 \times 0.2 = 68$
丙	80	100	70	$E_3 = 80 \times 0.3 + 100 \times 0.5 + 70 \times 0.2 = 88$

max {4，68，88}= 88，对应丙方案，故选丙方案为决策方案。

例 4-2　某企业生产的是季节性产品，销售期为 90 天，产品每台售价 1.8 万元，成本 1.5 万元，利润 0.3 万元。但是，如果每天增加一台存货，则损失 0.1 万元。预测的销售量及相应发生的概率如表 4-14 所示，问企业应怎样安排日产量计划才能获得最大利润？

表 4-14 预测的销售量及发生概率

日销售量（台）	完成该销售量的天数（天）	相 应 概 率
200	20	0.1
220	35	0.4
240	25	0.3
270	10	0.2
合计	90	1.0

根据预测的日销售量，企业生产计划的可行方案为日产 200 台、220 台、240 台或 270 台。由表 4-14 的资料，可计算出每种方案的收益值和预计利润。

按当日销售量计算收益值（以日产 220 台为例）：

当日销售量为 200 台时，收益值= 0.3×200−0.1×20= 58（万元）；

当日销售量为 220 台时，收益值= 0.3×220= 66（万元）；

当日销售量为 240 台或 270 台时，收益值= 0.3×220= 66（万元）；

预计利润= 58×0.1+66×0.4+66×0.3+66×0.2= 65.2（万元）。

依此方法，可以计算出日产 200 台、240 台、270 台的各个收益值，并计算出各产量的预计利润，把这些数据填入决策收益表中，如表 4-15 所示。

从表 4-15 中可知，日产 240 台时，预计利润最大，为 67.2 万元，所以决策的最优方案为日产 240 台。

表 4-15 决策收益表　　　　　　单位：万元

日销售量（台） 概　率 日产量（台）	200 0.1	220 0.4	240 0.3	270 0.2	预 计 利 润
200	60	60	60	60	60

续表

日销售量（台） 概率 日产量（台）	200	220	240	270	预计利润
	0.1	0.4	0.3	0.2	
220	58	66	66	66	65.2
240	56	64	72	72	67.2
270	53	61	69	81	66.6

4.3.4 决策树法

决策树法是风险决策最常用的一种方法，它将决策问题按从属关系分为几个等级，用决策树形象地表示出来。通过决策树能统观整个决策的过程，从而能对决策方案进行全面的计算、分析和比较。决策树法既可以解决单阶段的决策问题，又可以解决决策表无法表达的多阶段序列决策问题。在管理上，这种方法多用于较复杂问题的决策。

决策树的结构如图 4-2 所示。决策点在图中以方块表示，决策者必须在决策点处进行最优方案的选择；从决策点引出的若干条线，代表若干个方案，称为方案枝；方案枝末端的圆圈叫作自然状态点；从自然状态点引出的线条代表不同的自然状态，叫作概率枝；概率枝末端的三角形叫作结果点。

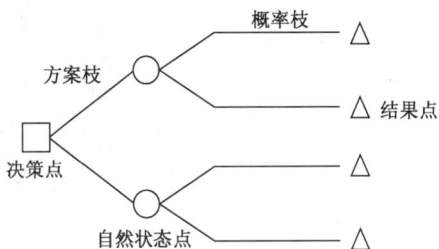

图 4-2 决策树的结构

运用决策树法的几个关键步骤如下。

（1）画出决策树。画出决策树的过程也就是对未来可能发生的各种事件进行周密思考、预测的过程，把这些情况用树状图表示出来。

（2）由专家估计法或用试验数据推算出概率值，并把概率写在概率枝的位置上。

（3）计算损益期望值。由树梢开始、按从右向左的顺序进行，用期望值法计算，若决策目标是盈利，则比较各分枝，取期望值最大的分枝，并对其他分枝进行修剪。

用决策树法进行决策分析，可分为单阶段决策和多阶段决策两类。

1. 单阶段决策

例 4-3 用决策树法对本节情境案例中所提出的问题进行决策。

解 仿照图 4-2 画出决策树，如图 4-3 所示。各点的期望值计算如下：

$0.5×90+0.3×40+0.2×20= 61$（万元）

$0.5×50+0.3×70+0.2×40= 54$（万元）

$0.5×30+0.3×50+0.2×60= 42$（万元）

比较不同方案的期望值，得到的决策结果为

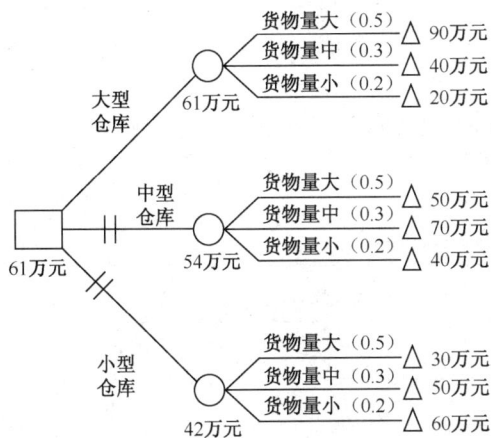

图 4-3 决策树示意

建大型仓库，收益值为 61 万元。在图中剪去期望值较小的方案分枝。

例 4-4 一个外商携风险资金来某城市，欲投资于计算机行业，目前有两种方案可供选择，一是建设大工厂，二是建设小工厂，两者的使用期都是 8 年。建设大工厂需要投资 500 万元，建设小工厂需要投资 260 万元。两个方案的每年损益值及自然状态的概率如表 4-16 所示。试应用决策树法评选出合理的决策方案。

表 4-16　每年损益值及自然状态的概率　　　　　　　单位：万元

概　率	自　然　状　态	建大工厂年收益	建小工厂年收益
0.7	销路好	200	80
0.3	销路差	−40	60

画出本问题的决策树，如图 4-4 所示。

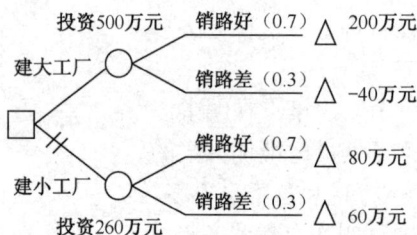

图 4-4　决策树示意

各点的期望值计算如下：

$$0.7×200×8+0.3×（−40）×8−500（投资）= 524（万元）$$
$$0.7×80×8+0.3×60×8−260（投资）= 332（万元）$$

比较不同方案的期望值，得到的决策结果为建设大工厂，收益值为 524 万元。在图中剪去期望值较小的方案分枝。

例 4-5 为了适应市场需求，某企业提出了在未来 3 年内扩大生产规模的三个方案：新建一条生产线，需要投资 100 万元；扩建原有生产线，需要投资 70 万元；收购现存生产线，需要投资 40 万元。三个方案在不同自然状态下的年收益值如表 4-17 所示，试应用决策树法评选出合理的决策方案。

解 根据已知条件画出决策树，并把各方案概率枝上的收益值相加，填入相应的状态点中，如图 4-5 所示。

表 4-17　三个方案年收益值和概率　　　　　　　单位：万元

可 行 方 案 ＼ 自然状态和概率＼年收益值	高 需 求	中 等 需 求	低 需 求
	0.2	0.5	0.3
新建生产线	180	80	0
扩建生产线	110	60	10
收购生产线	90	30	15

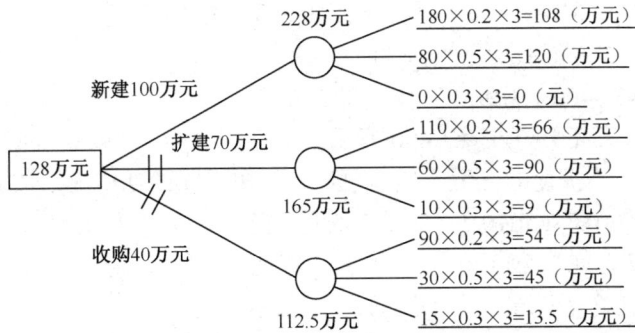

图 4-5 决策树示意

比较三个方案在 3 年内的净收益值如下。

新建生产线：228−100 = 128（万元）

扩建生产线：165−70 = 95（万元）

收购生产线：112.5−40 = 72.5（万元）

如果以最大净收益值作为评价标准，应选择新建生产线的方案，净收益值为 128 万元，剪去其余两个方案枝。

2. 多阶段决策

很多实际决策问题需要决策者进行多次决策，这些决策按先后次序分为几个阶段，后阶段的决策内容依赖于前一阶段的决策结果及前一阶段决策后所出现的状态；在做前一次决策时，也必须考虑到后一阶段的决策情况，这种决策称为多阶段决策。

下面用一个两阶段决策问题的例子来说明决策树在多阶段决策中的应用。

例 4-6 在例 4-4 中，如果增加一个考虑方案，即先建设小工厂，若销路好，则 3 年以后扩建。根据计算，扩建需要投资 300 万元，可使用 5 年，每年盈利 190 万元。那么这个方案与前两个方案比较，优劣如何？

解 这个问题可分为前 3 年和后 5 年两期来考虑，画出决策树，如图 4-6 所示。

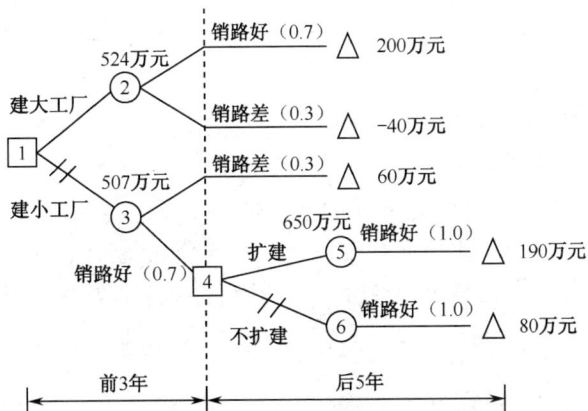

图 4-6 多阶段决策树示意

各点的期望利润值如下。

点②：0.7×200×8+0.3×（-40）×8-500（投资）= 524（万元）

点⑤：1.0×190×5-300（投资）= 650（万元）

点⑥：1.0×80×5= 400（万元）

由于点⑤（650万元）与点⑥（400万元）相比，点⑤的期望收益值较大，因此应采用扩建的方案，而舍弃不扩建的方案，然后可以计算出点③的期望收益值如下。

点③：0.7×80×3+0.7×650+0.3×60×8-260（投资）= 507（万元）

由于点③（507万元）与点②（524万元）相比，点②的期望收益值较大，因此取点②而舍点③。这样相比之下，建设大工厂的方案是最优方案。

例 4-7 本学习情境开篇的案例中所涉及的问题属于多阶段决策问题，可运用决策树法进行分析。按题意可画出决策树，如图 4-7 所示。

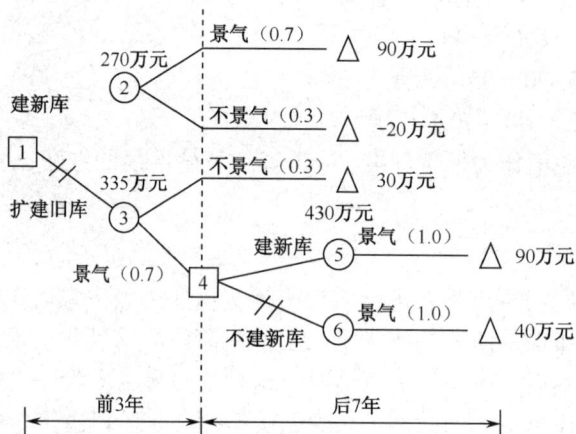

图 4-7　多阶段决策树示意

决策分析由右向左进行，状态点⑤和点⑥的期望值如下。

点⑤：1.0×90×7-200= 430（万元）

点⑥：1.0×40×7= 280（万元）

比较点⑤和点⑥的期望值可知，点⑤的期望值较大，所以第二阶段决策应采取投资 200 万元建新库的方案。

第一阶段决策涉及点②和点③的期望值，分别如下。

点②：0.7×90×10-0.3×20×10-300= 270（万元）

点③：0.7×430+0.7×40×3+0.3×30×10-140= 335（万元）

对比三种方案，应选择先扩建旧仓库，经过 3 年仓储业景气时再投资 200 万元建新仓库，再经营 7 年。这种方案在整个 10 年期间共计获得期望收益 335 万元。

4.4 效用决策

某公司为一项新产品的投产准备了两种方案，一是生产 A 产品，需投资 6 万元；二是生产 B 产品，需投资 20 万元。据市场预测，10 年内两产品销路好的概率为 0.7，销路差的概率为 0.3。相应的年度损益值如表 4-18 所示，问决策者愿意采用哪种方案？

表 4-18 损益值 　　　　　　　　　　单位：万元

状态和概率 损益值 方　　案	销　路　好 0.7	销　路　差 0.3
A 产品	6	3
B 产品	15	−2

4.4.1 效用和效用值

期望值准则法在风险决策中得到了广泛应用，但在某些实际情况下，决策者并不采用这种决策法，如保险业、购买各种奖券等。在保险业中，一位经理在考虑本单位是否参与保险时，尽管按期望值计算得到的受灾损失要比所付出的保险金额小，但为了避免可能出现更大的损失，更愿意付出相对小的支出；在购买奖券时，按期望值计算的得奖金额要小于购买奖券支付的金额，但有机会得到相当大的一笔奖金，仍会有很多人愿意支付这笔相对小的金额。这样就提出了一个问题，货币量在不同的场合下对于不同的人，在人们主观意志上具有不同的值的含义，它由具体情况及个人的地位决定，这就引出了决策分析中的效用概念。

效用在决策分析中是一个常用的概念，为了说明这个概念的意义，下面引入一个具体的例子。

设决策者面临两种可供选择的收入方案。

第一种方案：有 50% 的概率可得 200 元，另外 50% 的概率损失 100 元。

第二种方案：可得 25 元。

那么决策者会采取什么方案呢？可以通过计算得到第一种方案的期望值为 50 元，显然比第二种方案的 25 元多，是否任意一个决策者都会选择第一种方案呢？回答是否定的，不同的人肯定会给出不同的答案。例如，对甲决策者而言，他会选择第二种方案，即肯定会得到 25 元的收入；而对乙决策者而言，他会选择第一种方案，因为他觉得得 25 元不如碰运气得到 200 元的收入。如果将第二种方案改为付出 10 元，第一种方案不变，再让甲决策者选择，这时他可能会选择第一种方案，与其付出 10 元，倒不如有机会拿 200 元。

这就说明，在决策过程中，决策者要依据自己的价值准则进行决策，要把自己的实际情况与科学方法相结合。期望损益值只是客观地反映了平均水平，而不能反映决策者的主观意志。为了在决策中反映决策者的主观意志，引入了效用决策。

决策者根据自己的性格特点、决策时的环境、对未来的展望及决策对象的性质等因素，对损失和利益有其独特的感觉和反应，这种感觉和反应便称为"效用"。用"效用"这个概念去衡量人们对同一货币值在主观上的价值，叫作效用值。效用值仅是一个相对数值，其大小只表示决策者主观因素的强弱。用效用值的大小来表示人们对风险的态度、对某事物的偏好等主观因素是比较合理的。通过"效用"这个指标可将某些难以量化的、有质的差别的事物加以量化。例如，当某人面临多种工作选择方案时，要考虑工作地点、工作性质和单位福利等，为此可将要考虑的因素都折合为效用值，得到各方案的综合效用值后，再根据这些综合效用值来进行决策。

4.4.2 效用曲线

效用曲线就是用来反映决策后果的损益值与对决策者的效用（损益值与效用值）之间

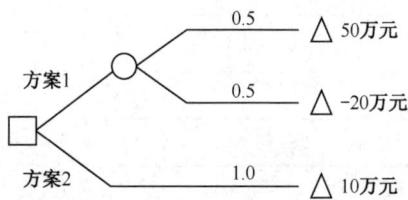

图 4-8 决策树

的关系的曲线。通常以损益值为横坐标，以效用值为纵坐标，把决策者对风险态度的变化在此坐标系中描点而拟合成一条曲线。

下面通过一个例题来了解效用曲线的绘制过程。

例 4-8 某决策问题有两种方案，如图 4-8 所示，问决策者愿意选择哪种方案？

解 在本例中最大损益值为 50 万元，最小损益值为 -20 万元，规定 50 万元的效用值为 1，-20 万元的效用值为 0。用符号 $U(m)$ 表示效用值，则有 $U(50)=1$，$U(-20)=0$。于是，在坐标平面上就得到效用曲线的两个点：（50，1），（-20，0），如图 4-9 所示。然后向决策者提问，了解他对方案优劣的判断情况，以确定不同损益值对应的效用值，其过程如下。

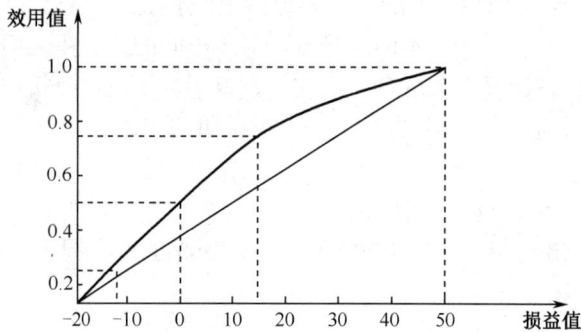

图 4-9 效用曲线

① 将两种方案进行比较，若决策者选择稳得 10 万元的方案 2，说明方案 2 的效用值大于方案 1 的效用值。将方案 2 由肯定得 10 万元降为肯定得 5 万元，决策者仍选方案 2，说明方案 2 的效用值仍大于方案 1 的效用值。当方案 2 由肯定得 10 万元降为 0 元时，决策者认为两方案相当，说明此时两方案有相同的效用值，即

$$U(0) = 0.5 \times U(50) + 0.5 \times U(-20)$$
$$= 0.5 \times 1 + 0.5 \times 0$$
$$= 0.5$$

得图 4-9 效用曲线上的一点（0，0.5）。

② 利用已知条件分段，逐步找出效用曲线上的其他点。

首先确定效用曲线上效用值为（0.5～1）之间的点。现在以 0.5 的概率得 50 万元、0.5 的概率得 0 元作为方案 1 向决策者第二次提问，重复上述过程。若决策者认为当方案 2 由肯定得 10 万元变为肯定得 15 万元就与方案 1 相当，说明两方案有相同的效用值，即

$$U(15) = 0.5 \times U(50) + 0.5 \times U(0)$$
$$= 0.5 \times 1 + 0.5 \times 0.5$$
$$= 0.75$$

于是，收益为 15 万元的效用值是 0.75，又求得效用曲线上的一点（15，0.75），见图 4-9。

③ 以 0.5 的概率收益 0 元、0.5 的概率损失 20 万元为方案 1，向决策者第三次提问。若决策者认为，当方案 2 由肯定得 10 万元变为损失 12 万元就与方案 1 相当，说明两方案有相同的效用值，则

$$U(-12) = 0.5 \times U(0) + 0.5 \times U(-20)$$
$$= 0.5 \times 0.5 + 0.5 \times 0$$
$$= 0.25$$

这样，又得到图 4-9 效用曲线上的一点（-12，0.25）。

用上述方法还可以求得一些点，将它们连接起来，就得到图 4-9 中的效用曲线。

效用曲线一般分为保守型、中间型和冒险型三种类型，如图 4-10 所示。

曲线甲代表的是保守型决策者，他们的特点是对肯定能够得到的某个收益值的效用大于具有风险的相同收益期望值的效用。这种类型的决策者对损失比较敏感，对利益反应迟缓，是一种避免风险、不求大利、小心谨慎的保守型决策人。

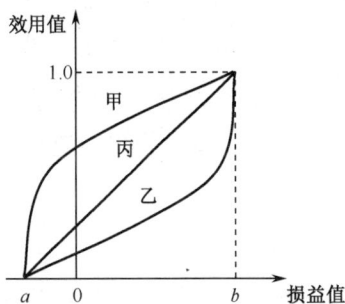

图 4-10 效用曲线的分类

曲线乙代表的决策者的特点恰恰相反，他们对利益比较敏感，对损失反应迟缓，是一种谋求大利、敢于承担风险的冒险型决策人。

曲线丙代表的是一种中间型决策人，他们认为收益值的增长与效益值的增长成正比，是一种比较循规蹈矩、完全按照期望值的大小来选择决策方案的人。

大量实践证明，大多数决策者属于保守型，其余两种类型的决策者仅是少数。

4.4.3 效用曲线的应用

根据决策者的效用曲线，把效用作为一个相对尺度，将目标值转化为效用值，计算各方案的可能结果的期望效用，并以最大的期望效用为方案的优选原则。

例 4-9 利用效用曲线对本节情境案例中所提出的问题进行决策。

画出决策树，如图 4-11 所示。

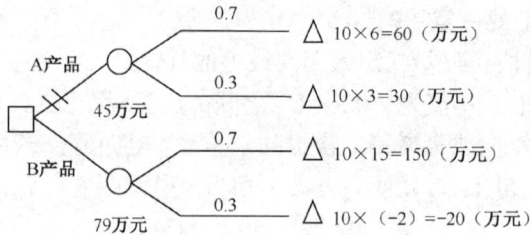

图 4-11　决策树

投产 A 产品 10 年的收益期望值：10×（6×0.7+3×0.3）−6= 45（万元）

投产 B 产品 10 年的收益期望值：10×[15×0.7+（−2）×0.3]−20 = 79（万元）

以期望值为决策标准，投产 B 产品为最佳方案。

下面按效用值进行决策。

投产 A 产品，肯定销路好，其收益值为 10×6−6= 54（万元）；肯定销路差，其收益值为 10×3−6= 24（万元）。投产 B 产品，肯定销路好，其收益值为 10×15−20= 130（万元）；肯定销路差，其收益值为 10×（−2）−20= −40（万元）。取 130 万元的效用值为 1，−40 万元的效用值为 0，即

$$U（130）=1，U（−40）=0$$

向决策者提问，了解其心理倾向，找出与一定损益值相对应的效用值，画出决策者的效用曲线，如图 4-12 所示。

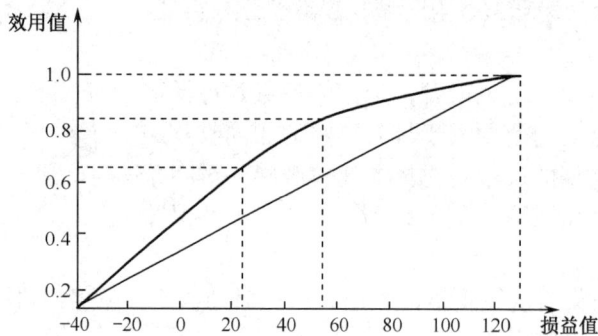

图 4-12　效用曲线

由曲线上查出 54 万元的效用值为 0.82，24 万元的效用值为 0.66。根据以上数据画出决策树，如图 4-13 所示。

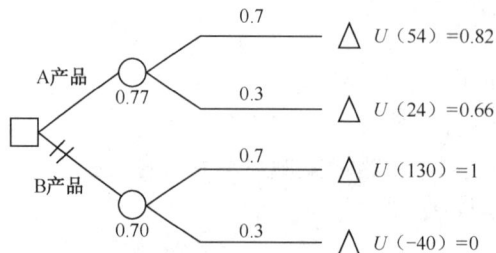

图 4-13　决策树

生产 A 产品的效用期望值：0.7×0.82+0.3×0.66= 0.77

生产 B 产品的效用期望值：0.7×1+0.3×0= 0.7

由此可见，若以效用值为决策标准，则投产 A 产品为最佳方案。显然，该决策者属于保守型，他不想冒险去获取较大的收益。

4.5　多目标决策

以上讨论的决策问题都只有一个决策目标，称为单目标决策。而在现实生活中，每个决策主体的需求都是丰富多样的，因此在决策时总是面临着多个目标，也就是说需要用一个以上的标准去判断决策方案的优劣。例如，在企业的生产活动中，企业既要尽可能地降低成本、增加利润，又要求生产高质量的产品；政府在对宏观经济活动进行调控时，既要尽可能保持低通货膨胀率、维持物价稳定，又要刺激经济活动、扩大劳动力的就业。在决策者追求的多个目标中，有些是一致的，是可以相互替代的，但在更多情况下，这些目标是不一致的，甚至是互相矛盾、冲突的，所以就使决策问题变得非常复杂。这类具有多个目标的决策问题称为多目标决策。

下面介绍几种常用的多目标决策的定量方法。

4.5.1　化多目标为单目标法

在多目标决策问题中求出满足全部目标且使其都为最优的 x 是比较困难的，然而利用一些数学方法，经过一定的处理，变多目标决策问题为单目标决策问题，就可以利用所学的处理单目标最优化问题的方法去解决。

1. 目标规划法

目标规划法是在线性规划的基础上逐步发展起来的一种多目标规划方法。这一方法是由美国学者查恩斯（A. Charnes）和库伯（W. W. Cooper）于 1961 年首先提出来的。后来查斯基莱恩（U. Jaashelainen）和李（Sang. Lee）等在查恩斯和库伯研究工作的基础上，给出了求解目标规划问题的一般性方法。

目标规划法的基本思想是：给定若干目标及实现这些目标的优先顺序，在有限的资源条件下，使总的偏离目标值的偏差最小。

下面引入一些与建立目标规划数学模型相关的概念。

（1）偏差变量。

在目标规划数学模型中，除了决策变量外，还需要引入正、负偏差变量。其中，正偏差变量记作 $d_i^+ \geq 0$，表示决策值超过目标值的部分；负偏差变量记作 $d_i^- \geq 0$，表示决策值未达到目标值的部分。决策值不可能既超过目标值又未达到目标值。

（2）绝对约束和目标约束。

绝对约束是指必须严格满足的等式约束和不等式约束。目标约束是目标规划所特有的。我们可以将约束方程右端项看作追求的目标值，在达到此目标值时允许发生正或负偏差，因此在这些约束条件中加入正、负偏差变量，就可将其变换为目标约束。

（3）优先因子和权系数。

一个规划问题常常有若干目标，决策者对这些目标的考虑是有主次或轻重缓急之分的。要求第一位达到的目标被赋予优先因子 P_1，次位的目标被赋予优先因子 P_2……并规定 $P_1 \geq P_2 \geq \cdots \geq P_k$（$k = 1, 2, \cdots, k$）。$P_1 \geq P_2$ 表示 P_1 级与 P_2 级相比有至高无上的权利，只有在 P_1 级满足时，才考虑 P_2 级，依次类推。

在区别具有相同优先因子 P_k 的目标时，可分别赋予它们不同的权系数 w_{kl}（$l = 1, 2, \cdots, l$）。这些都由决策者视具体情况而定。

（4）目标规划的目标函数。

目标规划的目标函数是由各目标约束的正、负偏差变量和赋予的相应优先因子构成的。当每个目标值确定后，对决策者的要求是尽可能地降低偏离目标值的程度。因此，目标规划的目标函数只能是

$$\min Z = f(d^-, d^+) \tag{4-2}$$

要求恰好达到目标值，即正、负偏差变量都要尽可能地小。这时，有

$$\min Z = f(d^- + d^+) \tag{4-3}$$

要求不超过目标值，即允许达不到目标值，就是正偏差变量要尽可能地小。这时，有

$$\min Z = f(d^+) \tag{4-4}$$

要求超过目标值，即超过量不限，但必须使负偏差变量尽可能地小。这时，有

$$\min Z = f(d^-) \tag{4-5}$$

对于每个具体的目标规划问题，可根据决策者的要求和赋予各目标的优先因子来构造目标函数。

（5）目标规划的数学模型。

目标规划的一般性数学模型如下：

$$\min Z = \sum_{k=1}^{k} \left[P_k \sum_{l=1}^{l} (w_{kl}^- d_l^- + w_{kl}^+ d_l^+) \right]$$

$$\text{s.t.} \begin{cases} \sum_{j=1}^{n} a_{ij} x_j \leq (\geq \text{或} =) b_i & (i = 1, 2, \cdots, m) \quad \text{绝对约束} \\ \sum_{j=1}^{n} c^l x_j + d_l^- - d_l^+ = g_l & (l = 1, 2, \cdots, l) \quad \text{目标约束} \\ x_j \geq 0, d_l^-, d_l^+ \geq 0 & (j = 1, 2, \cdots, n)(l = 1, 2, \cdots, l) \quad \text{非负约束} \end{cases} \tag{4-6}$$

下面通过一个例题来说明如何建立目标规划数学模型。

例 4-10 某厂生产 A、B 两种产品，每件所需的劳动力分别为 4 个人工和 6 个人工，所需设备的单位机器台时均为 1。已知该厂有 10 个单位机器台时提供制造这两种产品，并且至少能提供 70 个人工。A、B 产品的利润分别为每件 300 元和每件 500 元。假定以目标利润不少于 15 000 元为第一目标，占用的人力少于 70 人工为第二目标，试问该厂应生产 A、B 产品各多少件，才能使其利润值最大？

解 设该厂能生产 A、B 产品的数量分别为 x_1 件和 x_2 件，按决策者的要求赋予两个目标的优先因子分别为 P_1 和 P_2，则该问题的目标规划模型如下：

$$\min Z = P_1 d_1^- + P_2 d_2^+$$

$$\text{s.t.}\begin{cases} 300x_1 + 500x_2 + d_1^- - d_1^+ = 15\ 000 \\ 4x_1 + 6x_2 + d_2^- - d_2^+ = 70 \\ x_1 + x_2 \leqslant 10 \\ x_1, x_2, d_i^+, d_i^- \geqslant 0 \quad (i = 1, 2) \end{cases}$$

2．线性加权法

当 n 个目标函数 $f_1(x)$，$f_2(x)$，$\cdots$，$f_n(x)$ 都要求最小（或最大）时，可以给每个目标函数以相应的权系数 λ_i，以表示各个目标在多目标决策中的相对重要性，从而构成一个新的目标函数 $U(x)$，即

$$U(x) = \sum_{i=1}^{n} \lambda_i f_i(x) \tag{4-7}$$

权系数 λ_i 的确定直接影响决策的结果，因此，选择 λ_i 要依据充分的经验或用统计调查的方法得出。常用的方法是，请一批有经验的人对如何选择权系数 λ_i 发表意见，然后用统计方法对 λ_i 的平均值做出估算：

$$\lambda_i = \frac{1}{n}\sum_{j=1}^{n} \lambda_{ji} \qquad j = 1, 2, \cdots, n \tag{4-8}$$

式中，λ_{ji} 是第 j 个人对 λ_i 的估算值，共有 n 个人。算出平均值后，再让这些人对平均值 λ_i 发表意见，进一步做出新的估算。这样经过几次后，便得到权系数 λ_i。

3．数学规划法

设有 n 个目标 $f_1(x)$，$f_2(x)$，$\cdots$，$f_n(x)$，如果其中某个目标比较关键，如希望 $f_1(x)$ 取得极大值，那么就以 $f_1(x)$ 为新的目标函数，保证其达到最优，而使其他的所有目标满足下述条件：

$$f_i' \leqslant f_i(x) \leqslant f_i'' \quad i = 2, 3, \cdots, n$$

这样，就把多目标决策问题转化为以下的单目标决策问题：

$$\begin{aligned} &\max f_1(x) \\ &\text{s.t.}\quad f_i' \leqslant f_i(x) \leqslant f_i'' \qquad i = 2, 3, \cdots, n \end{aligned} \tag{4-9}$$

例 4-11　某建筑公司以产值、成本、劳动生产率、能源消耗水平作为评价指标。在评价时，可以把上述指标转化成以产值为主要指标，对其他指标都给予一定限制的决策问题，从而得到如下的数学规划模型：

$$\begin{aligned} &\max f_1(x) \quad \text{产值最高} \\ &\text{s.t.}\quad f_2(x) \leqslant b_1 \quad \text{成本小于规定值} \\ &\qquad f_3(x) \geqslant b_2 \quad \text{劳动生产率高于一定值} \\ &\qquad f_4(x) \leqslant b_3 \quad \text{能源消耗低于一定水平} \\ &\qquad \cdots \qquad \cdots \\ &\qquad AX = b \quad \text{原问题约束} \end{aligned}$$

求解后就可以得到一个比较理想的决策。

4．乘除法

通常情况下，系统目标 $f_1(x)$，$f_2(x)$，$\cdots$，$f_n(x)$ 可分为两大类。一是费用型目标，

如成本、费用等，这一类目标要求越小越好；二是效果型目标，如利润、产值等，这一类目标要求越大越好。从经济效益最大化的角度去研究，应以最小的费用得到最大的效果作为评价系统的主要指标。

在 $f_1(x)$，$f_2(x)$，$\cdots$，$f_n(x)$ 这 n 个目标中，设有 k 个目标 $f_1(x)$，$\cdots$，$f_k(x)$ 要求越小越好，而另外 $(n-k)$ 个目标 $f_{k+1}(x)$，$\cdots$，$f_n(x)$ 则要求越大越好，并假定对任意 $x \in R$ 有 $f_1(x)$，$f_2(x)$，$\cdots$，$f_n(x) > 0$，这时可构成一个新的目标函数

$$U(x) = \frac{f_1(x)\,f_2(x)\cdots f_k(x)}{f_{k+1}(x)\,f_{k+2}(x)\cdots f_n(x)} \tag{4-10}$$

然后求其极小值，即

$$\min_{x \in R} U(x) = \min_{x \in R} \frac{f_1(x)\,f_2(x)\cdots f_k(x)}{f_{k+1}(x)\,f_{k+2}(x)\cdots f_n(x)} \tag{4-11}$$

便可得到多目标决策问题的满意解。

4.5.2　目标分层法

在多目标问题中，每个目标的重要性是各不相同的，在处理多目标问题的时候，首先要分清各目标的重要性。目标重要性的划分会随着问题的不同而有所不同，如有的企业以产量为主要目标，有的企业以成本为主要目标等。有时候，目标重要性的划分要根据一定历史时期的一定任务而定。但不论怎样，各种目标总可以根据其重要性的不同而划分成不同的层次。因此，根据目标可划分层次的特点，得到一种解决多目标决策问题的方法，即目标分层法。

目标分层法的主要思想是：把所有的目标按其重要性的顺序排列起来，然后求出第一重要目标的最优解集合 R_1，在此 R_1 集合中再求第二重要目标的最优解集合 R_2，依次做下去，直到把全部目标求完为止，则满足最后一个目标的最优解，就是该多目标决策问题的解。

这种思想的数学语言表述如下。

设已按重要性排好顺序的目标为 $f_1(x)$，$f_2(x)$，$\cdots$，$f_n(x)$，可按

$$f_1(x^1) = \min f_1(x) \qquad x \in R_0$$

$$f_2(x^2) = \min f_2(x) \qquad x \in R_1$$

$$R_1 = \left\{ x \middle| f_1(x^1) = \min f_1(x) \right\} \qquad x \in R_0$$

$$\cdots \tag{4-12}$$

$$f_n(x^n) = \min f_n(x) \qquad x \in R_{n-1}$$

$$R_i = \left\{ x \middle| f_i(x^i) = \min f_i(x) \right\} \qquad x \in R_{i-1} \quad i = 1, 2, \cdots, n$$

求出满足 $f_n(x^n) = \min f_n(x)$ 的解，即为多目标决策问题 $f_i(x)$（$i = 1, 2, \cdots, n$）的解。

这种方法的几何解释如图 4-14 所示，即第一重要目标在 R_0 范围内求解后，得到 R_1 集，第二重要目标在 R_1 集合中求解后，得到 R_2 集，依次类推，最后收缩到中间的最优集。由此可见，R_n 是对所有目标都基本可以满足的解，即该多目标决策问题的解。

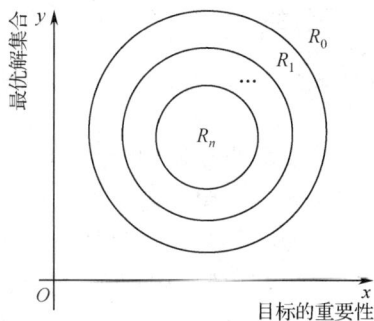

图 4-14　目标分层法的几何解释

采用这种方法时，如果出现前面目标的解集 R_i 是一个点集或空集，则后面的目标就无法在其中求解，因此，这时不能应用此方法。为了适应这种情况，在数学上采用了"宽容"的方法。所谓"宽容"的方法就是将 R_i 在适当的范围内加以"扩展"，"扩展"就是把 R_i 的范围适当扩大，使 R_i 由点集或空集变成一个小的"范围"，然后在这个范围内求得目标的解集。

4.5.3　功效系数法

在现实中每个目标都有其所特有的特征。有的目标要求越大越好，如劳动生产率指标；有的目标要求越小越好，如成本指标；也有的目标要求适中为佳，如可靠性指标。如果把目标的特征用其特性曲线来表示，并引入功效系数的概念，就可以方便地将多目标决策问题转化为单目标决策问题。

功效系数一般以 d 表示，它是表示目标满足程度的参数。当 $d=1$ 时，表示对目标最满意，而当 $d=0$ 时，表示对目标最不满意，且 $0 \leqslant d \leqslant 1$。按上述说法可得到不同目标函数和功效系数之间的变化关系，如图 4-15 所示。

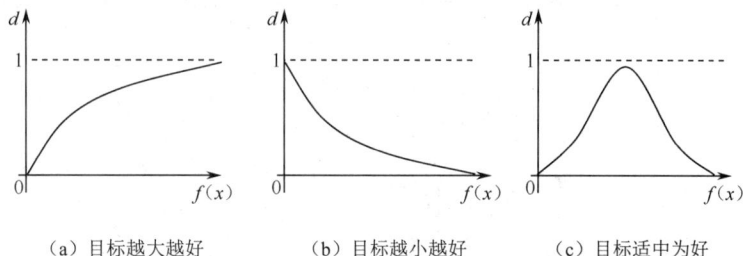

（a）目标越大越好　　（b）目标越小越好　　（c）目标适中为好

图 4-15　目标函数和功效系数的关系

目标函数的这种特性曲线已知以后，对于任何一个多目标决策问题，当给定一组 x 后，即可得到一组相应的 d，然后根据各目标的 d 值，可构成一个评价函数

$$\max D = \sqrt[p]{d_1 d_2 \cdots d_P} = D(x) \tag{4-13}$$

式中，p 为目标函数种类数（或个数）。当 $D=1$ 时，所有的目标函数都处于最满意状态；当 $D=0$ 时，则正好相反。因此，由不同的 x 值即可确定不同的 D 值，也可得到不同的满意程度，进而反映出目标的不同功效。

作为一个综合的目标 D，我们总是要求它越大越好，因此逐步调整变量，则可使 D 达到最大值，从而达到多目标决策的目的。

📖 **情境链接**

多目标决策图解法

对于只有两个决策变量的目标规划数学模型，可以使用简单直观的图解法求解。

例 4-12 某电视机厂装配黑白和彩色两种电视机，每装配一台电视机需占用装配线 1 小时，装配线每周计划开动 40 小时。预计市场每周彩色电视机的销量是 24 台，每台可获利 80 元；黑白电视机的销量是 30 台，每台可获利 40 元。该厂确定的目标如下。

第一优先级：充分利用装配线每周计划开动 40 小时。

第二优先级：允许装配线加班，但加班时间每周尽量不超过 10 小时。

第三优先级：装配电视机的数量尽量满足市场需求，因彩色电视机的利润高，取其系数为 2。

试建立这一问题的目标规划模型，并求解黑白和彩色电视机的产量。

解 根据题意，设 x_1、x_2 分别表示彩色电视机和黑白电视机的产量，则这个问题的目标规划模型为

$$\min Z = P_1 d_1^- + P_2 d_2^+ + P_3(2d_3^- + d_4^-)$$

$$\text{s.t.} \begin{cases} x_1 + x_2 + d_1^- - d_1^+ = 40 \\ x_1 + x_2 + d_2^- - d_2^+ = 50 \\ x_1 + d_3^- - d_3^+ = 24 \\ x_2 + d_4^- - d_4^+ = 30 \\ x_1, x_2, d_i^+, d_i^- \geq 0 \qquad (i = 1, 2, 3, 4) \end{cases}$$

建立 $x_1 O x_2$ 直角坐标系，作 $x_1 + x_2 = 40$，$x_1 + x_2 = 50$，$x_1 = 24$，$x_2 = 30$ 的直线，并使这些直线带上正、负偏差箭线，如图 4-16 所示，再逐级考虑实现目标函数。

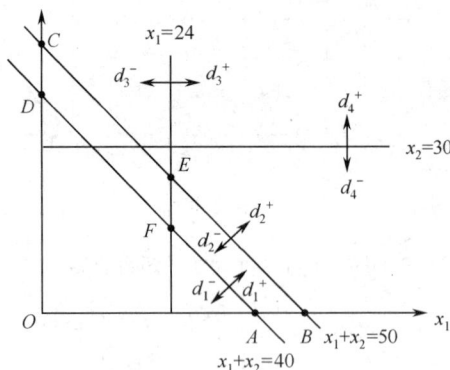

图 4-16　目标规划图解法

P_1 级：$\min(d_1^-)$，满足 P_1 级的区域为 $x_2 D A x_1$。

P_2 级：$\min(d_2^+)$，在满足了 P_1 级的前提下，满足 P_2 级的区域为 $ABCD$。

P_3 级：$\min(2d_3^- + d_4^-)$，因为 d_3^- 和 d_4^- 的权系数分别为 2 和 1，相比之下，d_3^- 权系数

大，所以优先考虑 min（d_3^-），满足的区域为 ABEF；再考虑 min（d_4^-），在 ABEF 中只有 E 点使 d_4^- 取最小，故 E 点为满意解。E 点坐标为（24，26），即该厂每周应装配彩色电视机 24 台，黑白电视机 26 台。

总结图解法求解步骤如下。

① 在直角坐标系的第一象限作出绝对约束和目标约束的图像，绝对约束确定出可行解的区域，在目标约束直线上用箭头标出正、负偏差变量值增大的方向（正、负偏差变量增大的方向相反）。

② 在可行解的区域内，求满足最高优先等级目标的解。

③ 转到下一个优先等级的目标，在满足上一个优先等级目标的前提下，求出满足该等级目标的解。

④ 重复步骤③，直到所有优先等级目标都审查完毕。

⑤ 确定最优解或满意解。

情境回放

1. 决策是人类的一种普遍性活动，指个人或集体为达到预定目标，从两个以上的可行方案中，选择最优方案或综合成最优方案，并推动方案实施的过程。实施决策的步骤包括确定目标、拟订方案、优选方案和执行决策。

2. 不确定型决策是在决策者对环境情况一无所知时，根据自己的主观倾向所进行的决策。常用的决策准则有悲观准则、乐观准则、折中准则、等可能性准则和最小后悔值准则。

3. 风险型决策是指在决策问题中，决策者除了知道未来可能出现哪些状态外，还知道出现这些状态的概率分布，决策者要根据几种不同自然状态下可能发生的概率进行决策。风险型决策的常用方法有最大可能法、期望值准则法、决策表法和决策树法。

4. 效用代表了决策者对风险的态度和对某事物的偏好，是决策者的价值观念在评价方案时的反映。可将要考虑的因素都折合为效用值，得到各方案的综合效用值，然后根据这些综合效用值来进行决策。

自测练习

1. 阐述决策实施的步骤。

2. 效用决策与风险型决策有何不同？

3. 某钟表公司计划通过其分销网络推销一种低价钟表，计划零售价为每块 10 元。初步考虑了三种分销方案：① 需一次性投资 10 万元，投产后每块成本 5 元；② 需一次性投产 16 万元，投产后每块成本 4 元；③ 需一次性投资 25 万元，投产后每块成本 3 元。该种钟表的需求量不确定，但估计有三种可能：30 000 块，120 000 块，200 000 块。

要求：

（1）建立这个问题的损益矩阵。

（2）分别用悲观法、乐观法来确定公司应采用哪种方案。

（3）建立后悔矩阵，用后悔值法来确定公司应采用哪种方案。

4. 某洗衣机厂准备投产一种用微计算机控制的双缸全自动洗衣机，现提出三种生产方案供选择：① 改造原生产线；② 新建一条生产线；③ 将大部分零件转包给外厂生产，本厂只生产小部分零件并组装整机。据市场调查，该机在 5 年内畅销的概率为 0.5，平销的概率为 0.3，滞销的概率为 0.2。初步估计，5 年内各方案在不同销售状态下的损益值如表 4-19 所示，试用决策表法确定使该厂 5 年内获得最大收益的生产方案。

表 4-19　销售损益值　　　　单位：万元

状态 损益值 可行方案	畅　销	平　销	滞　销
	0.5	0.3	0.2
改造原生产线	900	700	150
新建生产线	1200	900	200
转包及组装	1500	1200	−400

5. 某物流中心计划新建一个分装加工车间。现提出两个规划方案：① 需要投资 300 万元；② 需要投资 160 万元。均考虑 10 年的经营期。据预测，在未来 10 年的经营期内，前 3 年市场前景好的概率为 0.7；若前 3 年市场前景好，则后 7 年市场前景好的概率为 0.9；若前 3 年市场前景差，则后 7 年市场前景肯定差。另外，估计每年两个方案的损益值如表 4-20 所示，要求用决策树法确定应采用哪种方案。

表 4-20　投产后的年损益值

规　划　方　案	投产后的年损益值（万元）	
	市　场　好	市　场　差
①	100	−20
②	40	10

物流设施选址规划

情境目标

1. 了解物流设施选址的程序及其影响因素。
2. 掌握单一物流设施选址的常用方法。
3. 掌握多物流设施选址的常用方法。
4. 掌握离散型物流设施选址模型的创建。

思政融合

自主学习能力的培养

本章所介绍的单一重心法和多重心法计算量都非常大，需要采取逐渐逼近、多次迭代运算，手工计算不方便，一般采取计算机计算。因此，可以给学生介绍几种基本的运筹软件，布置大作业，让学生理论联系实际去建模，通过软件计算模型，得出最优运筹方案，培养自主学习的能力。自主学习和持续学习才是学习的应有之义。

情境案例

连锁企业的仓库选址

某连锁企业有 4 个零售点，其位置坐标及物资需求量如表 5-1 所示。该连锁企业准备设置一个仓库，为这 4 个零售点供货。

表 5-1　某销售网络的有关信息

零　售　点	物资需求量 V_i（吨）	运输费率 R_i	坐　　标	
			x_i	y_i
1	2	5	2	2
2	3	5	11	3
3	2.5	5	10	8
4	1	5	4	9

思考：

仓库应该设置在何处，才能使仓库到这 4 个零售点的总运输成本最小？

5.1 物流设施选址概述

5.1.1 物流设施选址的定义

物流设施是指物流网络中的关键节点，如工厂、港口、仓库、分拨中心、配送中心、零售点等。物流设施选址优化就是要确定物流网络中各设施点的数量、功能、规模及位置，从而确定物流网络结构，使之与企业的经营运作有机结合，从而有效、经济地达到企业的经营目的。

物流设施选址包括两个层次的问题。

（1）选位，即选择在什么地区或区域设置设施，如沿海或内地、南方或北方等。在当前经济全球化的大趋势下，或许还要考虑在国内还是国外。

（2）定址，即在已选定的地区内选定一片土地作为设施的具体位置。

选址在整个物流网络规划中的地位非常重要，它属于物流管理战略层面的研究问题。设施的位置对生产力布局、城镇建设、企业投资、建设速度及建成后的生产经营状况都具有重大影响。对一个新建企业来说，设施选址是建立和管理企业的第一步，也是事业发展的第一步。设施选址对设施建成后的设施布置、投产后的生产经营费用、产品和服务质量、成本都有重要的影响。设施建设完工后，一般无法轻易改动。因此，在进行设施选址时，必须充分考虑多方面因素的影响，慎重决策。

尽管设施选址问题主要是一个宏观战略问题，但它又广泛地存在于物流网络的各个层面。设施选址需要进行充分的调查、研究和勘察，应科学分析，不能凭主观意愿决定，不能过于仓促，要考虑到企业自身的设施和产品特点，注意自然条件、市场条件和运输条件，应有长远观点。合理的选址决策是企业实现可持续发展的必要保证。

科学的设施选址离不开模型和方法的运用，特别是一些数学模型和计算机模型。这些模型方法不再是理念上的方法或某些简单的因素决策过程，更多的是将数学模型与实际问题相结合，通过多方面的科学比选而进行的设施决策。本情境介绍的选址模型主要包括单设施选址模型、多设施选址模型和离散设施选址模型。

5.1.2 物流设施选址的程序

物流设施选址具体来说可分为 7 个步骤，如图 5-1 所示。

（1）选址约束条件分析。

选址时，首先要明确建设物流设施的必要性、目的和意义。然后根据物流系统的现状进行分析，制订物流系统的基本计划，确定需要了解的基本条件，如服务对象、运输条件和用地条件等，以便缩小选址范围。

```
┌────────────────────┐      ┌────────────────────┐
│  物流系统现状分析   │─────▶│  选址约束条件分析   │
└────────────────────┘      └────────────────────┘
                                       │
┌────────────────────┐      ┌────────────────────┐
│ 地图、地价、业务量、│─────▶│   收集整理资料      │
│ 费用分析、配送路线等│      └────────────────────┘
└────────────────────┘                │
                                       │
                            ┌────────────────────┐
                            │    地址筛选         │
                            └────────────────────┘
                                       │
┌────────────────────┐      ┌────────────────────┐      ┌────────────────────┐
│ 多个物流设施选址方法│─────▶│   定量分析          │◀─────│ 单个物流设施选址方法│
│（覆盖模型和P-中值模型等）    └────────────────────┘      │（重心法、交叉中值等）│
└────────────────────┘                │                  └────────────────────┘
                                       │
┌────────────────────┐      ┌────────────────────┐      ┌────────────────────┐
│ 市场的适应性、购置土地│───▶│   结果评价          │◀─────│   选址的制约条件     │
│ 条件、服务质量、总费用、   └────────────────────┘      └────────────────────┘
│ 商流及其他            │               │
└────────────────────┘                │
                                  ◇───────────◇        否
                                 复查是否通过 ──────────▶
                                  ◇───────────◇
                                       │ 是
                            ┌────────────────────┐
                            │   确定选址结果      │
                            └────────────────────┘
```

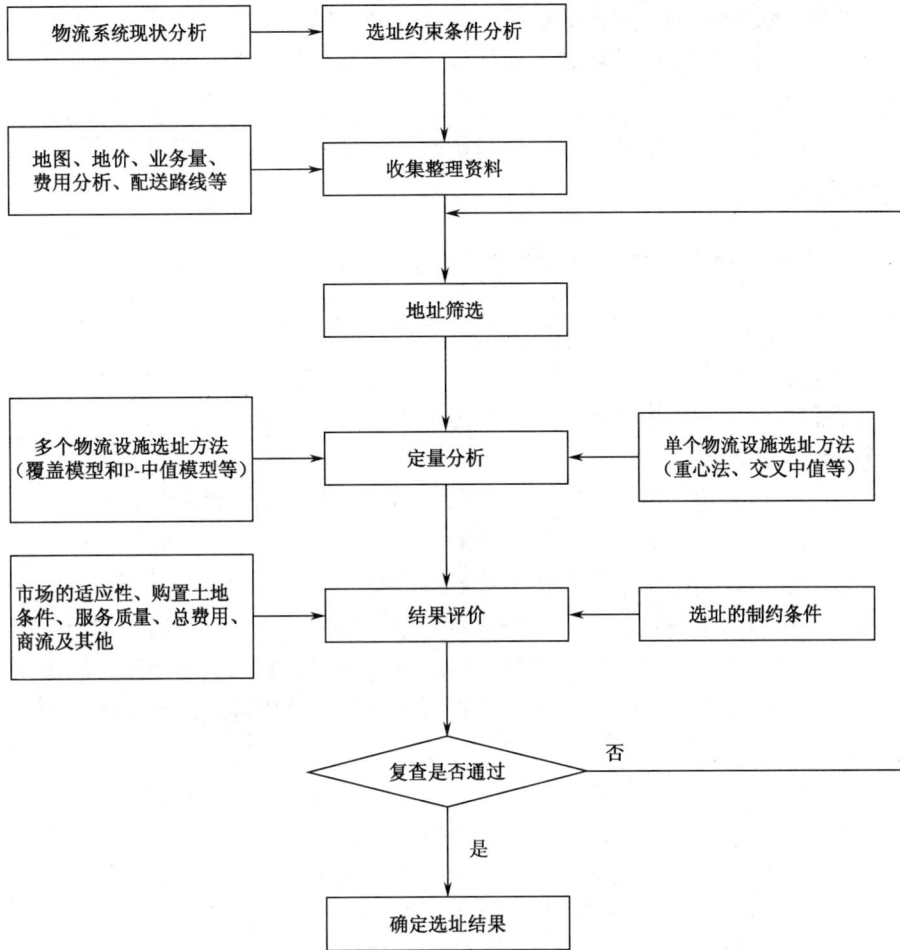

图 5-1　物流设施选址程序

（2）收集整理资料。

选择地址的方法，一般是通过成本计算，也就是将运输费用、物流设施费用模型化，根据约束条件及目标函数建立数学模型，从中寻求费用最小方案。但是，采用这种选择方法寻求最优的选址时，必须对业务量和生产成本有正确的分析与判断。

（3）地址筛选。

在对所取得的上述资料进行充分的整理和分析，考虑各种因素的影响并对需求进行预测后，就可以初步确定选址范围，即确定初始候选地点了。

（4）定量分析。

针对不同情况选用不同的模型进行计算，得出结果。例如，给多个物流设施选址，可采用覆盖模型和P-中值模型等；给单一物流设施选址，可采用重心法等。

（5）结果评价。

对结果进行评价，看其是否具有现实意义及可行性。

（6）复查。

分析其他影响因素对计算结果的相对影响程度，分别赋予它们一定的权重，采用加权法对计算结果进行复查。如果复查通过，则原计算结果即为最终结果；如果复查发现原计算结果不适用，则返回地址筛选步骤重新计算，直至得到最终适合的结果为止。

（7）确定选址结果。

复查通过后，计算所得结果即可作为最终的计算结果。但是所得解不一定为最优解，可能只是符合条件的满意解。

5.1.3 物流设施选址的影响因素

影响物流设施选址的因素很多，大致可归纳为企业内部因素和外部环境因素两个方面。

1. 企业内部因素

企业内部因素包括企业战略因素和产品技术因素两个方面。

（1）企业战略因素。

企业的竞争战略对物流设施选址有重要影响。以生产成本为导向的企业倾向于在成本最低的区位布局生产设施，而强调市场反应能力的企业则更倾向于在靠近目标市场的区域布局生产设施，以便企业能对市场变化迅速做出反应。

对于跨国公司的物流设施选址，首先需要明确各设施的使命及其战略作用。例如，以支持生产为目的的物流设施，应该建立在设有海外生产基地的国家和地区；以支持当地市场提供特色服务的物流设施，应该选择在具有较大市场规模或特定需求的地区布局。

（2）产品技术因素。

与产品相关的技术因素包括产品生产工艺和原料获取代价等。如果产品生产工艺复杂、生产设施和设备投资高，适合采取数量少而规模大的集中布局策略，可通过充分发挥规模经济效应，降低生产成本。例如，计算机芯片的生产就适合采取这种布局策略。否则，适合采用分散的设施选址策略，使生产基地接近市场，降低产品运输成本。

当获取原材料的运输代价较大而产成品运输代价相对较低时，设施点应向原料产地靠近，以降低原料运输成本；当获取原材料的运输代价较低而产成品运输代价相对较高时，为降低产品的运输费用，设施点应该向市场移动。

2. 外部环境因素

外部环境因素包括自然环境、政治环境、经济政策、基础设施、物流成本和环境保护等因素。随着经济的全球化和市场竞争的日益激烈，外部环境因素对物流设施选址的成败产生了很大的影响，因此，企业在进行物流设施布局时必须考虑这些因素。

（1）自然环境因素。

物流设施选址过程中主要考虑的自然环境因素有气象条件、地质条件、水文条件和地形条件。

气象条件包括温度、风力、降水量、无霜期、冻土深度和年平均蒸发量等指标。例如，选址时要避开风口，因为在风口建设的物流设施投入使用后，会加速露天堆放的商品老化。

某些物流设施是大量商品的集结地，会对地面造成很大压力，若物流设施地面以下存在淤泥层、流沙层、松土层等不良地质条件，则会在受压地段造成沉陷、翻浆等严重后果。因此，选址时要求土壤具有较高的承载能力。

物流设施选址需远离容易泛滥的河川流域与地下水上溢的区域，地下水位不能过高，洪泛区、内涝区等区域绝对禁止选择。

物流设施应选择地势较高、地形平坦之处，且应具有适当的面积与外形。完全平坦的地形是最理想的，其次是稍有坡度或起伏的地方，山区或陡坡地区则应完全避开。在外形上可选择长方形，不宜选择狭长或不规则形状。

（2）政治环境因素及经济政策因素。

企业倾向于将设施布局在政局稳定的国家或地区。政局稳定、经贸规则完善、立法制度健全的国家能为企业的正常运营提供良好的外部保障。但是，政治稳定性很难量化，只能进行主观评价和判断。当地优惠的经济政策和税收政策也是吸引企业布局设施的重要因素。如果一个目标市场所在国的关税高，在该国布局设施就可能需要规避关税，这会使网络更加分散。

（3）基础设施状况。

场地供给和劳动力供给靠近运输枢纽，临近机场、码头及高速公路入口，地方性公共设施完善等，这些都是关键性的基础设施条件。我国的上海、北京、广州等大城市，虽然当地的劳动力成本不菲、地价较高，但却吸引了大量的外国企业投资建厂，其中的基础设施完善就是一个重要的原因。

（4）物流成本因素。

从宏观的地区或国家选择到微观的设施具体地点的选择，物流成本因素包括原料供应、成本和动力能源供应、成本和水资源供应、劳工成本、产品运至分销点成本、零配件从供应点运来成本、建筑和土地成本、税率和保险、资本市场和流动资金、各类服务及维修费用等。

（5）国土资源利用和环保要求。

物流设施的规划应贯彻节约用地、充分利用国土资源的原则。物流设施一般占地面积较大，周围需留有足够的发展空间，其布局要兼顾区域与城市规划用地的其他要求。

物流设施选址还需要考虑保护自然环境与人文环境等因素，尽可能降低对城市生活的干扰。大型转运枢纽应设置在远离市中心的地方，尽量不影响或少影响城市交通环境和城市的生态建设。

5.2　单一物流设施连续点选址

情境案例　一家报刊连锁公司想在某地区开设一个新的报刊零售亭，主要的服务对象是附近 5 个住宅小区的居民。如图 5-2 所示，直角坐标系中确切地表达了这些小区的位置，图中带圈的数字是各小区每月对报刊的需求量，即为权重。公司经理希望通过这些信息来确定一个合适的报刊零售点的位置，使每月顾客到报刊零售点所行走的距离总和最小。

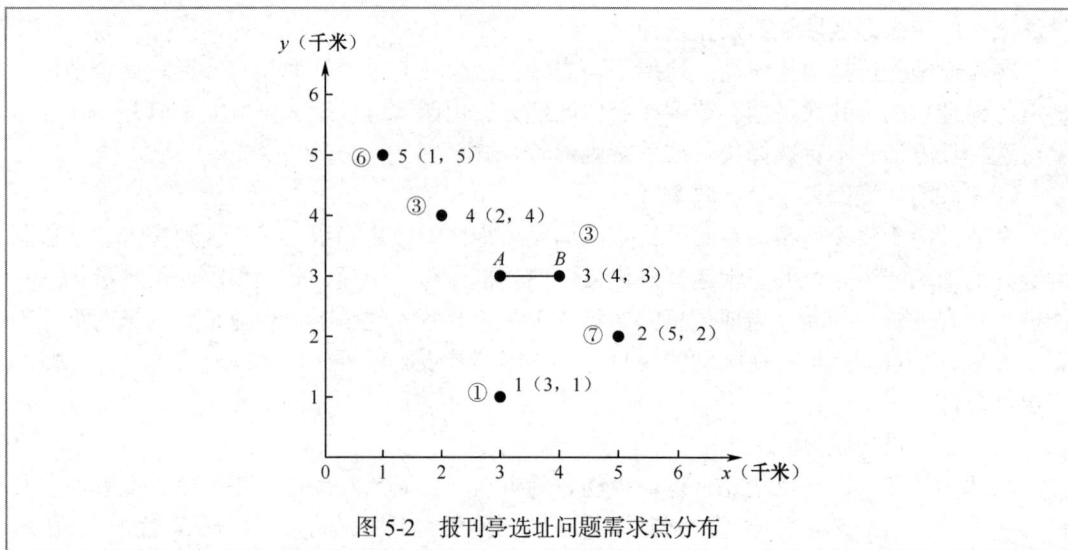

图 5-2　报刊亭选址问题需求点分布

单一物流设施选址研究具有较高的学术意义和实际意义，因为其模型与方法可以扩展为多物流设施的选址模型与方法。所谓单一物流设施选址，是指只准备为一个物流设施选择位置。所谓连续点选址模型，是指在一条路径或一个区域范围内的任何位置都可以作为一个设施的选址问题。

在单一物流设施选址问题中，一般采用两种方法来计算两点之间的距离：一种是折线距离，也叫城市距离（Metropolitan Metric）；另一种是直线距离，也叫欧氏距离（Euclidean Metric）。

平面上点 (x_i, y_i) 和点 (x_j, y_j) 之间的折线距离 $d_{i,j}^R$ 为

$$d_{i,j}^R = \left| x_i - x_j \right| + \left| y_i - y_j \right| \tag{5-1}$$

直线距离是指平面上两点之间的直线距离。平面上点 (x_i, y_i) 和点 (x_j, y_j) 之间的直线距离 $d_{i,j}^E$ 为

$$d_{i,j}^E = \sqrt{(x_i - x_j)^2 + (y_i - y_j)^2} \tag{5-2}$$

折线距离通常用于道路比较规则的城市内部的配送问题，以及具有直线通道的工厂和仓库内部的物料搬运等。

直线距离通常用于城市与城市之间的配送问题。在这些问题中，直线距离是可以接受的近似值。例如，城市之间配送的实际路线距离，可以通过把直线距离乘以一个适当的系数（如在美国是 1.2，在南美洲是 1.26）来更好地加以近似。

针对这两种计算距离的方式，我们介绍两种求解单一物流设施连续点选址问题的方法。

5.2.1　交叉中值模型

交叉中值（Cross Median）模型是用来解决连续点选址问题的一种十分有效的模型，它是利用城市距离进行计算的。通过交叉中值的方法，可以对单一的选址问题在一个平面上的加权的城市距离进行最小化。

设在某一物流网络中，有 n 个需求点，它们的位置分别是 (x_i, y_i)，$i = 1, 2, \cdots, n$。

第 i 个需求点的权重为 w_i，$i = 1$，2，$\cdots$，n。现要设置一个服务设施点，假设其位置为（x_s，y_s），要求选择服务设施点的位置，使由该设施点向 n 个需求点送货的总运输成本 z 最小，那么相应的目标函数为

$$\min_s z(x_s,\ y_s) = \sum_{i=1}^{n} w_i \left\{ |x_i - x_s| + |y_i - y_s| \right\} \tag{5-3}$$

上述目标函数可以改写为

$$\min_s z(x_s,\ y_s) = \sum_{i=1}^{n} w_i |x_i - x_s| + \sum_{i=1}^{n} w_i |y_i - y_s| \tag{5-4}$$

这个选址问题的服务设施点的最优位置是由以下坐标 x_s 和 y_s 组成的点：

x_s 是在 x 轴方向所有权重 w_i 的中值点；

y_s 是在 y 轴方向所有权重 w_i 的中值点。

考虑到 x_s 和 y_s 两者都是唯一的，或者两者中有一个是唯一的，或者两者都不是唯一的，所以服务设施点可能是一个点，或者是一条线，或者是一个区域。

下面我们用交叉中值选址方法来求解本节情境案例中所提到的问题。

根据案例，由于该报刊亭的选址问题是一个城市内部的选址问题，所以选用折线距离进行评价是合适的。

首先，确定权重的中值：

$$\overline{W} = \frac{1}{2} \sum_{i=1}^{n} w_i \tag{5-5}$$

即 $\overline{W} = 0.5 \times (1+7+3+3+6) = 10$。

其次，寻找 x 方向上的中值点 x_s。

由图 5-2 可知，从左向右依次将权重相加，由于 $w_5 + w_4 + w_1 = 6+3+1 = 10$，恰好是权重的中值；从右向左依次将权重相加，由于 $w_2 + w_3 = 7+3 = 10$，恰好也是权重的中值，因此在需求点 1 与需求点 3 的 x 坐标之间的 1 千米范围内都可以作为 x_s 的取值，即 3（千米）$\leqslant x_s \leqslant$ 4（千米）。

再次，寻找 y 方向上的中值点 y_s。

由图 5-2 可知，从上向下依次将权重相加，由于 $w_5 + w_4 = 6+3 = 9 < 10$，而 $w_5 + w_4 + w_3 = 6+3+3 = 12 > 10$，因此，$y_s$ 应该在需求点 3 和需求点 4 的 y 坐标之间，即 3（千米）$\leqslant y_s \leqslant$ 4（千米）；另外，从下向上依次将权重相加，由于 $w_1 + w_2 = 1+7 = 8 < 10$，而 $w_1 + w_2 + w_3 = 1+7+3 = 11 > 10$，因此，$y_s$ 又应该在需求点 2 和需求点 3 的 y 坐标之间，即 2（千米）$\leqslant y_s \leqslant$ 3（千米）。这样，$y_s = 3$（千米）。

最后，综合考虑 x 方向和 y 方向的影响，新增报刊零售亭的最优位置应该在图 5-2 的 A 点与 B 点之间的直线段 AB 的任意一点上，其中 A 点坐标为（3，3），B 点坐标为（4，3）。

A 点到 5 个需求点的加权总折线距离为

$$\sum_{i=1}^{5} d_{Ai}^{R} = (0+2) \times 1 + (2+1) \times 7 + (1+0) \times 3 + (1+1) \times 3 + (2+2) \times 6 = 56$$

而 B 点到 5 个需求点的加权总折线距离为

$$\sum_{i=1}^{5} d_{Bi}^{R} = (1+2) \times 1 + (1+1) \times 7 + (0+0) \times 3 + (2+1) \times 3 + (3+2) \times 6 = 56$$

这也说明，新增报刊零售亭选址在直线 AB 上的任何一点都可以。

5.2.2 精确重心法

前面介绍的交叉中值模型因为使用的是城市距离，只适合解决一些小范围的城市内的选址问题，所以具有一定的局限性。下面介绍的精确重心法（Exact Gravity），在评价的过程中使用的是欧氏距离，即直线距离，它使选址问题变得复杂，但是有着更为广泛的应用范围。

选址时，在生产成本中运输费用占有较大比重的情况下，由一个工厂向多个配送中心或仓库发货，或由一个配送中心或仓库向多个销售点运货，都适宜采用精确重心法。应用此方法时，运输费用等于货物运输量与运输距离及运输费率的乘积。

精确重心法的具体模型如下。

设在某一物流网络中有 n 个需求点，它们的位置分别是 (x_i, y_i)，$i=1, 2, \cdots, n$，第 i 个需求点的权重为 w_i，$i=1, 2, \cdots, n$。现要设置一个服务设施点，假设其位置为 (x_s, y_s)，要求由该点向 n 个需求点送货的总运输成本 z 最小，即相应的目标函数为

$$\min_s z(x_s, y_s) = \sum_{i=1}^n w_i \sqrt{(x_i - x_s)^2 + (y_i - y_s)^2} \tag{5-6}$$

这是一个二元变量函数，分别对自变量 x_s 和 y_s 求偏导数，并令其等于零，得方程组

$$\begin{cases} \dfrac{\partial z}{\partial x_s} = -\sum_{i=1}^n w_i \cdot \dfrac{x_i - x_s}{\sqrt{(x_i - x_s)^2 + (y_i - y_s)^2}} = 0 \\ \dfrac{\partial z}{\partial y_s} = -\sum_{i=1}^n w_i \cdot \dfrac{y_i - y_s}{\sqrt{(x_i - x_s)^2 + (y_i - y_s)^2}} = 0 \end{cases} \tag{5-7}$$

令

$$d_{i,s} = \sqrt{(x_i - x_s)^2 + (y_i - y_s)^2} \quad i=1, 2, \cdots, n \tag{5-8}$$

则

$$\begin{cases} x_s = \dfrac{\sum_{i=1}^n \dfrac{w_i x_i}{d_{i,s}}}{\sum_{i=1}^n \dfrac{w_i}{d_{i,s}}} \\ y_s = \dfrac{\sum_{i=1}^n \dfrac{w_i y_i}{d_{i,s}}}{\sum_{i=1}^n \dfrac{w_i}{d_{i,s}}} \end{cases} \tag{5-9}$$

由于上式的右边包含 $d_{i,s}$，即右边包含未知变量 x_s 和 y_s 项，因此通常用迭代的方法进行求解。其迭代过程如下。

第一步，任意给出服务设施点的初始位置，为 (x_s^0, y_s^0)。但是一般是根据平面物体重心公式求得服务设施点初始位置的坐标 (x_s^0, y_s^0)，即

$$\begin{cases} x_s^0 = \dfrac{\displaystyle\sum_{i=1}^{n} w_i x_i}{\displaystyle\sum_{i=1}^{n} w_i} \\[6mm] y_s^0 = \dfrac{\displaystyle\sum_{i=1}^{n} w_i y_i}{\displaystyle\sum_{i=1}^{n} w_i} \end{cases} \tag{5-10}$$

将该初始位置的坐标 x_s^0 和 y_s^0 代入式（5-6）和式（5-8），分别求出相应的目标函数值 z^0 和各需求点与该初始位置的距离 $d_{i,s}^0$。

第二步，用 $d_{i,s}^0$ 代替式（5-9）中的 $d_{i,s}$，求得服务设施点的改善位置的坐标（x_s^1，y_s^1），并将该改善位置的坐标 x_s^1 和 y_s^1 代入式（5-6）和式（5-8），分别求出相应的目标函数值 z^1 和各需求点与该改善位置的距离 $d_{i,s}^1$。

第三步，把 z^1 和 z^0 进行比较，若 $z^1 \geq z^0$，则说明初始位置（x_s^0，y_s^0）就是服务设施点的最优位置，即该选址问题的最优解；若 $z^1 < z^0$，则说明改善位置（x_s^1，y_s^1）确实得到了改善，并且有待更进一步的改善。于是返回第二步，用 $d_{i,s}^1$ 代替式（5-9）中的 $d_{i,s}$，求得进一步改善位置的坐标（x_s^2，y_s^2），并将 x_s^2 和 y_s^2 代入式（5-6）和式（5-8），分别求得相应的目标函数值 z^2 和各需求点与（x_s^2，y_s^2）的距离 $d_{i,s}^2$。

如此反复计算下去，直到第 m 次迭代后得到 $z^{m+1} \geq z^m$ 为止，此时得最优解（x_s^m，y_s^m），或者直到 $|x_s^{m+1} - x_s^m|$ 及 $|y_s^{m+1} - y_s^m|$ 小于某一个预先给定的数值为止，此时以（x_s^{m+1}，y_s^{m+1}）作为近似的最优解。

为了说明如何运用精确重心法，需对本节情境案例中的选址问题做一个假设，即这个报刊亭附近都是空地，使用欧氏距离进行计算是合适的，然后我们就用精确重心法来选择一个最优位置。

根据题意，可将各小区每个月对报刊的需求量作为权重 w_i，$i = 1，2，3，4，5$。

第一步，根据式（5-10），选择报刊亭的初始位置（x_s^0，y_s^0）。

$$\begin{cases} x_s^0 = \dfrac{1\times3 + 7\times5 + 3\times4 + 3\times2 + 6\times1}{1+7+3+3+6} = 3.10 \\[4mm] y_s^0 = \dfrac{1\times1 + 7\times2 + 3\times3 + 3\times4 + 6\times5}{1+7+3+3+6} = 3.30 \end{cases}$$

将初始位置的坐标 x_s^0 和 y_s^0 代入式（5-8），求得各小区到报刊亭初始位置的距离 $d_{i,s}^0$，$i = 1，2，3，4，5$。

$$d_{1,s}^0 = \sqrt{(3-3.1)^2 + (1-3.3)^2} = 2.30$$
$$d_{2,s}^0 = \sqrt{(5-3.1)^2 + (2-3.3)^2} = 2.30$$
$$d_{3,s}^0 = \sqrt{(4-3.1)^2 + (3-3.3)^2} = 0.95$$
$$d_{4,s}^0 = \sqrt{(2-3.1)^2 + (4-3.3)^2} = 1.30$$
$$d_{5,s}^0 = \sqrt{(1-3.1)^2 + (5-3.3)^2} = 2.70$$

然后，再把有关数据代入式（5-6），求得报刊亭设在初始位置（x_s^0，y_s^0）时各小区顾客所行走的距离总和 z^0。

$$z^0 = 1 \times 2.30 + 7 \times 2.30 + 3 \times 0.95 + 3 \times 1.30 + 6 \times 2.70 = 41.35$$

第二步，把 $d_{i,s}{}^0$ 代入式（5-9），求出报刊亭的改善位置（$x_s{}^1$，$y_s{}^1$）的坐标。

$$x_s^1 = \frac{\dfrac{1 \times 3}{2.30} + \dfrac{7 \times 5}{2.30} + \dfrac{3 \times 4}{0.95} + \dfrac{3 \times 2}{1.30} + \dfrac{6 \times 1}{2.70}}{\dfrac{1}{2.30} + \dfrac{7}{2.30} + \dfrac{3}{0.95} + \dfrac{3}{1.30} + \dfrac{6}{2.70}} = 3.22$$

$$y_s^1 = \frac{\dfrac{1 \times 1}{2.30} + \dfrac{7 \times 2}{2.30} + \dfrac{3 \times 3}{0.95} + \dfrac{3 \times 4}{1.30} + \dfrac{6 \times 5}{2.70}}{\dfrac{1}{2.30} + \dfrac{7}{2.30} + \dfrac{3}{0.95} + \dfrac{3}{1.30} + \dfrac{6}{2.70}} = 3.25$$

将改善位置的坐标 $x_s{}^1$ 和 $y_s{}^1$ 代入式（5-8），求得各小区到报刊亭改善位置（$x_s{}^1$，$y_s{}^1$）的距离 $d_{i,s}{}^1$，$i = 1$，2，3，4，5。

$$d_{1,s}{}^1 = \sqrt{(3-3.22)^2 + (1-3.25)^2} = 2.26$$

$$d_{2,s}{}^1 = \sqrt{(5-3.22)^2 + (2-3.25)^2} = 2.17$$

$$d_{3,s}{}^1 = \sqrt{(4-3.22)^2 + (3-3.25)^2} = 0.82$$

$$d_{4,s}{}^1 = \sqrt{(2-3.22)^2 + (4-3.25)^2} = 1.43$$

$$d_{5,s}{}^1 = \sqrt{(1-3.22)^2 + (5-3.25)^2} = 2.83$$

再把上述有关数据代入式（5-6），求得当报刊亭设在改善位置（$x_s{}^1$，$y_s{}^1$）时各小区顾客所行走的距离总和 z^1。

$$z^1 = 1 \times 2.26 + 7 \times 2.17 + 3 \times 0.82 + 3 \times 1.43 + 6 \times 2.83 = 41.18$$

第三步，比较 z^1 和 z^0，由于 $z^1 = 41.18 < z^0 = 41.35$，所以报刊亭的位置还可以继续改善。

第四步，把 $d_{i,s}{}^1$ 代入式（5-9），求得进一步改善的报刊亭位置（$x_s{}^2$，$y_s{}^2$）的坐标。

$$x_s^2 = \frac{\dfrac{1 \times 3}{2.26} + \dfrac{7 \times 5}{2.17} + \dfrac{3 \times 4}{0.82} + \dfrac{3 \times 2}{1.43} + \dfrac{6 \times 1}{2.83}}{\dfrac{1}{2.26} + \dfrac{7}{2.17} + \dfrac{3}{0.82} + \dfrac{3}{1.43} + \dfrac{6}{2.83}} = 3.30$$

$$y_s^2 = \frac{\dfrac{1 \times 1}{2.26} + \dfrac{7 \times 2}{2.17} + \dfrac{3 \times 3}{0.82} + \dfrac{3 \times 4}{1.43} + \dfrac{6 \times 5}{2.83}}{\dfrac{1}{2.26} + \dfrac{7}{2.17} + \dfrac{3}{0.82} + \dfrac{3}{1.43} + \dfrac{6}{2.83}} = 3.19$$

把 $x_s{}^2$ 和 $y_s{}^2$ 代入式（5-8），求得各小区到报刊亭进一步改善位置（$x_s{}^2$，$y_s{}^2$）的距离 $d_{i,s}{}^2$，$i = 1$，2，3，4，5。

$$d_{1,s}{}^2 = \sqrt{(3-3.30)^2 + (1-3.19)^2} = 2.21$$

$$d_{2,s}{}^2 = \sqrt{(5-3.30)^2 + (2-3.19)^2} = 2.08$$

$$d_{3,s}{}^2 = \sqrt{(4-3.30)^2 + (3-3.19)^2} = 0.73$$

$$d_{4,s}{}^2 = \sqrt{(2-3.30)^2 + (4-3.19)^2} = 1.53$$

$$d_{5,s}{}^2 = \sqrt{(1-3.30)^2 + (5-3.19)^2} = 2.93$$

再把上述有关数据代入式（5-6），求得报刊亭设在（$x_s{}^2$，$y_s{}^2$）时各小区顾客所行走的距离总和 z^2。

$$z^2 = 1 \times 2.21 + 7 \times 2.08 + 3 \times 0.73 + 3 \times 1.53 + 6 \times 2.93 = 41.13$$

第五步，比较 z^2 和 z^1。由于 $z^2 = 41.13 < z^1 = 41.18$，但改善幅度不大，所以我们还可以判断，改善位置（$x_s^2$，$y_s^2$）已接近最优解，故取最优选址坐标为（3.30，3.19）。

注意，使用精确重心法得到的最优解只有一个点，而不会是一条线段或一个区域。只有在十分偶然的情况下，才会出现使用交叉中值法和使用精确重心法得到的最优地址是一致的情况。

下面我们用精确重心法来求解本情境案例中所提到的问题。

由于案例中新设仓库到各零售点的运输费率 R_i 都是相等的，所以可用各零售点的物资需求量作为其权重 w_i，$i = 1$，2，3，4。

第一步，根据式（5-10），选择仓库的初始位置（x_s^0，y_s^0）。

$$\begin{cases} x_s^0 = \dfrac{2 \times 2 + 3 \times 11 + 2.5 \times 10 + 1 \times 4}{2 + 3 + 2.5 + 1} = 7.8 \\ y_s^0 = \dfrac{2 \times 2 + 3 \times 3 + 2.5 \times 8 + 1 \times 9}{2 + 3 + 2.5 + 1} = 4.9 \end{cases}$$

把初始位置的坐标 x_s^0 和 y_s^0 代入式（5-8），求各零售点到仓库初始位置的距离 $d_{i,s}^0$，$i = 1$，2，3，4。

$$d_{1,s}^0 = \sqrt{(2-7.8)^2 + (2-4.9)^2} = 6.5$$
$$d_{2,s}^0 = \sqrt{(11-7.8)^2 + (3-4.9)^2} = 3.7$$
$$d_{3,s}^0 = \sqrt{(10-7.8)^2 + (8-4.9)^2} = 3.8$$
$$d_{4,s}^0 = \sqrt{(4-7.8)^2 + (9-4.9)^2} = 5.6$$

然后，再把有关数据代入式（5-6），求得仓库设在初始位置（x_s^0，y_s^0）时的总运输成本 z^0。

$$z^0 = (2 \times 6.5 + 3 \times 3.7 + 2.5 \times 3.8 + 1 \times 5.6) \times 5 = 196$$

第二步，把 $d_{i,s}^0$ 代入式（5-9），求出仓库的改善位置（x_s^1，y_s^1）的坐标。

$$\begin{cases} x_s^1 = \dfrac{\dfrac{2 \times 2}{6.5} + \dfrac{3 \times 11}{3.7} + \dfrac{2.5 \times 10}{3.8} + \dfrac{1 \times 4}{5.6}}{\dfrac{2}{6.5} + \dfrac{3}{3.7} + \dfrac{2.5}{3.8} + \dfrac{1}{5.6}} = 8.6 \\ y_s^1 = \dfrac{\dfrac{2 \times 2}{6.5} + \dfrac{3 \times 3}{3.7} + \dfrac{2.5 \times 8}{3.8} + \dfrac{1 \times 9}{5.6}}{\dfrac{2}{6.5} + \dfrac{3}{3.7} + \dfrac{2.5}{3.8} + \dfrac{1}{5.6}} = 5.1 \end{cases}$$

把改善位置的坐标 x_s^1 和 y_s^1 代入式（5-8），求得各零售点到仓库改善位置（x_s^1，y_s^1）的距离 $d_{i,s}^1$，$i = 1$，2，3，4。

$$d_{1,s}^1 = \sqrt{(2-8.6)^2 + (2-5.1)^2} = 7.3$$
$$d_{2,s}^1 = \sqrt{(11-8.6)^2 + (3-5.1)^2} = 3.2$$
$$d_{3,s}^1 = \sqrt{(10-8.6)^2 + (8-5.1)^2} = 3.2$$
$$d_{4,s}^1 = \sqrt{(4-8.6)^2 + (9-5.1)^2} = 6.0$$

再把上述有关数据代入式（5-6），求得仓库设在改善位置（x_s^1，y_s^1）时的总运输成本 z^1。

$$z^1 = (2 \times 7.3 + 3 \times 3.2 + 2.5 \times 3.2 + 1 \times 6.0) \times 5 = 191$$

第三步，比较 z^1 和 z^0，由于 $z^1=191<z^0=196$，因此仓库的位置还可以继续改善。

第四步，把 $d_{i,s}{}^1$ 代入式（5-9），求得进一步改善的仓库位置（$x_s{}^2$，$y_s{}^2$）的坐标。

$$x_s^2 = \frac{\dfrac{2\times 2}{7.3}+\dfrac{3\times 11}{3.2}+\dfrac{2.5\times 10}{3.2}+\dfrac{1\times 4}{6.0}}{\dfrac{2}{7.3}+\dfrac{3}{3.2}+\dfrac{2.5}{3.2}+\dfrac{1}{6.0}}=9.0$$

$$y_s^2 = \frac{\dfrac{2\times 2}{7.3}+\dfrac{3\times 3}{3.2}+\dfrac{2.5\times 8}{3.2}+\dfrac{1\times 9}{6.0}}{\dfrac{2}{7.3}+\dfrac{3}{3.2}+\dfrac{2.5}{3.2}+\dfrac{1}{6.0}}=5.2$$

把 $x_s{}^2$ 和 $y_s{}^2$ 代入式（5-8），求得各零售点到仓库进一步改善的位置（$x_s{}^2$，$y_s{}^2$）的距离 $d_{i,s}{}^2$，$i=1$，2，3，4。

$$d_{1,s}{}^2 = \sqrt{(2-9.0)^2+(2-5.2)^2}=7.7$$
$$d_{2,s}{}^2 = \sqrt{(11-9.0)^2+(3-5.2)^2}=3.0$$
$$d_{3,s}{}^2 = \sqrt{(10-9.0)^2+(8-5.2)^2}=3.0$$
$$d_{4,s}{}^2 = \sqrt{(4-9.0)^2+(9-5.2)^2}=6.3$$

再把上述有关数据代入式（5-6），求得仓库在（$x_s{}^2$，$y_s{}^2$）时的总运输成本 z^2。

$$z^2 = (2\times 7.7+3\times 3.0+2.5\times 3.0+1\times 6.3)\times 5=191$$

第五步，比较 z^2 和 z^1。因为 $z^2=191=z^1$，所以尽管存在计算误差，我们还是可以判断，改善位置（$x_s{}^1$，$y_s{}^1$）已接近最优解，位置（$x_s{}^2$，$y_s{}^2$）并未能进一步改善运输成本。因此，最后求得的最优选址坐标是（8.6，5.1）。

5.2.3 单一物流设施选址评述

我们在解决单一物流设施选址问题时，一般都为选址模型设计了一些简化的假设条件，从模型建立的假设条件及模型本身来看，存在以下一些缺陷。

（1）模型将待选设施点与各仓库之间的路线假设为一条直线，实际上，运输总是在固有的道路网中进行的，两设施点之间不可能总是直线距离。一般可根据实际地形，选择一个大于1的折线因子，将计算出的直线距离放大相应的倍数，做近似处理。

（2）模型假设运输成本与运输距离成线性关系，而实际中的运输费用由两部分构成，一部分是不随运输距离变化的固定部分，另一部分才是随距离变化的可变部分，且成非线性关系。

（3）选址模型只考虑了可变的运输成本，没有考虑在不同地点建立仓库所需的固定投资的不同，也没有考虑不同地点的设施运营费用（如人力成本、公共事业费用、库存持有成本等）的差异。

（4）模型常常假设需求量集中于某一点，而实际上需求来自分散于广阔区域内的多个消费点。市场的重心通常被当作需求的聚集地，而这会导致某些计算误差，因为计算出的运输成本是到需求聚集地，而非到单个的消费点。

（5）选址模型是非动态的，也就是在选址时并没有考虑未来的收益与成本的变化。任何模型在应用于实际问题时，都会表现出一定的缺陷，但并不意味着模型就没有使用价值，重要的是选址模型的结果对失实问题的敏感程度。如果简化假设条件，如假定运输费率成线性，对模型设施选址的影响很小或根本没有影响，那么可以证明，简单的模型较之复杂的模型更有效。

5.3　多物流设施连续点选址

已知某物流公司为 4 个销售市场 M_1、M_2、M_3、M_4 运送货物，如图 5-3 所示。现需要设置一些配送中心，且每个市场只由一个配送中心负责供货。已知配送中心到各市场的运输费率为 0.08 元 /（件·千米），每修建一个配送中心每年需要承担的固定成本为 1 000 000 元，配送中心的平均维持成本为 $500\,000\sqrt{n}$ 元，其中 n 为配送中心的个数。试问应该修建几个配送中心，建在何处才能使物流公司承担的总成本最少？

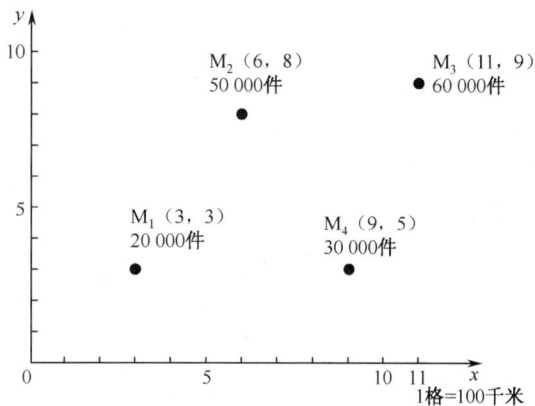

图 5-3　市场需求分布

一般来说，很多企业可能都有几处物流设施，可能要同时决定两个或多个设施的选址，这样，问题就变得比较复杂，但更具有现实意义。以仓库选址为例，需要解决的问题是：需要设置的仓库数量、容量及位置，每个仓库服务的需求点，各个仓库的产品供应源等。本节将介绍用于求解多个物流设施连续点选址问题的多重心法和计算机模拟模型。

5.3.1　多重心法

多重心法是以单一物流设施连续点选址模型的精确重心选址方法为基础的。下面我们用多重心法来求解本节情境案例中所提到的问题。

根据题意，因为配送中心为 4 个市场送货，且每个市场只能由一个配送中心负责供货，所以最多可建 4 个配送中心。下面，我们对配送中心个数 $n=1$，2，3，4 这 4 种情况分别予以讨论。

当 $n=1$ 时，即只修建一个配送中心，配送中心维修费用 $=500\,000\times\sqrt{1}=500\,000$ 元，总固定成本 $=1\times1\,000\,000=1\,000\,000$ 元。然后，应用单一物流设施的精确重心选址方法求出最小的运输总成本及其仓库的最佳位置。此时，4 个市场的权重分别为：$w_1=20\,000$，$w_2=$

50 000，w_3=60 000，w_4=30 000。

第一步，由式（5-10）计算配送中心的初始位置（x_s^0，y_s^0）的坐标。

$$\begin{cases} x_s^0 = \dfrac{20\,000\times3+50\,000\times6+60\,000\times11+30\,000\times9}{20\,000+50\,000+60\,000+30\,000}=8.06 \\ y_s^0 = \dfrac{20\,000\times3+50\,000\times8+60\,000\times9+30\,000\times5}{20\,000+50\,000+60\,000+30\,000}=7.19 \end{cases}$$

把初始位置的坐标 x_s^0 和 y_s^0 代入式（5-8），求各市场到配送中心初始位置的距离 $d_{i,s}^0$，$i=1$，2，3，4。

$$d_{1,s}^{0}=\sqrt{(3-8.06)^2+(3-7.19)^2}=6.57$$
$$d_{2,s}^{0}=\sqrt{(6-8.06)^2+(8-7.19)^2}=2.21$$
$$d_{3,s}^{0}=\sqrt{(11-8.06)^2+(9-7.19)^2}=3.45$$
$$d_{4,s}^{0}=\sqrt{(9-8.06)^2+(5-7.19)^2}=2.38$$

然后，再把以上数据代入式（5-6），求得配送中心设在初始位置（x_s^0，y_s^0）时的总运输成本 z^0。

$$z^0 = (20\,000\times6.57+50\,000\times2.21+60\,000\times3.45+30\,000\times2.38)\times0.08\times100$$
$$= 4\,162\,400$$

第二步，把 $d_{i,s}^0$ 代入式（5-9），求出配送中心的改善位置（x_s^1，y_s^1）的坐标。

$$x_s^1 = \dfrac{\dfrac{20\,000\times3}{6.57}+\dfrac{50\,000\times6}{2.21}+\dfrac{60\,000\times11}{3.45}+\dfrac{30\,000\times9}{2.38}}{\dfrac{20\,000}{6.57}+\dfrac{50\,000}{2.21}+\dfrac{60\,000}{3.45}+\dfrac{30\,000}{2.38}}=8.08$$

$$y_s^1 = \dfrac{\dfrac{20\,000\times3}{6.57}+\dfrac{50\,000\times8}{2.21}+\dfrac{60\,000\times9}{3.45}+\dfrac{30\,000\times5}{2.38}}{\dfrac{20\,000}{6.57}+\dfrac{50\,000}{2.21}+\dfrac{60\,000}{3.45}+\dfrac{30\,000}{2.38}}=7.36$$

把改善位置的坐标 x_s^1 和 y_s^1 代入式（5-8），求得各市场到配送中心改善位置（x_s^1，y_s^1）的距离 $d_{i,s}^1$，$i=1$，2，3，4。

$$d_{1,s}^{1}=\sqrt{(3-8.08)^2+(3-7.36)^2}=6.69$$
$$d_{2,s}^{1}=\sqrt{(6-8.08)^2+(8-7.36)^2}=2.18$$
$$d_{3,s}^{1}=\sqrt{(11-8.08)^2+(9-7.36)^2}=3.35$$
$$d_{4,s}^{1}=\sqrt{(9-8.08)^2+(5-7.36)^2}=2.53$$

再把上述有关数据代入式（5-6），求得当配送中心设在改善位置（x_s^1，y_s^1）时的总运输成本 z^1。

$$z^1 = (20\,000\times6.69+50\,000\times2.18+60\,000\times3.35+30\,000\times2.53)\times0.08\times100$$
$$= 4\,157\,600$$

第三步，比较 z^1 和 z^0。虽然 $z^1=4\,157\,600<z^0=4\,162\,400$，$z^1$ 比 z^0 有所降低，但改善幅度不大，所以我们取（x_s^1，y_s^1）作为单一配送中心的最佳位置。

从而，只修建一个配送中心时，其位置应在（8.08，7.36）处，这时物流总成本= $4\,157\,600+500\,000+1\,000\,000=5\,657\,600$（元）。

当 $n=2$ 时，即只修建两个配送中心，则 4 个市场由两个配送中心供货，共有 10 种搭配方式，其中 6 种搭配方式是每个配送中心给两个市场供货，另外的 4 种搭配方式是一个配送中心给一个市场供货，另一个配送中心给另外的 3 个市场供货。

针对每种搭配方式，利用单一物流设施的精确重心选址方法求出配送中心的选址，其中运输总成本最低的方案就是修建两个配送中心的最佳选址方案。其计算结果如表 5-2 中 $n = 2$ 所在行所示。

表 5-2　4 种情况计算结果汇总　　　　　　　　　　单位：元

仓库个数 n	供货任务的最优配置	运输总成本最小时的仓库坐标	运输总成本	库存维持费用	总固定成本	物流总成本
1	$\{M_1, M_2, M_3, M_4\}$	（8.08，7.36）	4 157 600	500 000	1 000 000	5 657 600
2	$\{M_1, M_2, M_4\}$；$\{M_3\}$	（6，8）；（11，9）	1 951 193	707 107	2 000 000	4 658 300
3	$\{M_1, M_2\}$；$\{M_3\}$；$\{M_4\}$	（6，8）；（11，9）；（9，5）	932 950	866 025	3 000 000	4 798 975
4	$\{M_1\}$；$\{M_2\}$；$\{M_3\}$；$\{M_4\}$	（3，3）；（6，8）；（11，9）；（9，5）	0	1 000 000	4 000 000	5 000 000

当 $n = 3$ 时，即共修建 3 个配送中心。这时，由 3 个配送中心给 4 个市场供货，共有 6 种搭配方式，其中每种搭配方式均是由一个配送中心给两个市场供货，而另外两个配送中心分别给其他两个市场中的一个市场供货。同样，针对每种搭配方式，利用单一物流设施的精确重心法求出配送中心的选址，其中运输总成本最低的方案就是修建 3 个配送中心的最佳选址方案。其计算结果如表 5-2 中 $n = 3$ 所在行所示。

当 $n = 4$ 时，即修建 4 个配送中心。这时，每个配送中心分别建在各个市场中心，因此运输总费用为零，库存维持费用 $= 500\,000 \times \sqrt{4} = 1\,000\,000$ 元，总固定成本 $= 4 \times 1\,000\,000 = 4\,000\,000$ 元。所以物流总成本 $= 0 + 1\,000\,000 + 4\,000\,000 = 5\,000\,000$（元）。

比较 4 种情况的计算结果，我们看到：修建两个配送中心，一个配送中心建在点（6，8）处，即 M_2 市场处，并给 3 个市场 M_1、M_2 和 M_4 供货，另一个配送中心建在点（11，9）处，即 M_3 市场处，并仅给 M_3 供货，这样该物流公司的总成本最低，为 4 658 300 元。

5.3.2　计算机模拟模型

多物流设施选址问题，除了可运用多重心法予以解决外，还可以运用计算机模拟模型来进行求解。计算机模拟模型在求解的精确性上要低于数学优化模型，但由于它能满足企业人员"在全面反映实际问题的基础上求出满意解"的要求，而且简单易懂，因此受到了广泛的重视。

例如，在一个仓库选址模拟流程图中，对输入数据的处理分为两个部分，如图 5-4 所示。

首先，预处理程序根据顾客订货量的大小，将订单分为两类。订货批量大的订单，由于达到经济订货批量而直接由工厂供货；另一类订单则由中转仓库供货。

然后，主程序对需要从仓库供货的订单计算出顾客到仓库及仓库到工厂的运输距离。由于顾客的订货可能从多个仓库得到满足，因此必须为各个顾客选定供货仓库。选择方法为，程序共找到 5 个距该顾客最近的仓库，并分别计算物流总成本（包括从仓库到顾客的送货成本、货物在仓库中的手工操作成本与库存成本，以及从工厂到仓库的成本），从中选出总成本最小的仓库向该顾客供货。主程序根据产品的流动线路及顾客、仓库与工厂的地理坐标，计算出仓库选址方案的物流总成本。通过对各种方案进行模拟运行，企业管理人员可以从中选出满意的方案。

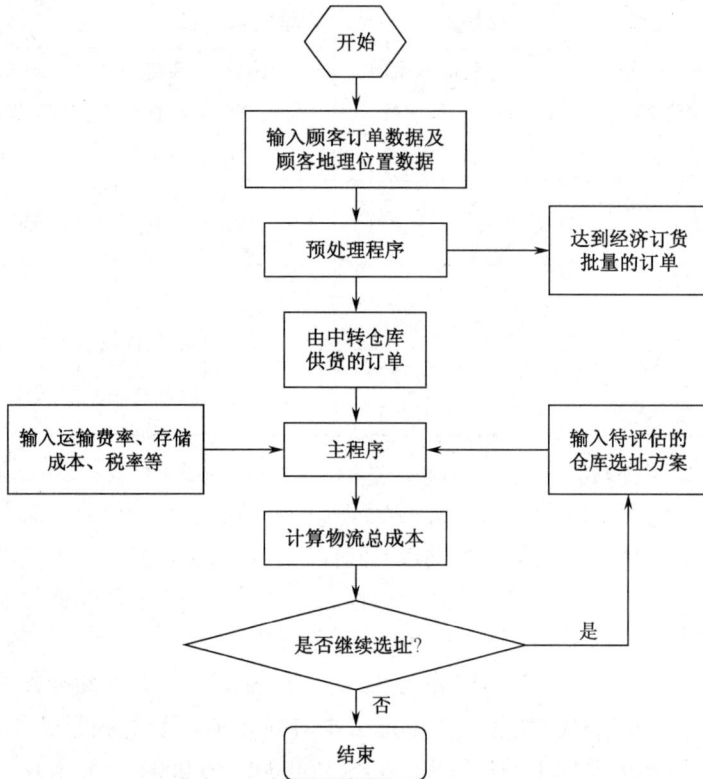

图 5-4　仓库选址模拟流程

与数学解析方法相比，计算机模拟模型有以下几个优点。

（1）大多数具有随机因素的复杂系统，无法用准确的数学模型表述，从而只能采用解析方法评价，于是计算机模拟模型法就成为解决这类问题的好方法。

（2）计算机模拟模型可以使人们对现有系统在重新设计的工作条件下的工作成果做出分析判断。

（3）计算机模拟模型能帮助人们选择最优的系统设计方案。

（4）借助计算机模拟模型，我们可以在一段比较长的时间里研究一个系统的变化规律。

与此同时，计算机模拟模型也存在如下缺点。

（1）计算机模拟往往耗费大量的时间和费用。

（2）每次模拟运行仅能提供与一定的系统具体条件相对应的特殊解，而不是通用解。因此，为了获得最优解，我们要在不同条件下进行大量的模拟运行，从而获得接近最优解的较优解。

5.3.3　多物流设施选址评述

大规模、多设施选址模型可以给管理人员决策带来巨大帮助，如多重心法、计算机模拟模型和启发式方法等。模型的实用范围也从一般的几个仓储设施的位置决策到节点数庞大的供应网络。这些模型之所以如此受欢迎，不仅仅是因为它们强大而有效，更主要的原因是它们为企业管理中重大问题的解决提供了决策依据，可以重复用于各种形式的物流网络设计，而且模型所要求的数据信息在大多数企业都很容易获得。

然而，这些模型还没有完全发挥其作用，它们应该得到进一步的发展，更好地解决库存和运输同步决策问题，即这些模型应该是真正一体化的网络规划模型，而不应该分别以近似的方法解决各个问题。网络选址过程中应该更多地关注收入效应，因为一般而言，模型建议的仓库数量多于将客户服务作为约束条件、成本最小化时决定的仓库数量。建立的模型应该便于管理人员和规划者使用，这样模型才能经常被用于策略性规划、预算，而不是仅仅用于偶尔为之的战略规划。

总之，尽管各种模型的适用范围和解法不同，但对分析人员或管理人员而言还是十分有价值的，它们方便了决策，代表着未来的发展方向。

5.4　离散型物流设施选址模型

> **情境案例**
>
> 某区域需规划建设若干农贸市场，为该区 9 个主要居民点提供服务，除第 6 居民点外，其他各点均有建设市场的条件，如图 5-5 所示。已知市场的最大服务直径为 3 千米，为保护该区域的环境，希望尽可能少地建设农贸市场，试问至少需要修建多少个农贸市场才能使每个居民点都可以得到服务？这些农贸市场的位置应该如何设置？

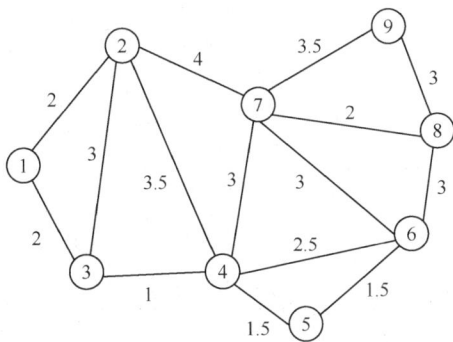

图 5-5　小区居民点位置

所谓离散点选址模型是指在有限个候选位置中，选取最合适的一个或一组位置作为选址的最优方案。它与连续点选址模型的区别在于：它所拥有的候选方案只有有限个。在考虑离散点选址问题时，只需要在这有限个位置上进行分析。

对于离散点选址问题，目前主要有三种模型可供选择：加权评分法、覆盖模型和P-中值模型。

5.4.1 加权评分法

设施选址时经常要考虑诸多非成本因素，当这些非成本因素难以用货币来衡量，且在选址中占有重要地位时，就要采用综合因素的评价方法，如加权评分法等。

加权评分法是把对设施选址有重要影响的诸多因素，分别加以一定程度的量化，然后对各种选址方案做出对比分析。该方法可按以下步骤实施。

（1）针对场址选择的基本要求和特点列出要考虑的各种因素。

（2）按照各因素的相对重要程度，分别规定各因素相应的权重，通过征询专家意见或其他方法来决定各因素的权重。

（3）对各因素分级定分，即将每个因素由优到劣分成等级，如最佳、较好、一般、最差，并相应规定各等级的分数为4、3、2、1等。

（4）将每个因素中各方案的排队等级系数乘以该因素的相应权数，最后比较各方案所得总分，总分数最高者为入选方案。

下面，我们通过一个例题来简单说明加权评分法的应用。

例5-1　对某一设施的选址有K、L、M、N 4种方案，影响选址的主要因素有位置、面积、运输条件等8项，并设每个因素在方案中的排队等级为A、E、I、O和U 5个等级。现设定：A=4分，E＝3分，I＝2分，O＝1分，U＝0分。各原始数据及评分结果如表5-3所示。

表5-3　加权评分法选择场址举例

考 虑 因 素	权 重 数	各方案的等级及分数			
		K	L	M	N
位置	8	A / 32	A / 32	I / 16	I / 16
面积	6	A / 24	A / 24	U / 0	A / 24
地形	3	E / 9	A / 12	I / 6	E / 9
地质条件	10	A / 40	E / 30	I / 20	U / 0
运输条件	5	E / 15	I / 10	I / 10	A / 20
原材料供应	2	I / 4	E / 6	A / 8	O / 2
公用设施条件	7	E / 21	E / 21	E / 21	E / 21
扩建可能性	9	I / 18	A / 36	I / 18	E / 27
合　　计		163	171	99	119

由表5-3可知，候选地址L的加权总分最高，因此方案L是该设施的首选地址。

应用此方法的关键是对各因素确定合理的权数和等级。评分可以由设施规划人员单独进行，也可以与其他人员共同进行。当采用共同评分的方法时，有两种方式：一种是每人各自评分，然后进行对比；另一种是通过集体讨论评分。通常以前者为好，因为各自评分的结果一般有半数以上的因素得分相同，可以把讨论局限在有差异的方面。共同评分有助于避免主观因素和个人偏爱，协调不同意见。参加共同评分的人员最好包括管理人员和运行人员，但人数不宜过多。

5.4.2 覆盖模型

所谓覆盖模型就是对于给定的一组需求点，设法确定一组服务设施来满足这些需求点的需求，即确定服务设施的最少数量和它们的合适位置。这种模型适用于商业物流系统和公用事业系统的选址，如零售点的选址、配送中心的选址和急救中心的选址等。

根据解决问题的方法不同，覆盖模型又可以分为两种：集合覆盖模型（Set Covering Location）和最大覆盖模型（Maximum Covering Location）。集合覆盖模型要满足所有的需求点，而最大覆盖模型只覆盖有限的需求点，两种模型的应用情况取决于服务设施的资源充足与否。下面分别对两种模型的构建和求解进行详细的介绍。

1. 集合覆盖模型

集合覆盖模型的目标是用尽可能少的设施去覆盖所有的需求点。已知若干需求点的位置和需求量，需从一组候选的地点中选择若干位置作为物流设施网点，在满足各需求点的服务需求的条件下，使所投建的设施点数目最少。

下面用集合覆盖模型来求解本节情境案例中所提到的问题。

第一步，找出农贸市场 j 可以提供服务的所有居民点 i 的集合 $A(j)$，$j = 1, 2, \cdots, 9$，即 $A(j)$ 为距离农贸市场 j 在 3 千米之内的所有居民点的集合，$A(j) = \{i | i$ 是居民点，i 到 j 的距离不超过 3 千米$\}$，如表 5-4 所示。

表 5-4　候选位置的服务范围

编　号	$A(j)$	$B(i)$
1	1, 2, 3, 4	(1, 2, 3, 4)
2	1, 2, 3	(1, 2, 3)
3	1, 2, 3, 4, 5	1, 2, 3, 4, 5
4	1, 3, 4, 5, 6, 7	1, 3, 4, 5, 7
5	3, 4, 5, 6	(3, 4, 5)
6	—	4, 5, 7, 8
7	4, 6, 7, 8	(4, 7, 8)
8	6, 7, 8, 9	7, 8, 9
9	8, 9	(8, 9)

第二步，找出能为居民点 i 提供服务的所有农贸市场 j 的集合 $B(i)$，$i = 1, 2, \cdots, 9$，即 $B(i) = \{j | j$ 是农贸市场，j 到 i 的距离不超过 3 千米$\}$，如表 5-4 所示。

第三步，在表 5-4 的 $B(i)$ 栏中，找出是集合 $B(i)$ 的子集的集合 $B(j)$，即 $B(j) \subset B(i)$，并将其省去，则带有括号的 $B(j)$ 就表示是另一个 $B(i)$ 的子集。例如，$B(2) = \{1, 2, 3\} \subset B(3) = \{1, 2, 3, 4, 5\}$，这表明能为居民点 2 提供服务的农贸市场也能为

居民点 3 提供服务，因而可以不考虑在居民点 2 建立农贸市场。由此可以看出，表 5-4 中的 $B(i)$ 栏中，所有带括号的 $B(i)$ 所对应的居民点都可以排除在农贸市场候选地址之外。从而修建农贸市场的候选地址是居民点 3，4，8。

第四步，确定合适的修建农贸市场的居民点组合。在问题得到简化之后，在有限的三个候选点 {3，4，8} 中选择一组既能覆盖所有 9 个居民点，又能使其候选点个数最少的农贸市场是可以做到的。事实上，因为 $A(3)=\{1,2,3,4,5\}$，这表明在居民点 3 修建农贸市场可以服务到居民点 1，2，3，4，5；又因为 $A(8)=\{6,7,8,9\}$，这表明在居民点 8 修建农贸市场可以服务到居民点 6，7，8，9。所以只要分别在居民点 3 和居民点 8 修建一个农贸市场，就可以使整个地区的 9 个居民点都能得到服务。

需要注意的是，用集合覆盖模型求解，所得到的结果一般来说不能保证是最优解，但可以保证是可行解，即保证能覆盖到所有的需求点。

2. 最大覆盖模型

最大覆盖模型的目标是对有限的服务网点进行选址，为尽可能多的对象提供服务。已知若干需求点的位置和需求量，需从一组候选的地点中选择 p 个位置作为物流设施网点，使之尽可能多地满足需求点的服务。

用最大覆盖模型求解的一般做法是：首先，选择一个具有最大覆盖能力的候选点，加入解集合中；其次，在剩下的候选点中，再选择一个能覆盖最多尚未被覆盖的需求点的候选点，加入原来的解集合中……如此进行下去，直到达到了设施数目的限制数，或者直到全部的需求点都得到覆盖为止。

现将本节情境案例中的条件做适当改动，规定最多只能修建两个农贸市场，试问这两个农贸市场应修建在何处，才能使尽可能多的居民点得到服务？

由于限制了设施的数量，所以用最大覆盖模型来求解。

第一步，找出农贸市场 j 可以提供服务的所有居民点 i 的集合 $A(j)$，$j=1,2,\cdots,9$，即 $A(j)=\{i\,|\,i$ 是居民点，i 到 j 的距离不超过 3 千米$\}$，如表 5-4 所示。

第二步，在除了居民点 6 之外的 8 个农贸市场候选点中，选择一个服务对象最多的居民点，即居民点 4，在此修建一个农贸市场，该农贸市场的服务对象是居民点 1，3，4，5，6，7。余下还有居民点 2，8，9 未能得到设在居民点 4 的农贸市场的服务。因为规定最多只能修建两个农贸市场，所以可以在余下的 2，8，9 这三个居民点中再修建一个农贸市场。

如果第二个农贸市场修建在居民点 2，则只能对余下的三个居民点中的一个居民点，即为居民点 2 本身提供服务；如果第二个农贸市场修建在居民点 8 或居民点 9，则可以对余下的 3 个居民点中的两个居民点，即居民点 8 和居民点 9 提供服务。所以，第二个农贸市场应该修建在居民点 8 或居民点 9。

这样，用最大覆盖模型找到的本问题的解就是：两个农贸市场应该修建在居民点 4 和居民点 8，或者修建在居民点 4 和居民点 9。

显然，上述两个解都不是最优解，因为根据集合覆盖方法，我们已经知道，若两个农贸市场修建在居民点 3 和居民点 8，则能够覆盖所有 9 个居民点。可见，用最大覆盖模型得到的结果一般来说不能保证是最优解，甚至不能保证是可行解，即不能保证覆盖到所有的需求点，因为它预先规定了设施的数目。

5.4.3　P-中值模型

P-中值模型是通过协调点来确定需求和供给点的位置，其本意是在给定数量与位置的需求集合和一个候选设施位置的集合下，分别为 p 个设施找到合适的位置，并指派每个需求点到一个特定的设施，使设施与需求点之间的运输费用达到最低。它一般适用于工厂、仓库或配送中心的选址问题。

求解 P-中值模型时，需要解决选择合适设施位置和指派客户到相应设施两个方面的问题。由于设施点无能力限制约束，所以一旦设施的位置确定之后，再确定每个客户到不同的设施中，使费用总和最小就会十分简单。

下面，我们介绍求解 P-中值模型的一种算法——贪婪取走启发式算法（Greedy Dropping Heuristic Algorithm），其基本步骤如下。

第一步，选取初始解。将所有（m 个）候选位置都选上，然后把每个客户都指派给离其最近的一个候选位置。

第二步，选择并取走一个候选位置，它满足以下条件：假如将它取走并将它的客户重新指派后，总费用的增加量最小。然后对余下的 $m-1$ 个候选位置重复第一步和第二步，直至余下 p 个候选位置为止。

例 5-2　某公司的某新产品经过一段时间的宣传推广后，得到了 8 个超市的订单。由于新市场离总部较远，因此该公司拟新建两个仓库，以满足该地区的需求。经过一段时间的实地考察之后，确定了 4 个候选地址，如图 5-6 所示。从候选地址到各个超市的运输成本 $C_{i,j}$ 及各个超市的需求量 d_i 如表 5-5 所示。试选择其中的两个候选地址作为仓库地址，使得总运输成本最小。

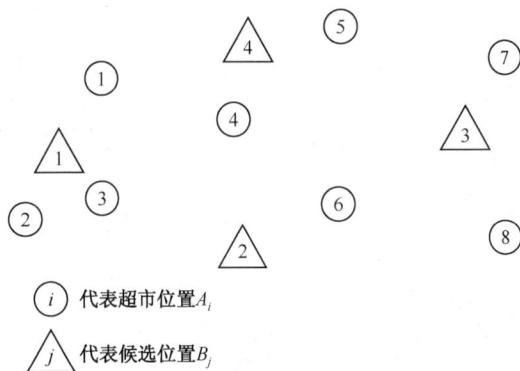

图 5-6　超市及仓库候选点位置

表 5-5　运输成本及各超市需求量

A_i　$C_{i,j}$（元/个）　B_j	B_1	B_2	B_3	B_4	超市需求量 d_i（个）
A_1	4	12	20	6	100
A_2	2	10	25	10	50

A_i $\diagdown$ B_j $C_{i,j}$（元/个）	B_1	B_2	B_3	B_4	超市需求量 d_i（个）
A_3	3	4	16	14	120
A_4	6	5	9	2	80
A_5	18	12	7	3	200
A_6	14	2	4	9	70
A_7	20	30	2	11	60
A_8	24	12	6	22	100

采用贪婪取走启发式算法求解。

第一步，选取初始解。将 4 个候选位置都选上，把超市 A_i 指派给 $C_{i,j}$ 中最小的候选点，即把超市 A_1，A_2，A_3 指派给候选位置 B_1，把超市 A_4，A_5 指派给候选位置 B_4，把超市 A_6 指派给候选位置 B_2，把超市 A_7，A_8 指派给候选位置 B_3，如图 5-7 所示。超市与候选位置连接线旁的数字是相应的运输成本。由图 5-7 可知，初始解的运输总成本为 2 480 元。

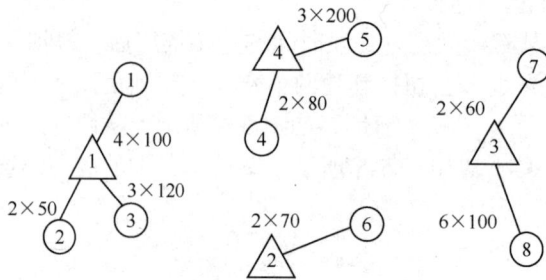

图 5-7　初始解的指派结果

第二步，分别计算取走一个候选位置，并把它的客户按就近原则重新指派后总费用的增加量。

首先，取走候选位置 B_1，并把超市 A_1 指派给 C_{1j} 中除 C_{11} 之外的最小的候选点，即候选位置 B_4；同理，把超市 A_2 和 A_3 指派给候选位置 B_2，其他供货关系不变，如图 5-8 所示。其运输总成本为 3 200 元，较之初始解，运输成本的增加量为 3 200－2 480 ＝ 720（元）。

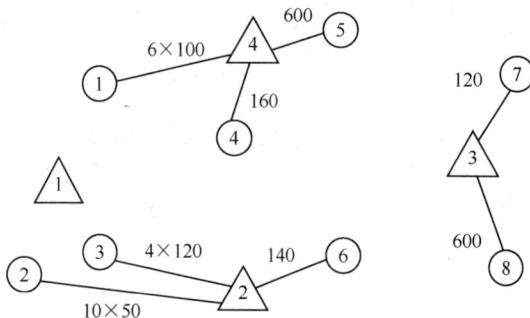

图 5-8　取走候选位置 B_1 后的指派结果

其次，取走候选位置 B_2，并把超市 A_6 指派给 C_{6j} 中除 C_{62} 之外的最小的候选点，即候选位置 B_3，其他供货关系不变，如图 5-9 所示。其运输总成本为 2 620 元，较之初始解，运输成本的增加量为 2 620–2 480 = 140（元）。

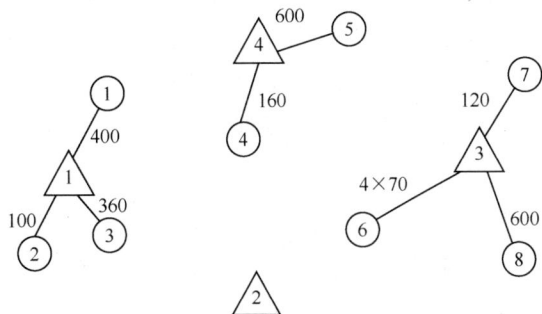

图 5-9　取走候选位置 B_2 后的指派结果

再次，取走候选位置 B_3，并把超市 A_7 指派给 C_{7j} 中除 C_{73} 之外的最小的候选点，即候选位置 B_4；同理，把超市 A_8 指派给候选位置 B_2，其他供货关系不变，如图 5-10 所示。其运输总成本为 3 620 元，较之初始解，运输成本的增加量为 3 620 –2 480 = 1 140（元）。

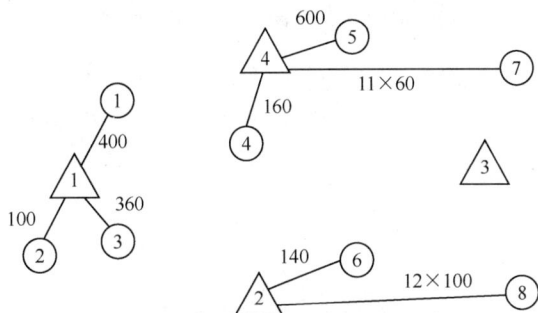

图 5-10　取走候选位置 B_3 后的指派结果

最后，取走候选位置 B_4，并把超市 A_4 指派给 C_{4j} 中除 C_{44} 之外的最小的候选点，即候选位置 B_2；同理，把超市 A_5 指派给候选位置 B_3，其他供货关系不变，如图 5-11 所示。其运输总成本为 3 520 元，较之初始解，运输成本的增加量为 3 520 – 2 480=1 040（元）。

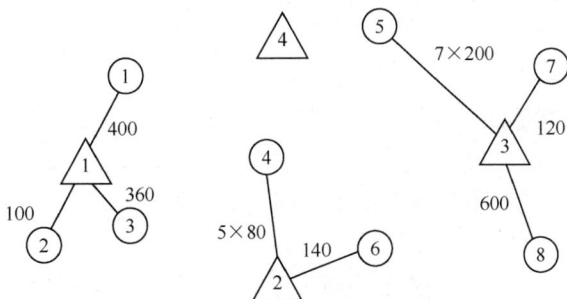

图 5-11　取走候选位置 B_4 后的指派结果

比较图 5-8 至图 5-11 所示的供货关系，可以看出，取走候选位置 B_2 后所产生的运输成本的增加量最小，所以第一个被取走的候选位置是 B_2。

第三步，在图 5-9 中，分别取走一个候选位置，并计算将它的客户重新指派后总费用的增加量。

首先，在图 5-9 中取走候选位置 B_1，并把超市 A_1 指派给 C_{1j} 中除 C_{11} 和 C_{12} 之外的最小的候选点，即候选位置 B_4；同理，将 A_2 和 A_3 也指派给候选位置 B_4，其他供货关系不变，如图 5-12 所示。其运输总成本为 4 540 元，较之图 5-9 中的供货方案，运输成本的增加量为 4 540 − 2 620=1 920（元）。

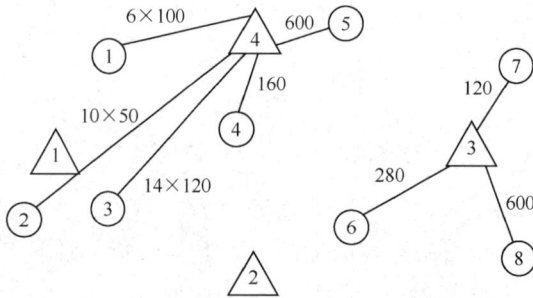

图 5-12　取走候选位置 B_1 和 B_2 后的指派结果

其次，在图 5-9 中取走候选位置 B_4，并把超市 A_4 指派给 C_{4j} 中除 C_{42} 和 C_{44} 之外的最小的候选点，即候选位置 B_1；同理，把超市 A_5 指派给候选位置 B_3，其他供货关系不变，如图 5-13 所示。其运输总成本为 3 740 元，较之图 5-9 中的供货方案，运输成本的增加量为 3 740 − 2 620=1 120（元）。

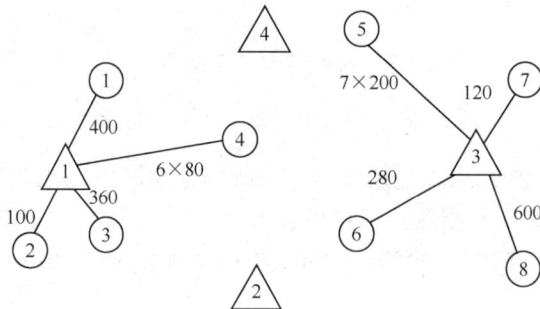

图 5-13　取走候选位置 B_2 和 B_4 后的指派结果

最后，在图 5-9 中取走候选位置 B_3，并把超市 A_6 指派给 C_{6j} 中除 C_{62} 和 C_{63} 之外的最小的候选点，即候选位置 B_4；同理，把 A_7 和 A_8 也指派给候选位置 B_4，其他供货关系不变，如图 5-14 所示。其运输总成本为 5 110 元，较之图 5-9 中的供货方案，运输成本的增加量为 5 110 − 2 620=2 490（元）。

比较图 5-12、图 5-13 和图 5-14 的供货方案，可以看出，取走候选位置 B_2 和 B_4 后的供货方案所增加的运输成本最小，所以第二个被取走的候选位置是 B_4，这样留下的两个候选位置 B_1 和 B_3 就是需要选取的候选位置。本例的最后答案是：在候选位置 B_1 和 B_3 处修建新的仓库，并把超市 A_1、A_2、A_3、A_4 指派给仓库 B_1 供货，把超市 A_5、A_6、A_7、A_8 指派给仓库 B_3 供货，如图 5-13 所表示的那样，运输总成本为 3 740 元。

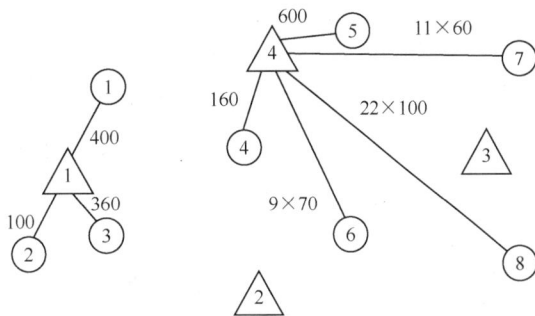

图 5-14 取走候选位置 B_2 和 B_3 后的指派结果

📖 情境链接

运输规划模型

所谓运输规划模型，是指应用求解运输问题的方法来解决设施选址问题。

例 5-3 某鞋业公司现有两个工厂 F_1 和 F_2，生产运动鞋供应 4 个销售点 S_1，S_2，S_3 和 S_4。由于市场需求量不断增加，必须另设新厂，可供选择的地点为 F_3 和 F_4，试问选择其中哪一个厂址更好？各厂的年产量和各厂到各销售点的单位产品的运输费用如表 5-6 所示。

根据题意，用运输规划法进行求解。

第一步：假设新厂设在 F_3 处，用求解产销平衡运输问题的表上作业法，求得三家工厂 F_1、F_2 和 F_3 的产品最佳调运方案，如表 5-7 所示。全部运输费用为 1 818 650 元。

第二步：假设新厂设在 F_4 处，则同样可以用求解产销平衡运输问题的表上作业法，求得三家工厂 F_1、F_2 和 F_4 的产品最佳调运方案，如表 5-8 所示。全部运输费用为 1 828 700 元。

表 5-6 各厂年产量和单位产品的运输费用

运价（元） 销售点 工厂	S_1	S_2	S_3	S_4	年产量（万双）
F_1	80	78	77	78	0.7
F_2	76.5	75	73.5	71.5	0.55
F_3	71.5	70.5	71.8	76.5	1.25
F_4	70.8	72	75	74.5	1.25
需求量（万双）	0.4	0.8	0.7	0.6	2.5

表 5-7　设厂于 F_3 处的产品最佳调运方案

工厂＼销售点　调运量（万双）	S_1	S_2	S_3	S_4	年产量（万双）
F_1			0.65	0.05	0.7
F_2				0.55	0.55
F_3	0.4	0.8	0.05		1.25
需求量（万双）	0.4	0.8	0.7	0.6	2.5

表 5-8　设厂于 F_4 处的产品最佳调运方案

工厂＼销售点　调运量（万双）	S_1	S_2	S_3	S_4	年产量（万双）
F_1			0.7		0.70
F_2				0.55	0.55
F_4	0.4	0.8		0.05	1.25
需求量（万双）	0.4	0.8	0.7	0.60	2.50

比较两种方案，显然新厂设在 F_3 处较好。

情境回放

1. 物流设施是指物流网络中的关键节点，如工厂、港口、仓库、配送中心、零售点等。物流设施选址规划就是要确定物流网络中各设施点的数量、功能、规模及位置，使之与企业的经营运作有机结合，从而有效、经济地达到企业的经营目的。

2. 所谓单一物流设施选址，是指只准备为一个物流设施选择其位置。所谓连续点选址模型，是指在一条路径上或一个区域范围内的任何位置都可以作为一个设施的地址的选址问题。选址模型包括交叉中值模型和精确重心法。

3. 一般而言，企业可能要同时决定两个或多个设施的选址，需要确定设施的数量、容量及位置、每个设施服务的需求点、各个设施的产品供应源等，这就使问题变得比较复杂。选址模型包括多重心法和计算机模拟模型。

4. 离散点选址模型是指在有限个候选位置中，选取最为合适的一个或者一组位置作为选址的最优方案。对于离散点选址问题，目前主要有三种模型可供选择：加权评分法、覆盖模型和 P-中值模型。

自测练习

1. 某服饰公司要在市中心选择一个新的店面位置。在 xOy 坐标系中，潜在顾客的位置分别为（3，4），（9，4），（2，8），（10，11）和（5，15），各自需求的期望权重分别为 $w_1=3$，$w_2=4$，$w_3=3$，$w_4=2$ 和 $w_5=2$。①用城市距离进行计算，推荐一个店面地址，要求所有顾客到达该店面的总距离最短；②将①的结果作为初始解，用精确重心法进行优化，推荐一个新的最优位置。

2. 某连锁企业在甲、乙、丙、丁 4 个城市设有零售店面，各零售店面的位置分布和需求情况如表 5-9 所示。该企业想建立一个配送中心为各零售店面送货，请确定该配送中心的最佳位置。

表 5-9　零售店面的分布及需求

零售店面位置	每月送货数量（车）
甲（40，110）	2 200
乙（80，120）	1 500
丙（140，130）	1 100
丁（70，50）	1 800

3. 某银行准备在某农村地区投放一批自动取款机（ATM），以方便农村用户取款。该地区的村落分布情况和相对距离（以时间分钟表示）如图 5-15 所示。若要满足任意一个村落的人都能在 20 分钟内到达自动取款机的条件，需投入多少台自动取款机？它们的位置分别设在哪里？

4. 某服务中心有三个候选地址 L、M、N，影响因素有 8 个，其权重及各候选地址的得分如表 5-10 所示。请确认该服务中心的首选地址。

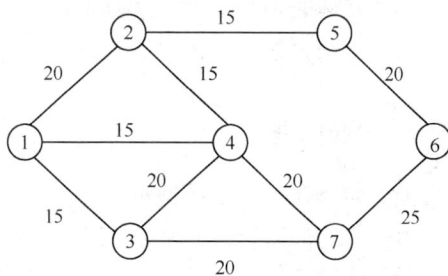

图 5-15　村落分布和相对距离

表 5-10　影响因素及各方案的评分

序　号	影　响　因　素	权　重	候选地址 L		候选地址 M		候选地址 N	
			评分	加权得分	评分	加权得分	评分	加权得分
1	劳动条件	6	3		4		3	
2	地理条件	4	3		2		1	
3	气候条件	3	4		3		4	
4	资源供应条件	7	3		3		2	
5	基础设施条件	3	2		1		4	
6	产品销售条件	5	4		3		2	
7	环境保护条件	4	1		4		3	
8	政治文化条件	2	3		4		2	

物流运输

情境目标

1. 理解运输问题的基本概念及表上作业法的原理。
2. 掌握利用表上作业法确定初始可行解的方法，最优解的判别与解的改进。
3. 了解产销不平衡运输问题的解法。

思政融合

1. 对中国交通运输成就的认知

运输问题是运筹学中的一个重要章节，教师不仅要讲解运输问题的解法，还应让学生了解运输问题在现实生活中的应用，以及我国在运输方面取得的成就。"要想富，先修路"是中华民族一个根深蒂固的观念，道路为基础建设中的重中之重。1998年中国建设了自己的第一条高速公路，2018年，中国高速公路里程已达到14.26千米，超过美国，一跃成为世界第一。基于这样完善的道路网络，超低的运输成本，中国物流行业才能得以迅猛发展，进而孕育出了阿里巴巴、移动支付等中国新四大发明。

2. 理解社会主义核心价值观中"和谐""平等"理念

通过讲解产销不平衡问题，导入荀子的哲学思想，引导学生思考"两物齐平如横"的哲学道理：和谐是中国传统文化的基本理念，是经济社会和谐稳定、持续健康发展的重要保证；平等是公民价值取向，人人依法享有平等参与、平等发展的权利。

<table>
<tr><td rowspan="1">情境案例</td><td>连锁企业的仓库选址

　　某公司经销甲产品。它下设三个加工厂，每日的产量分别是：A_1为7吨，A_2为4吨，A_3为9吨。该公司把这些产品分别运往4个销售点。各销售点每日销量为：B_1为3吨，B_2为6吨，B_3为5吨，B_4为6吨。已知从各工厂到各销售点的单位产品的运价如表6-1所示。</td></tr>
</table>

表 6-1　单位运价表

产地＼销地	B₁		B₂		B₃		B₄		产　量
A₁		3		11		3		10	7
A₂		1		9		2		8	4
A₃		7		4		10		5	9
销量	3		6		5		6		20 / 20

？思考：

该公司应如何调运产品，才能在满足各销点的需求量的前提下，使总运费最少？

6.1　运输问题的典型数学模型

6.1.1　运输问题的一般数学模型

在物流业中，经常碰到大宗物资调运问题：利用现有的交通运输网络，将煤炭、钢铁、木材、粮食等物资，从生产地运往消费地，使得总运费最小。这就是我们经常遇到的运输问题。运输问题可以用以下数学语言描述。

已知某种物资有 m 个生产地点 A_i（$i=1，2，\cdots，m$），其产量分别为 a_i（$i=1，2，\cdots，m$）；有 n 个销地 B_j（$j=1，2，\cdots，n$），其需求量分别为 b_j（$j=1，2，\cdots，n$），从 A_i 到 B_j 运输单位物资的运价（单价）为 c_{ij}（$i=1，2，\cdots，m$；$j=1，2，\cdots，n$）。这些数据可汇总于单位运价表，如表 6-2 所示。

表 6-2　一般运输问题单位运价表

产地＼销地	B₁	B₂	…	Bₙ	产　量
A₁	c_{11}	c_{12}	…	c_{1n}	a_1
A₂	c_{21}	c_{22}	…	c_{2n}	a_2
⋮	⋮	⋮	⋮	⋮	⋮
A₃	c_{m1}	c_{m2}	…	c_{mn}	a_m
销量	b_1	b_2	…	b_n	$\sum b_j$ / $\sum a_i$

表中：a_i 的单位为吨、千克、件等；b_j 的单位也为吨、千克、件等；c_{ij} 的单位为元/吨、元/千克、元/件等。a_i、b_j、c_{ij} 的单位应该一致。

表的右下角 $\sum a_i$ 表示各产地产量的总和，即总产量或总发量；$\sum b_j$ 表示各销地销量的总和。

令 x_{ij} 表示某物资从产地 A_i 到销地 B_j 的运输量，可以列出产销平衡表，如表 6-3 所示。

表 6-3 产销平衡表

销地 产地	B_1	B_2	...	B_n	产　　量
A_1	x_{11}	x_{12}	...	x_{1n}	a_1
A_2	x_{21}	x_{22}	...	x_{2n}	a_2
⋮	⋮	⋮	⋮	⋮	⋮
A_3	x_{m1}	x_{m2}	...	x_{mn}	a_m
销量	b_1	b_2	...	b_n	$\sum b_j$　$\sum a_i$

有时可把表 6-2 和表 6-3 合二为一，得到一个新表，称为运输表或者产销矩阵表，如表 6-4 所示。

表 6-4 产销矩阵表

销地 产地	B_1	B_2	...	B_n	产　　量
A_1	c_{11} x_{11}	c_{12} x_{12}		c_{1n} x_{1n}	a_1
A_2	c_{21} x_{21}	c_{22} x_{22}		c_{2n} x_{2n}	a_2
⋮					⋮
A_m	c_{m1} x_{m1}	c_{m2} x_{m2}		c_{mn} x_{mn}	a_m
销量	b_1	b_2	...	b_n	

如果在运输问题中总产量等于总销量，即

$$\sum_{i=1}^{m} a_i = \sum_{j=1}^{n} b_j$$

则称为产销平衡运输问题。

在产销平衡的条件下，要求得总运费最小的调运方案，可以求解以下数学模型：

$$\min z = \sum_{i=1}^{m} \sum_{j=1}^{n} c_{ij} x_{ij}$$

$$\text{s.t.}\begin{cases}\sum_{i=1}^{m}x_{ij}=b_{j} & j=1,\ 2,\ \cdots,\ n \\ \sum_{j=1}^{n}x_{ij}=a_{i} & i=1,\ 2,\ \cdots,\ m \\ x_{ij}\geq 0 \end{cases}$$

（ $\sum_{i=1}^{m}a_{i}=\sum_{j=1}^{n}b_{j}$ 　　产销平衡条件）

从上面运输问题的数学模型中可以看到，它包含 $m\times n$ 个变量，有 n 个约束条件。如果用单纯形法求解，应先在每个约束方程中引进一个人工变量。即使是 $m=3$，$n=4$ 这样简单的运输问题，变量数也有 12 个，计算起来非常复杂。下面我们介绍采用表上作业法来求解运输问题。

6.1.2　运输问题的解法

表上作业法是单纯形法在求解运输问题时的一种简化方法，其实质是单纯形法，但具体计算和术语有所不同。可归纳如下：

（1）找出初始基可行解，即在（$m\times n$）产销平衡表上用最小元素法或者伏格尔法（也叫差值法）给出 $m+n-1$ 个数字，称为数字格。它们就是初始基变量的取值。

（2）求各非基变量的检验数，即在表上计算空格的检验数，判别是否达到最优解。若已是最优解，则停止计算，否则转到下一步。

（3）确定换入变量和换出变量，找出新的基可行解。在表上用闭回路法调整。

（4）重复（2）和（3），直到得到最优解为止。

以上运算都可以在表上完成。下面我们通过求解情境案例来说明表上作业法的计算步骤。

由于总产量等于总销量，所以该问题是一个产销平衡的运输问题。用 x_{ij} 表示从 A_i 到 B_j 的运量。该问题的数学模型为

$$\min z=3x_{11}+11x_{12}+3x_{13}+10x_{14}+x_{21}+9x_{22}+2x_{23}+8x_{24}+7x_{31}+4x_{32}+10x_{33}+5x_{34}$$

$$\text{s.t.}\begin{cases}\sum_{j=1}^{4}x_{ij}=a_{i} & i=1,\ 2,\ 3 \\ \sum_{i=1}^{3}x_{ij}=b_{j} & j=1,\ 2,\ 3,\ 4 \\ x_{ij}\geq 0 \end{cases}$$

1．确定初始基可行解

（1）最小元素法。

最小元素法的基本思想是就近供应，即应优先考虑单位运价最小（若有两个及以上元素同为最小，则任取其一）的供销业务，最大限度地满足其供销量。如对所有 i 和 j，找出 $c_{i_0 j_0}=\min\limits_{i,j}\{c_{ij}\}$，并将 $x_{i_0 j_0}=\min\{a_{i_0},b_{j_0}\}$ 的物品量由 A_{i_0} 供应给 B_{j_0}。若 $x_{i_0 j_0}=a_{i_0}$，则产地 A_{i_0} 的可供物品已用完，以后不再继续考虑这个产地且 B_{j_0} 的需求量由 b_{j_0} 减少为 $b_{j_0}-a_{i_0}$；如果 $x_{i_0 j_0}=b_{j_0}$，则销地 B_{j_0} 的需求已全部得到满足，以后不再考虑这个销地且 A_{i_0} 的可供量由 a_{i_0}

减少为 $a_{i_0} - b_{j_0}$。然后，在余下的产、销地的供销关系中，继续按上述方法安排调运，直至安排完所有供销任务，得到一个完整的调运方案（完整的解）为止。这样就得到了运输问题的一个初始基可行解（初始调运方案）。

在情境案例表 6-1 中，因 A_2 到 B_1 的单位运价（1）最小，故首先考虑这项运输业务。由于 $\min\{a_2, b_1\} = b_1 = 3$，所以令 $x_{21} = 3$。在 (A_2, B_1) 格中填入数字 3，这时 A_2 的可供量变为 $a_2 - b_1 = 4 - 3 = 1$；B_1 的需求量全部得到满足，在以后运输量分配时不再考虑，故划去 B_1 列，得表 6-5。

表 6-5　最小元素法第 1 步

产地＼销地	B_1	B_2	B_3	B_4	产量
A_1	3	11	3	10	7
A_2	1 ┆3	9	2	8	4
A_3	7	4	10	5	9
销量	3	6	5	6	20 / 20

在运输表尚未划去的各项中再次寻找最小单位运价，为 2，对应 (A_2, B_3) 格。由于 A_2 供应 B_1 后其供应能力变为 1，小于 $b_3 = 5$，故在格 (A_2, B_3) 中填入数字 1。这时 A_2 的供应能力已用尽，故划去 A_2 行，得表 6-6。

表 6-6　最小元素法第 2 步

产地＼销地	B_1	B_2	B_3	B_4	产量
A_1	3	11	3	10	7
A_2	1 ┆3	9	2 ┄1	8	4
A_3	7	4	10	5	9
销量	3	6	5	6	20 / 20

继续如上进行。在 (A_1, B_3) 格中填入数字 4，划去 B_3 列；在 (A_3, B_2) 格中填入数字 6，划去 B_2 列；在 (A_3, B_4) 格中填入数字 3，划去 A_3 行；至此，只有 (A_1, B_4) 格未被划去，在其中填入数字 3，使 A_1 的可供量与 B_4 的需求量同时得到满足，并同时划去 A_1 行和 B_4 列。这时，运输表中的全部格子均被划去，所有供销需求均得到满足。上述过程和结果示于

表 6-7 中，表中下部和右侧带圈数字表示各列和各行划去的先后顺序。

表 6-7 最小元素法过程和结果

产地＼销地	B_1		B_2		B_3		B_4		产　量
A_1		3		11		3		10	7
					4		3		⑥
A_2		1		9		2		8	4
	3								②
A_3		7		4		10		5	9
			6			3			⑤
销量	3		6		5		6		20／20
	①		④		③		⑥		

这时得到了该运输问题的一个初始解 $x_{13}=4$，$x_{14}=3$，$x_{21}=3$，$x_{23}=1$，$x_{32}=6$，$x_{34}=3$，其他变量全等于 0，总运费（目标函数值）为 86。

这个解满足所有约束条件，其非零变量的个数为 6（等于 $m+n-1=6$），不难验证，这 6 个非零变量（基变量）对应的约束条件系数列向量线性无关。

在运用最小元素法求基本可行解时，在迭代过程中有可能在某个格中填入一个运量时需同时划去运输表的一行和一列，这时就出现了退化。在运输问题中，退化解是时常发生的。为保证基变量的个数为 $m+n-1$ 个，退化时应在同时划去的一行或一列中的某个格中填入数字 0，表示这个格中的变量是取值为 0 的基变量。

（2）差值法。

与差值法比较，最小元素法的缺点是为了节省一处的费用，有时造成在其他处要多花几倍的运费，从而使整个运输费用增加。而差值法则可以避免这种情况出现，它的基本思想是：对每一个产地或销地，均可由它到各销地或各产地的单位运价中找出最小单位运价和次小单位运价，并称这两个单位运价之差为该产地或销地的罚数，若罚数的值不大，则当不能按最小单位运价安排运输时造成的运费损失不大；反之，如果罚数的值很大，不按最小运价组织运输就会造成很大损失，故应尽量按最小单位运价安排运输。

下面结合情境案例说明差值法的求解步骤。

首先，计算运输表中每一行和每一列的次小单位运价与最小单位运价之间的差值，并分别称之为行罚数（即行差）和列罚数（即列差）。将算出的行罚数填入位于运输表右侧行罚数栏左边第一列相应的格中，列罚数填入位于运输表下边列罚数栏第一行相应的格中（见表 6-8）。A_1、A_2 和 A_3 行的行罚数分别为 0、1 和 1；B_1、B_2、B_3 和 B_4 列的列罚数分别为 2、5、1 和 3。在这些罚数中，最大者为 5（在表 6-8 中用小圆圈示出），它位于 B_2 列。由于 B_2 列中的最小单位运价是 $c_{32}=4$，故在 (A_3, B_2) 格中填入尽可能大的运量 6，此时 B_2 列的需求得到满足，划去 B_2 列。

表 6-8 差值法过程和结果

销地 产地	B_1		B_2		B_3		B_4		产量	行 罚 数				
A_1		3		11		3		10	7	0	0	0	⑦	0
				5				2						
A_2		1		9		2		8	4	1	1	1	6	0
	3						1							
A_3		7		4		10		5	9	1	2			
			6				3							
销量	3		6		5		6							
列 罚 数	2		⑤		1		3							
	2				1		③							
	②				1		2							
					1		2							
							②							

在尚未划去的各行和各列中，如上重新计算各行罚数和列罚数，并分别填入行罚数栏的第 2 列和列罚数栏的第 2 行。A_1、A_2 和 A_3 行的行罚数分别为 0、1 和 2；B_1、B_3 和 B_4 列的列罚数分别为 2、1 和 3。最大罚数等于 3，位于 B_4 列，对应最小单位运价为 5，故在 (A_3, B_4) 格中填入这时可能的最大调运量 3，划去 A_3 行。

按上述方法继续，依次算出每次迭代的行罚数和列罚数。根据最大罚数值的位置，在运输表的适当格中填入一个尽可能大的运输量，并划去对应的一行或一列。直至只剩下最后一个未划的空格，直接填入运输量，划去本行和本列。运用差值法得到的初始基可行解是 $x_{13} = 5$，$x_{14} = 2$，$x_{21} = 3$，$x_{24} = 1$，$x_{32} = 6$，$x_{34} = 3$，其他变量的值等于 0。这个解的目标函数值为 $z = 85$。

显然差值法得出的结果比最小元素法得出的结果要好。一般来说，差值法得出的初始解质量较好，常用来作为运输问题最优解的近似解。

2．最优解的判别

最小元素法和差值法给出的都是一个运输问题的基可行解，需要通过最优性检验判别该解的目标函数值是否最优，判别的方法是计算空格（非基变量）的检验数。因运输问题的目标函数是要求实现最小化，故当所有的检验数都大于或者等零时，为最优解。下面介绍两种求空格检验数的方法：闭回路法、位势法。

（1）闭回路法。

在给出调运方案的计算表上，为了求某个空格（非基变量）的检验数，要先找出它在运输表上的闭回路。它是以空格为起点，沿水平或垂直线向前划，当碰到数字格时可以转 90°，然后继续前进或者转向，直至回到起始空格，形成一个封闭的多边形为止。可以证明，每个空格都唯一存在这样的一条闭回路。其中，闭回路可以是一个简单的矩形，也可以是由水平和竖直边线组成的其他更为复杂的封闭多边形，如图 6-1 所示。

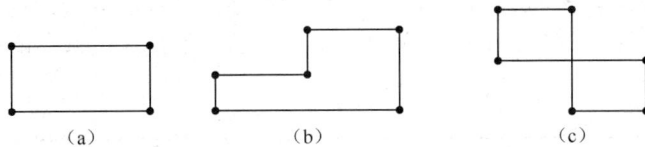

| (a) | (b) | (c) |

图 6-1 闭回路

位于闭回路上的一组变量，它们与对应的运输问题约束条件的系数列向量线性相关，因而在运输问题基可行解的迭代过程中，不允许出现全部顶点由数字格构成的闭回路。也就是说，在确定运输问题的基可行解时，除要求非零变量的个数为 $m+n-1$ 个外，还要求运输表中填有数字的格不构成闭回路（当然还要满足所有约束条件）。用最小元素法和差值法得到的解都满足这些条件。

采用闭回路法对情境案例的初始可行解（如表 6-7 所示）求解检验数，步骤如下：

首先，考虑表 6-7 中的空格 (A_1, B_1)，设想在现有运输方案的基础上，由产地 A_1 增加供应 1 个单位的物品给销地 B_1，为保持产销平衡，需要依次做调整：在 (A_2, B_1) 处减少 1 个单位，即 x_{21} 由 3 改为 2；在 (A_2, B_3) 处增加 1 个单位，即 x_{23} 由 1 改为 2；在 (A_1, B_3) 处减少 1 个单位，即 x_{13} 由 4 改为 3。这些格除 (A_1, B_1) 为空格外，其他都是数字格。在运输表中，每一个空格总可以和一些数字格用水平线段和垂直线段交替连在一个闭合回路上（见表 6-9）。按照上述设想，由产地 A_1 增加 1 个单位物品供给销地 B_1，由此引起的总运费变化是 $c_{11} - c_{13} + c_{23} - c_{21} = 3 - 3 + 2 - 1 = 1$，根据检验数的定义，它正是非基变量 x_{11}［或者说空格 (A_1, B_1)］的检验数。

表 6-9 空格(A_1, B_1)闭回路法求检验数

产地＼销地	B₁	B₂	B₃	B₄	产　　量
A₁	3	11	3	10	7
			4	3	
A₂	1	9	2	8	4
	3		1		
A₃	7	4	10	5	9
		6	3		
销量	3	6	5	6	20 / 20

按照同样的方法，可得表 6-9 中其他各空格（非基变量）的检验数，如下所示：

$$\sigma_{12} = c_{12} - c_{14} + c_{34} - c_{32} = 11 - 10 + 5 - 4 = 2$$

$$\sigma_{22} = c_{22} - c_{23} + c_{13} - c_{14} + c_{34} - c_{32} = 9 - 2 + 3 - 10 + 5 - 4 = 1$$

$$\sigma_{24} = c_{24} - c_{14} + c_{13} - c_{23} = 8 - 10 + 3 - 2 = -1$$

$$\sigma_{31} = c_{31} - c_{34} + c_{14} - c_{13} + c_{23} - c_{21} = 7 - 5 + 10 - 3 + 2 - 1 = 10$$

$$\sigma_{33} = c_{33} - c_{34} + c_{14} - c_{13} = 10 - 5 + 10 - 3 = 12$$

用上述闭回路法算出的典型案例的初始调运方案（见表 6-7）各空格的检验数示于表 6-10 中。其中，由于 $\sigma_{24} = -1 < 0$，故知表 6-7 中的解不是最优解，还需要进一步改进。

表 6-10　闭回路法求检验数

销地＼产地	B₁		B₂		B₃		B₄		产量
A₁		3		11		3		10	7
	①		②		4		3		
A₂		1		9		2		8	4
	3		①		1		⊖		
A₃		7		4		10		5	9
	⑩		6		⑫		3		
销量	3		6		5		6		20 / 20

（2）位势法。

用闭回路法判定一个运输方案是否为最优方案，需要找出所有空格的闭回路，并计算其检验数。当运输问题的产销地很多时，计算检验数的工作就变得十分繁重。下面介绍一种较为简便的方法——位势法（也称对偶变量法）。

设 u_1、u_2、$\cdots$、u_m，v_1、v_2、$\cdots$、v_n 是对应产销平衡运输问题的 $m+n$ 个约束条件的对偶变量，即对偶变量向量 $\boldsymbol{Y} = (u_1, u_2, \cdots, u_m, v_1, v_2, \cdots, v_n)$。由此可写出运输问题某变量 x_{ij}［对应运输表中的 (A_i, B_j) 格］的检验数如下：

$$\sigma_{ij} = c_{ij} - z_{ij} = c_{ij} - \boldsymbol{Y}P_{ij} = c_{ij} - (u_1, u_2, \cdots, u_m, v_1, v_2, \cdots, v_n)P_{ij} = c_{ij} - (u_i + v_j)$$

现设我们已得到运输问题的一个基可行解，其基变量为

$$x_{i_1 j_1}, x_{i_2 j_2}, \cdots, x_{i_s j_s} \qquad s = m + n - 1$$

由于基变量的检验数等于零，故对这组基变量可写出方程组：

$$\begin{cases} u_{i_1} + v_{j_1} = c_{i_1 j_1} \\ u_{i_2} + v_{j_2} = c_{i_2 j_2} \\ \quad\vdots \\ u_{i_s} + v_{j_s} = c_{i_s j_s} \end{cases}$$

显然，这个方程组有 $m+n-1$ 个方程。运输表中每个产地和每个销地都对应原运输问题的一个约束条件，从而也对应各自的一个对偶变量；由于运输表中每行和每列都含有基变量，可知这样构造的方程组中含有全部 $m+n$ 个对偶变量。可以证明，上述方程组有解，且由于对偶变量数比方程数多一个，故解不唯一，为计算简便，常任意指定某一 u_i 等于 0。方程组的解称为位势。

采用位势法对情境案例的初始可行解（如表 6-7 所示）求解检验数，步骤如下：

① 在表 6-7 中增加位势列 u_i 和位势行 v_j，得表 6-11。

② 计算位势。其中，x_{13}，x_{14}，x_{21}，x_{23}，x_{32}，x_{34} 这 6 个变量为基变量，故有 $u_i + v_j = c_{ij}$。任意指定 $u_1 = 0$，由此可得：$u_2 = -1$，$u_3 = -5$，$v_1 = 2$，$v_2 = 9$，$v_3 = 3$，$v_4 = 10$。

③ 计算检验数。有了位势 u_i 和 v_j 之后，即可由 $\sigma_{ij} = c_{ij} - (u_i + v_j)$ 计算各空格的检验数。本例算出的各空格的检验数示于表 6-11 中（基变量的检验数等于 0，表中不再列出）。

表 6-11　位势法求检验数

销地／产地	B₁	B₂	B₃	B₄	产量	u_i
A₁	3 ①	11 ②	3 ⃝ 4	10 ⃝ 3	7	0
A₂	1 ⃝ 3	9 ①	2 ⃝ 1	8 ⊖	4	−1
A₃	7 ⑩	4 ⃝ 6	10 ⑫	5 ⃝ 3	9	−5
销量	3	6	5	6	20／20	
v_j	2	9	3	10		

因 $\sigma_{24} = -1 < 0$，故该解不是最优解。

3．解的改进——闭回路调整法

对运输问题的一个解来说，若存在负的检验数，则说明将这个非基变量变为基变量时总运费会更小，因而这个解不是最优解，还可以进一步改进。若有两个或两个以上的负检验数时，一般选其中最小的检验数，在运输表中找出这个空格对应的闭回路 L_{ij}，在满足所有约束条件的前提下，使 x_{ij} 尽量增大并相应调整此闭回路上其他顶点的运输量，以得到另一个更好的基可行解。

解改进的具体步骤如下：

（1）以 x_{ij} 为换入变量，找出它在运输表中的闭回路。

（2）以空格 (A_i, B_j) 为第一个奇数顶点，沿闭回路的顺（或逆）时针方向前进，对闭回路上的顶点依次编号。

（3）在闭回路上的所有偶数顶点中，找出运输量最小 $(\min\limits_{L_{ij}} x_{ij})$ 的顶点（格子），以该格中的变量为换出变量。

（4）以 $\Delta = \min\limits_{L_{ij}} \{x_{ij}\}$ 为调整量，将该闭回路上所有奇数顶点处的运输量都增加 Δ，所有偶数顶点处的运输量都减去 Δ，从而得到新的运输方案。该运输方案的总运费比原运输方案减少，改变量等于 $\Delta\sigma_{ij}$。

（5）对得到的新解进行最优性检验，如果不是最优解，就重复以上步骤继续进行调整，直到得出最优解为止。

以情境案例为例，对其采用最小元素法求解的初始可行解（如表 6-7 所示）进行改进，如下所示。

表 6-10 所示的检验数中，由于 $\sigma_{24} = -1 < 0$，故以 x_{24} 为换入变量，它对应的闭回路示于表 6-12 中。

表 6-12　闭回路调整初始解

产地＼销地	B₁	B₂	B₃	B₄	产量
A₁	3	11	3　(+1) 4 ——	10　3 (−1)	7
A₂	1　3	9	2　(−1) 1 ——	8　(+1)	4
A₃	7	4　6	10　3	5	9
销量	3	6	5	6	20 / 20

该闭回路的偶数顶点位于格 (A_1, B_4) 和 (A_2, B_3)，由于 $\min\{x_{14}, x_{23}\} = 1$，故应对解做如下调整：

$$x_{24}: +1 \qquad x_{14}: -1$$
$$x_{13}: +1 \qquad x_{23}: -1$$

得到的新的基可行解为：$x_{13} = 5$，$x_{14} = 2$，$x_{21} = 3$，$x_{24} = 1$，$x_{32} = 6$，$x_{34} = 3$，其他为非基变量。原来的基变量 x_{23} 变为非基变量，基变量的个数仍维持在 6 个。这时的目标函数值等于 85。

再用位势法求这个新解各非基变量的检验数，结果示于表 6-13 中。由于所有非基变量的检验数均非负，故这个解为最优解。

表 6-13　最优解检验数

产地＼销地	B₁	B₂	B₃	B₄	产量	u_i
A₁	3　⓪	11　②	3　5	10　2	7	0
A₂	1　3	9　②	2　①	8　1	4	−2
A₃	7　⑨	4　6	10　⑫	5　3	9	−5
销量	3	6	5	6	20 / 20	
v_j	3	9	3	10		

对这个解来说，因 $\sigma_{11}=0$ ，若以 x_{11} 为换入变量可再得一解，它与上面最优解的目标函数值相等，故它也是一个最优解。也就是说，情境案例的运输问题有多个最优解。

6.2 产销不平衡运输问题

6.2.1 一般产销不平衡运输问题

前面讲述的运输问题的算法，是以总产量等于总销量（产销平衡）为前提的。实际上，在很多运输问题中，总产量不等于总销量。这时，为了使用前述表上作业法求解，需将产销不平衡运输问题化为产销平衡运输问题。以产销不平衡中的"供大于求"问题为例，其数学模型为

$$\min z = \sum_{i=1}^{m}\sum_{j=1}^{n} c_{ij}x_{ij}$$

$$\text{s.t.}\begin{cases} \sum_{j=1}^{n} x_{ij} \leqslant a_i & i=1,2,\cdots,m \\ \sum_{i=1}^{m} x_{ij} = b_j & j=1,2,\cdots,n \\ x_{ij} \geqslant 0 \end{cases}$$

为了借助产销平衡问题的表上作业法求解，可虚设一个销地 B_{n+1} ，由于实际上它并不存在，因而由产地 A_i $(i=1,2,\cdots,m)$ 调运到 B_{n+1} 的物品数量 $x_{i,n+1}$ （相当于松弛变量），实际上是就地存贮在 A_i 的物品数量。就地存贮的物品不经过运输，故其单位运价 $c_{i,n+1}=0$ $(i=1,2,\cdots,m)$ 。

若令虚设销地的销量为 b_{n+1} ，且 $b_{n+1}=\sum_{i=1}^{m} a_i - \sum_{j=1}^{n} b_j$ ，则数学模型变为

$$\min z = \sum_{i=1}^{m}\sum_{j=1}^{n+1} c_{ij}x_{ij}$$

$$\text{s.t.}\begin{cases} \sum_{j=1}^{n+1} x_{ij} = a_i & i=1,2,\cdots,m \\ \sum_{i=1}^{m} x_{ij} = b_j & j=1,2,\cdots,n+1 \\ x_{ij} \geqslant 0 \end{cases}$$

对产销不平衡中的"供不应求"问题可仿照上述进行类似处理，即增加一个虚设产地 A_{m+1} ，它的产量等于 $a_{m+1}=\sum_{j=1}^{n} b_j - \sum_{i=1}^{m} a_i$ 。同样，由于虚设产地并不存在，求出的由它发往各个销地的物品数量 $x_{m+1,j}$ $(j=1,2,\cdots,n)$ ，实际上是各销地 B_j 所需物品的欠缺额，显然有 $c_{m+1,j}=0$ $(j=1,2,\cdots,n)$ 。

例 6-1 某市有三个食品厂 A_1、A_2 和 A_3，其面包的产量分别为 8 个、5 个和 9 个单位，

有 4 个固定用户 B_1、B_2、B_3 和 B_4，其需求量分别为 4 个、3 个、5 个和 6 个单位。由各食品厂到各用户的单位运价如表 6-14 所示，请确定总运费最少的调运方案。

表 6-14 食品厂原始产销运价表

产地＼销地	B_1	B_2	B_3	B_4	产量
A_1	3	12	3	4	8
A_2	11	2	5	9	5
A_3	6	7	1	5	9
销量	4	3	5	6	22 / 18

解 由表 6-14 知，22≥18，即总产量大于总销量，所以本问题为"供大于求"产销不平衡运输问题。通过虚设销地 B_5 将其转换为产销平衡问题，表 6-14 转换为表 6-15，采用表上作业法进行求解。求解过程此处从略。

表 6-15 转化后的产销运价表

产地＼销地	B_1	B_2	B_3	B_4	B_5	产量
A_1	3	12	3	4	0	8
A_2	11	2	5	9	0	5
A_3	6	7	1	5	0	9
销量	4	3	5	6	4	22 / 22

6.2.2 带弹性需求的产销不平衡运输问题

对产销不平衡的运输问题，比如当供不应求时，决策者往往会根据实际情况规定某些销地的需求为弹性需求，即分为最低需求和最高需求，其中最低需求部分必须满足，而超出最低需求的部分可满足可不满足，这类运输问题是属于带弹性需求的产销不平衡运输问题。

例 6-2 设有三个化肥厂供应 4 个地区的农用化肥，各化肥厂年产量（万吨）、各地区年需求量（万吨）及从各化肥厂到各地区运送单位化肥的运价（万元/万吨）如表 6-16 所示。试求出总运费最小的调拨方案。

表 6-16　化肥厂带弹性需求的运价表

需求地 化肥厂	B_1	B_2	B_3	B_4	产量（万吨）
A_1	16	13	22	17	50
A_2	14	13	19	15	60
A_3	19	20	23	—	50
最低需求（万吨）	30	70	0	10	
最高需求（万吨）	50	70	30	不限	

　　解　这是一个需求为弹性的产销不平衡运输问题，总产量为 160 万吨，4 个地区的最低需求为 110 万吨，最高需求为无限。根据现有产量，地区 B_4 每年最多能分配到 60 万吨，这样最高需求为 210 万吨，远远大于产量。为了求得平衡，在产销平衡表中虚设一个化肥厂 A_4，其年产量为 50 万。由于各地区的需求量包含两部分，如地区 B_1，其中，30 万吨是最低需求，故不能由虚设化肥厂 A_4 供给，令相应运价为 M（任意的正数），而另一部分 20 万吨满足或不满足均可以，因此可以由虚设化肥厂 A_4 供给，令其相应运价为 0。对需求分两种情况的地区，实际上可以按照两个地区看待。这样可以先写出这个问题的产销平衡的运输表（见表 6-17），再根据表上作业法计算得到最优方案（见表 6-18）。

表 6-17　转化为产销平衡运价表

需求地 化肥厂	B_1	B_1'	B_2	B_3	B_4	B_4'	产量 （万吨）
A_1	16	16	13	22	17	17	50
A_2	14	14	13	19	15	15	60
A_3	19	19	20	23	M	M	50
A_4	M	0	M	0	M	0	50
需求量 （万吨）	30	20	70	30	10	50	210 210

表 6-18 化肥厂最优产销调运方案

需求地 化肥厂	B₁	B'₁	B₂	B₃	B₄	B'₄	产量（万吨）
A₁	16	16	13 (50)	22	17	17	50
A₂	14	14	13 (20)	19 (10)	15 (30)	15	60
A₃	19 (30)	19 (20)	20 (0)	23	M	M	50
A₄	M	0	M	0 (30)	M	0 (20)	50
需求量（万吨）	30	20	70	30	10	50	210 / 210

也就是说，化肥厂 A_3 供给 B_3 50 万吨，化肥厂 A_1 供给 B_2 50 万吨，化肥厂 A_2 供给 B_2 20 万吨，化肥厂 A_2 供给 B_4 40 万吨；总运费为 2460 万元。

6.3 Excel 上机操作

对于情境案例，我们可以用 Excel 求解运输问题，现设定运输问题在 Excel 中的形式如图 6-2 所示。

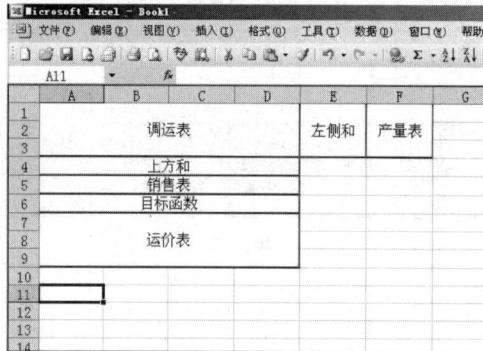

图 6-2 运输问题在 Excel 中的形式

具体操作步骤如下。

第一步，在单元格区域 F1:F3 中输入产量表，在 A5:D5 中输入销量表，在 A7:D9 中输入运价表，如图 6-3 所示。

图 6-3　在 Excel 中输入产量表、销量表和运价表

第二步，在单元格 E1 中输入"SUM(A1:D1)"，并复制到 E3；在 A4 中输入"SUM(A1:A3)"，并复制到 D4；在 A6 中输入"=SUMPRODUCT(A1:D3,A7:D9)"，如图 6-4 所示。

图 6-4　输入 SUMPRODUCT 函数

第三步，使用 Excel 求解。

① 选择"工具"下拉菜单。

② 选择"规划求解"选项。

③ 打开"规划求解参数"对话框，如图 6-5 所示，做如下设置。

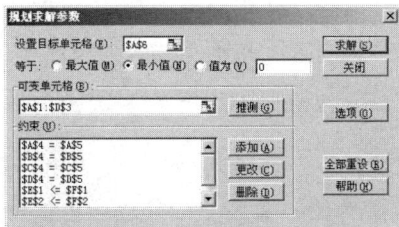

图 6-5　设置"规划求解参数"对话框

● "设置目标单元格"：输入"A6"。

● "等于"：选择"最小值"。

- “可变单元格”：输入“\$A\$1:\$D\$3”。
- “约束”：输入“\$A\$4=\$A\$5”“\$B\$4=\$B\$5”“\$C\$4=\$C\$5”“\$D\$4=\$D\$5”“\$E\$1<=\$F\$1”“\$E\$2<=\$F\$2”“\$E\$3<=\$F\$3”。

单击“选项”按钮，在弹出界面中选择“采用线性模型，假定非负”，单击“确定”按钮。

④ 单击“规划求解参数”对话框中的“求解”按钮。

⑤ 打开“规划求解结果”对话框，选择“保存规划求解结果”，单击“确定”按钮。图 6-6 即为该运输问题的求解结果。

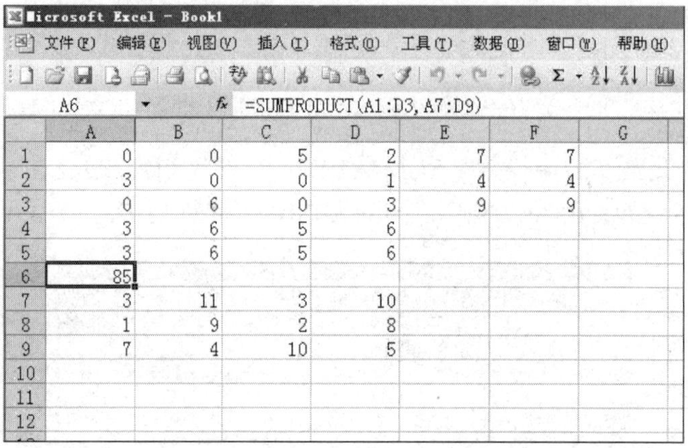

	A	B	C	D	E	F	G
1	0	0	5	2	7	7	
2	3	0	0	1	4	4	
3	0	6	0	3	9	9	
4	3	6	5	6			
5	3	6	5	6			
6	85						
7	3	11	3	10			
8	1	9	2	8			
9	7	4	10	5			
10							
11							
12							

图 6-6 运输问题的求解结果

最终得到情境案例的答案：A_1 给 B_3 调运 5 吨，给 B_4 调运 2 吨；A_2 给 B_1 调运 3 吨，给 B_4 调运 1 吨；A_3 给 B_2 调运 6 吨，给 B_4 调运 3 吨；总运费最少为 85。

情境链接

转 运 问 题

前述运输问题产地与销地的界线非常明确，产地只供给（输出）货物，销地只需要（输入）货物，而实际中，绝对的输出与输入几乎是不存在的，存在最多的是既是产地又是销地的情形，甚至有时一地仅作为其他两地之间输入/输出的中转站，像这些类型的运输问题，我们称为转运问题。

转运问题的解题思路是，先将其转化为平衡型运输问题，再按表上作业法求解。这一点和不平衡型运输问题是一样的。下面来看转运问题在这个转化中的一些假设：

（1）求最大可能中转量 Q（Q 为大于总产量 $\sum_{i=1}^{m} a_i$ 的一个数）；

（2）纯中转站视为输入量和输出量均为 Q 的一个产地和销地；

（3）兼中转站的产地 A_i 视为输入量为 Q 的销地和输出量为 $Q+a_i$ 的产地；

（4）兼中转站的销地 B_j 视为输出量为 Q 的产地和输入量为 $Q+b_j$ 的销地。

转化按照上述假设来完成，重新画出单位运价表和产销平衡表，再按表上作业法进行求解。求解过程从略。

情境回放

1. 日常生产生活中经常会遇到从某些产地往某些销地进行产品调拨，而如何调拨才能使总运费最低的问题就是通常所说的运输问题。运输问题是线性规划应用最广泛的一个领域。运输问题分为产销平衡问题和产销不平衡问题。

2. 产销平衡问题通常采用表上作业法进行求解，求解步骤为：首先采用最小元素法或伏格尔法确定初始基可行解，然后采用闭回路法或位势法求空格检验数，进行最优解判别，如果空格检验数中有负数，则代表该可行解不是最优解，需采用闭回路调整法进行调整，调整后再次计算空格检验数，直到所有空格检验数均为非负数，表明已求得最优解。

3. 产销不平衡问题是通过增加松弛变量，将产销不平衡问题转化为产销平衡问题，再采用表上作业法进行求解。

自测练习

1. 用表上作业法求表 6-19 和表 6-20 中给出的运输问题的最优解。

表 6-19　运价表（1）

产地 \ 销地	B_1	B_2	B_3	B_4	产　量
A_1	9	18	1	10	9
A_2	11	6	8	18	10
A_3	14	12	2	16	6
销量	4	9	7	5	

表 6-20　运价表（2）

产地 \ 销地	B_1	B_2	B_3	B_4	产　量
A_1	3	7	6	4	5
A_2	2	4	3	2	2
A_3	4	3	8	5	6
销量	3	3	2	2	

2. 表 6-21 给出了一个运输问题及它的一个解，试问：

（1）表中给出的解是否为最优解？请用位势法进行检验。

（2）若价值系数 c_{24} 由 1 变为 3，所给出的解是否仍为最优解？若不是，请求出最优解。

（3）若所有价值系数均增加 1，最优解是否改变？为什么？

（4）若所有价值系数均乘以 2，最优解是否改变？为什么？

表 6-21 运输矩阵表

销地 产地	B_1		B_2		B_3		B_4		产量
A_1		4		1		4		6	8
			5		3				
A_2		1		2		6		1	10
	8						2		
A_3		3		7		5		1	4
					3		1		
销量	8		5		6		3		22 22

物流库存管理

情境目标

1. 掌握库存管理所涉及的常用概念，明晰不同存储策略特征。
2. 掌握瞬时进货模型，在允许或不允许缺货条件下会进行最佳订货量和最佳订货时间的计算。
3. 了解随机库存模型及其计算方法。

思政融合

积极化解内在矛盾

在 EOQ 模型的推导过程中，持有成本和订货成本是典型的具有背反关系、此消彼长的两个成本，看似不可调和，但是通过数学计算，可以找到使总成本最低的 EOQ 点。现实工作和生活中，同样会存在很多其他内在矛盾，但是我们总可以通过积极的手段去化解它们。

情境案例

惠普公司的库存管理

喷墨打印机系列是惠普公司最成功的产品之一，自上市后销售额稳步上升。但随着销售额的上升，库存也不断上升，惠普配送中心的货盘上放满了喷墨打印机。更糟糕的是，欧洲分公司声称，为了让客户满意，保证各种产品的供货，要进一步增加库存水平。每个季度，来自欧洲、亚太地区和北美三地的生产部、物料部和配送部的代表们聚在一起，但他们相互冲突的目标，阻止了他们在库存问题上达成共识。

惠普公司温哥华分部物料部门的特殊项目经理布伦特看出，惠普当时主要存在两个问题：第一是找出一种好方法，既能随时满足顾客对各种产品的需求，又可尽量减少库存；第二个更棘手，是要在各部门之间，就正确的库存水平达成一致意见，这需要开发一个设置和实施库存目标的持续方法，并让所有部门负责人都在上面签字，以便采纳。

? 思考：

什么是库存？做好库存要考虑哪些方面的因素？

7.1 库存管理概述

库存管理就是对库存物资的管理，主要包括库存物资品种的管理、库存成本的管理及库存控制方法。其核心问题是库存控制，主要包括订货时间、订货量和安全库存量的确定。在对库存控制问题进行讨论前，我们先了解如下一些概念。

7.1.1 库存管理的含义

1. 库存的含义

库存是指处于储存状态的商品物资，是储存的表现形态。通俗地说，库存是指企业在生产经营过程中为现在和将来的耗用或者销售而储备的资源。广义的库存还包括处于制造加工状态和运输状态的物品。

库存是仓储最基本的功能，除了进行商品储存保管外，它还具有整合需求和供给、维持物流系统中各项活动顺畅进行的功能。企业为了能及时满足客户的订货需求，就必须经常保持一定数量的商品库存；配送中心为了维持配送的顺利进行，就必须预先储存一定数量的商品来满足订货需求。企业存货不足，会造成供货不及时、供应链断裂、丧失市场占有率或交易机会；整体社会存货不足，会造成物资贫乏、供不应求。而商品库存需要一定的维持费用，同时会存在由于商品积压和损坏而产生的库存成本增加风险。因此，在库存管理中既要保持合理的库存数量，防止缺货和库存不足，又要避免库存过量，发生不必要的库存费用。

2. 库存管理及其目标

1）库存管理的定义

国家标准《物流术语》（GB/T 18354—2021）中的库存控制是指在保障供应的前提下，为使库存物品的数量合理而在技术经济方面进行的有效管理措施。

库存管理也称库存控制，是指对制造业或服务业生产、经营全过程的各种物品、制成品及其他资源进行管理和控制，使其储备保持在经济合理的水平上。它的重点在于确定如何订货、订购多少、何时订货等问题。传统的观念认为仓库里的商品多，表明企业生意兴隆，现在则认为零库存是最好的库存管理。库存多，占用资金多，利息负担加重。但是如果过分降低库存，则会加大短缺成本，造成货源短缺。

当库存管理不当时会导致库存的不足或过剩，前者会导致错过销货机会，降低销售额，甚至失去客户，商誉下降；后者会加大库存的持有成本。

2）库存管理的目标

为了保证企业正常的经营活动，持有库存是必要的，但库存同时又占用了大量的流动资金。如何既能保证经营活动的正常进行，又能使流动资金的占用达到最小，即在期望的顾客服务水平和相关的库存成本之间寻找平衡，是库存管理人员最关注的问题。若不对库存进行控制，可能既满足不了经营的需要，又会造成大量商品积压，占用大量库存资金。

库存管理涉及各个方面的管理，库存管理的目标是防止超储和缺货，在企业现有资源的约束下，以最合理的成本为用户提供满意的服务。

对任何一种商品的仓储来说，这两者之间往往是矛盾的，存在着效益背反现象。为了提高服务水平，需要保持相当多的库存以满足需求的不确定性，而这又会增加库存成本。最佳的库存管理就是平衡库存成本与库存收益的关系，从而确定一个合适的库存水平，使库存占用的资金带来的收益比投入其他领域的收益高。

从成本核算的角度看，库存成本又是一个财务上的目标，它将随着经济和企业财务状况的变化而变化。例如，如果企业的流动资金紧缺，那么企业就可能需要对库存成本进行严格的控制。

尽管企业库存会带来一系列的耗费，但是也不能因此无条件地降低库存，在平衡库存成本与顾客服务水平时，应该注意的是顾客所期望的服务水平。

提醒：库存管理的目的是在满足客户服务要求的前提下，通过对企业的库存水平进行控制，尽可能降低库存水平、提高物流系统的效率，以强化企业的竞争力。

3）库存管理的成本构成

国内外有关资料统计表明，库存费用占库存物品总价的 20%～40%，这一费用将直接成为生产企业或物流企业最终的产品或服务的成本，影响着企业的经济效益和产品或服务的竞争力。因此，分析和控制库存费用对企业来说是十分重要的。在货物存储期间，库存费用包括三方面内容，用公式表示如下：

$$KF=CF+QF+DF \tag{7-1}$$

式中　KF——库存费；
　　　CF——存储费；
　　　QF——缺货费；
　　　DF——订货费。

（1）存储费。

从商品入库到商品卖出这段时间内需要支付的成本总和叫存储费。它包括仓库折旧费、管理费（管理人员工资，搬运工具折旧、维修等费用）、保险费、资金冻结的利息支出，以及因货品陈旧、变质、损耗支出的费用。

（2）订货费。

自订单发出后，到货品入库这一段时间内与订货有关的各项活动费叫订货费。它纯属由于订货而支付的成本，包括采购人员工资、差旅费，货物运输费、搬运费，商品检验等各项费用的总和。显然，订货费与订货次数有直接关系。

（3）缺货费。

缺货费是指存储的物资供不应求所引起的损失费。它包括由于缺货而引起的生产、生活、利润、信誉等的损失费。它既与缺货数量有关，也与缺货时间有关。为讨论方便，假设缺货损失费与缺货的数量成正比，而与时间无关。

4）库存输出的分类

存储是为了应对未来的需要。需求就是系统存储物的输出，按时间序列发展，输出的方式可以是间断的，在间断性输出中，需求发生的时间极短，可视为瞬时发生，因而存储量的变化是跳跃式减少的，如图 7-1 所示。输出的方式也可以是连续的，在连续性输出中，随着时间的变化，需求连续地发生，因而存储量也连续减少，如图 7-2 所示。

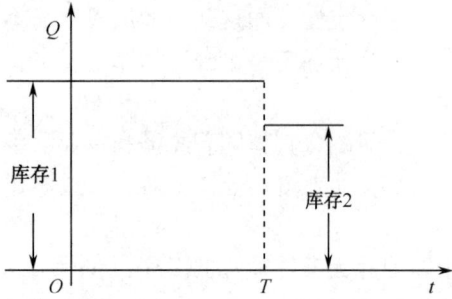

图 7-1　间断性输出（需求）　　　　　　图 7-2　连续性输出（需求）

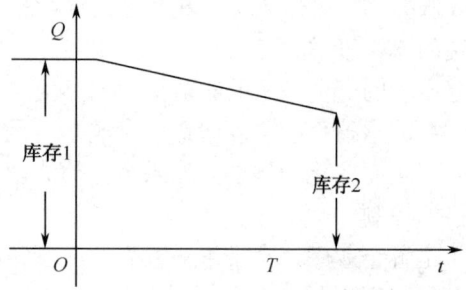

对于每次的需求量，可分为确定性输出和随机性输出。

（1）确定性输出。

它是指物资需求是确定可在的。例如，生产企业在稳定生产的情况下，每月所需用的煤、电、各种原材料和零部件的数量。

（2）随机性输出。

根据市场需求的变化，输出也在变化。需求是随机的，输出也是随机的。例如，顾客到商店买某种商品，数量有时多，有时少，为随机事件。对于随机事件，可以通过统计资料来找出需求量的随机分布规律。图 7-3 为某种商品需求量分布图，由图可知在某一时段内不同需求所占的比例。例如，需求量为 0～20 的占 4%，需求量为 40～50 的占 28%，等等。

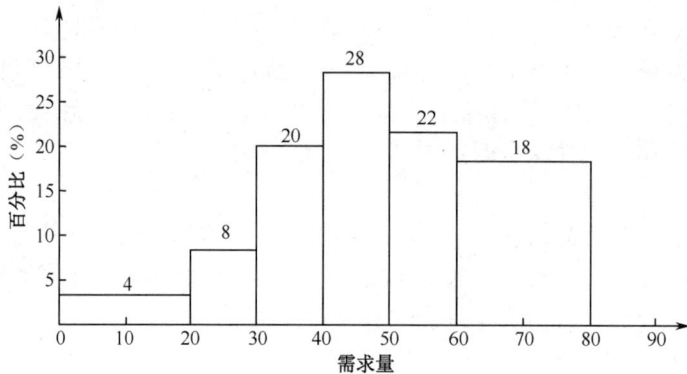

图 7-3　某种商品需求量分布

7.1.2　存储系统

1．存储系统的概念

存储系统包括补充（输入）、存储、需求（输出）三部分。最简单的存储系统只有一个存储点（仓库），复杂存储系统可以有多个存储点。存储系统具体分为串联、并联和串并联三种形式，各种存储系统如图 7-4 所示。

2．存储策略

存储系统的首要任务是做好补充存储工作。要做好补充存储工作，一般要回答两个问题：何时补充（订货）；补充多少（订货），才能使总库存费用最少。常见的存储策略有以下三种类型。

图 7-4　各种存储系统

（1）T 型循环策略。

不论实际的存储状态如何，每间隔一定时间 T（周期），就补充订货一次，而且每次的订货量相等，如图 7-5 所示。这种存储策略适用于需求确定不变的情况。

（2）(s, S) 型策略。

如图 7-6 所示，当仓库物资存储量下降到安全储量 s 时，便开始补充存储量，补充后存储量达到最大存储量 S 水平。因为需求的随机性，所以库存降至 s 时的时间长短不一样。这就使订货时间和订货次数很难确定，但每次的订货量（$S-s$）不变。

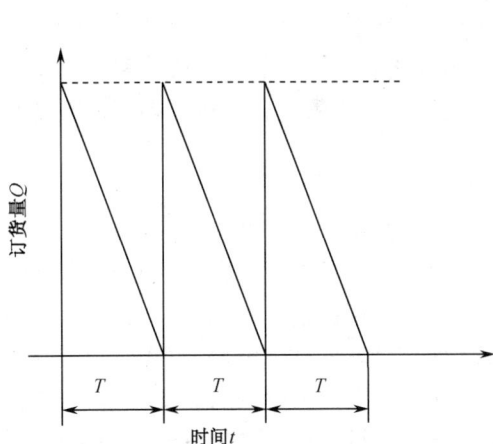

图 7-5　T 型循环策略

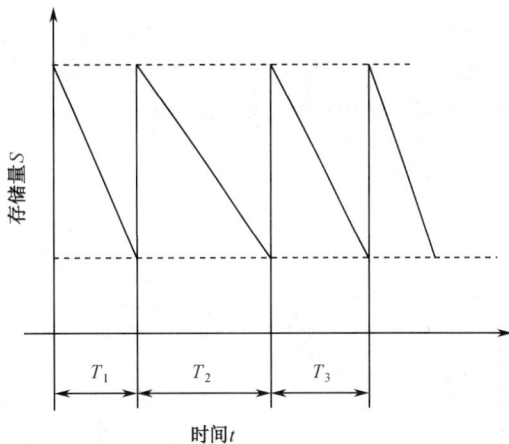

图 7-6　(s, S) 型策略

（3）(T, s, S) 型混合策略。

该策略规定，每经过一定时间，就检查一次仓库物资存储量。若存储量小于或等于 s，就进行补充，直至最大存储量 S 水平。

当然，实际存储问题远不止这些策略。另外，存储系统的结构形式也越来越复杂。在实际仓库管理中确定存储策略时，关键是要把实际问题抽象为数学模型，建立目标函数。

在建立模型的过程中，应对一些复杂的条件尽量加以简化，只要能反映问题的本质就可以了。模型建立以后需对目标函数用数学方法加以研究，通过计算、分析，求出最佳存储策略。经过对存储问题的长期研究，已得出一些行之有效的模型。从存储模型来看，大体可分为两类：一类叫确定性存储模型，即模型中的数据皆为确定的数值；另一类叫随机性模型，即模型中含有随机变量，不都是确定的数值。

7.2 ABC 管理

7.2.1 ABC 分类法的基本思想

1951 年，美国通用电气公司的迪克在对公司的库存产品进行分类时，首次提出将公司的产品根据销售量、现金流量、前置时间或缺货成本分成 A、B、C 三类。A 类库存为重要的产品，B 类和 C 类库存依次为次重要的产品和不重要的产品。

ABC 分类法的基本原理是，将库存物料按品种和占用资金的多少分为非常重要的物料（A 类）、一般重要的物料（B 类）和不太重要的物料（C 类），然后针对不同重要级别分别进行管理与控制，其核心是"分清主次，抓住重点"。

知识链接

1879 年，意大利经济学家帕累托在研究米兰的财富时发现，占人口总数很小比例的人口却拥有占比很大的财富，而占人口总数很大比例的人口却只拥有占比很少的财富，这一现象也广泛存在于社会的其他领域，被总结为"关键的少数和次要的多数"，称为帕累托法则，也叫 80／20 法则。例如，在库存管理中，一个仓库存放的物料品种成千上万，但是，在这些物料中，只有少数品种价值高、销售速度快、销售量大、利润高，构成仓库利润的主要部分；而大多数品种价值低、销售速度慢、销售量小、利润低，只能构成仓库利润的极小部分。

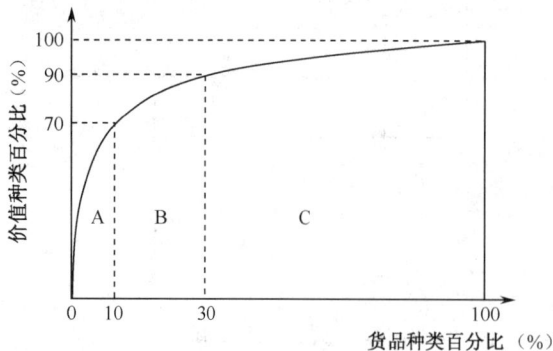

图 7-7 ABC 分类法曲线示意图

ABC 分类法的标准是：A 类，品种数目占总品种数目的 10%左右，资金额占总库存资金额的 70%左右；B 类，品种数目占总品种数目的 20%左右，资金额占总库存资金额的 20%左右；C 类，品种数目占总品种数目的 70%左右，资金额占总库存资金额的 10%左右。

如果用累计品种百分比曲线表示（又称帕累托曲线），可以清楚地看到 A、B、C 三类物料在品种和库存资金占用额上的比例关系，如图 7-7 所示。

由图 7-7 可以看到，A 类物料的品种数量很少，但占用了大部分库存资金额，因此，物料品种数量增加时，库存资金累计额百分比增长很快，曲线很陡；B 类物料的品种数量累计百分比与库存资金累计额百分比基本相等，因此曲线较平缓；C 类物料品种数量很多，但是库存资金累计额百分比很小，因此曲线十分平缓，基本呈水平状。

7.2.2　ABC 分类实施的步骤

ABC 分类实施的步骤如下。

（1）收集库存物料在某一段时间的品种数、购买单价、需求量等资料。

（2）将库存物料按占用资金的大小顺序排列，编制 ABC 分类汇总表。

（3）计算库存物料品种数的百分比和累计百分比。

（4）计算库存物料占用资金的百分比和累计百分比。

（5）按照分类标准编制 ABC 分析表进行分类，确定 A、B、C 各类物料。

例 7-1　某公司对上一年度的 20 种库存物料统计了平均需求量和平均购买价格，如表 7-1 所示。为了对这些库存物料进行有效的控制，公司决定采用 ABC 分类法。试用 ABC 分类法对该公司的库存物料进行分类。

表 7-1　物料需求信息

物料编号	年需求量（种）	单位价格（元）	占用库存资金额（元）	物料编号	年需求量（种）	单位价格（元）	占用库存资金额（元）
W0001	5	210	1 050	W0011	10	8	80
W0002	75	15	1 125	W0012	25	60	1 500
W0003	2	3 010	6 020	W0013	90	110	9 900
W0004	2 000	5	10 000	W0014	200	950	190 000
W0005	700	80	56 000	W0015	50	80	4 000
W0006	1	18 000	18 000	W0016	1 500	140	210 000
W0007	250	10	2 500	W0017	150	10	1 500
W0008	10 000	5	50 000	W0018	20	50	1 000
W0009	400	30	12 000	W0019	350	20	7 000
W0010	650	25	16 250	W0020	65	75	4 875

解

① 将库存物料按占用库存资金额的大小顺序排列，编制 ABC 分类汇总表，如表 7-2 所示。

表 7-2　ABC 分类汇总表

物料编号	占用库存资金额（元）	占用库存资金额的百分比（%）	累计占用库存资金额（元）	累计占用库存资金额百分比（%）	物料品种数（种）	物料品种数百分比（%）	累计物料品种数（种）	累计物料品种数百分比（%）
W0016	210 000	34.84	210 000	34.84	1	5	1	5
W0014	190 000	31.52	400 000	66.36	1	5	2	10
W0005	56 000	9.29	456 000	75.65	1	5	3	15
W0008	50 000	8.29	506 000	83.94	1	5	4	20
W0006	18 000	2.99	524 000	86.93	1	5	5	25
W0010	16 250	2.70	540 250	89.62	1	5	6	30
W0009	12 000	1.99	552 250	91.61	1	5	7	35
W0004	10 000	1.66	562 250	93.27	1	5	8	40
W0013	9 900	1.64	572 150	94.92	1	5	9	45
W0019	7 000	1.16	579 150	96.08	1	5	10	50
W0003	6 020	1.00	585 170	97.08	1	5	11	55
W0020	4 875	0.81	590 045	97.88	1	5	12	60
W0015	4 000	0.66	594 045	98.55	1	5	13	65
W0007	2 500	0.41	596 545	98.96	1	5	14	70
W0012	1 500	0.25	598 045	99.21	1	5	15	75
W0017	1 500	0.25	599 545	99.46	1	5	16	80
W0002	1 125	0.19	600 670	99.65	1	5	17	85
W0001	1 050	0.17	601 720	99.82	1	5	18	90
W0018	1 000	0.17	602 720	99.99	1	5	19	95
W0011	80	0.01	602 800	100.00	1	5	20	100

② 按照分类标准，编制 ABC 分析表进行分类，确定 A、B、C 各类物料，如表 7-3 所示。

表 7-3　ABC 分析表

类别	占用库存资金额分类标准	品种数（种）	品种数百分比（%）	累计品种数百分比（%）	占用库存资金额（元）	占用库存资金额的百分比（%）	累计占用库存资金额百分比（%）
A	190 000 元及以上	2	10	10	400 000	66.36	66.36
B	12 000 ~ 190 000 元（含 12 000 元，不含 190 000 元）	5	25	35	152 250	25.25	91.61
C	12 000 元以下	13	65	100	50 550	8.39	100

③ 确定 A、B、C 各类物料如下。

A 类物料：占用库存资金额为 190 000 元及以上，物料编号为 W0016、W0014，品种数为 2 种。

B 类物料：占用库存资金额为 12 000～190 000 元（含 12 000 元，不含 190 000 元），物料编号为 W0005、W0008、W0006、W0010、W0009，品种数为 5 种。

C 类物料：占用库存资金额为 12 000 元以下，物料编号为 W0004、W0013、W0019、W0003、W0020、W0015、W0007、W0012、W0017、W0002、W0001、W0018、W0011，品种数为 13 种。

7.2.3　ABC 分类管理的措施

对库存物料进行 ABC 分类后，仓库管理人员应根据企业的经营策略和 A、B、C 三类物料各自不同的特点，对其实施相应的管理和控制。ABC 分类管理的措施如下。

1. A 类

A 类物料品种数量少，但占用库存资金多，是企业非常重要的物料，要重点管理。

（1）在满足用户对物料需求的前提下，尽可能降低物料库存数量，增加订货次数，减少订货批量和安全库存量，避免浪费大量的保管费与积压大量资金。

（2）与供应商建立良好的合作伙伴关系，尽可能缩短订货提前期和交货期，力求供应商供货平稳，降低物料供应变动，保证物料及时供给。

（3）严格执行物料盘点制度，定期检查，严密监控，尽可能提高库存物料精度。

（4）与用户勤联系、多沟通，了解物料需求的动向，尽可能正确地预测物料需求量。

（5）加强物料维护和保管，保证物料的使用质量。

2. B 类

B 类物料品种数量和占用库存资金额都处于 A 类与 C 类之间，是企业一般重要的物料，可以采取比 A 类物料相对简单而比 C 类物料相对复杂的管理方法，即常规管理方法。对于 B 类物料中占用库存资金比较多的品种，订货要采用定期订货方式或定期定量相结合的方式。另外，对物料需求量的预测精度要求不高，只需每天对物料的增减加以记录，达到订货点时按经济订货批量加以订货。

3. C 类

C 类物料品种数量多，但占用库存资金少，是企业不太重要的物料，可以采取简单方便的管理方法。

（1）减少物料的盘点次数，对部分数量很大、价值很低的物料不纳入日常盘点范围，并规定物料最少出库的数量，以减少物料出库次数。

（2）为避免缺货现象，可以适当提高物料库存数量，减少订货次数，增加订货批量和安全库存量，减少订货费用。

（3）尽量简化物料出库手续，方便领料人员领料，采取"双堆法"控制库存。

4. ABC 分类管理的注意事项

ABC 分类控制的目标是把重要的物料与不重要的物料区分开来并且区别对待，企业在对 A、B、C 三类物料进行分类控制时，还需要注意以下几个方面。

（1）ABC 分类与物料单价无关。A 类物料占用库存资金额多，可能是单价不高但需求量极大的组合，也可能是单价很高但需求量不大的组合。与此相类似，C 类物料可能单价很低，也可能需求量很小。通常对于单价很高的物料，在管理控制上要比单价较低的物料更加严格，并且可以取较低的安全系数，同时通过加强控制，降低因安全库存量减少而引起的风险。

（2）有时仅依据物料占用库存资金的多少进行 ABC 分类是不够的，还需要以物料的重要性作为补充。物料的重要性主要体现在缺货会造成停产或严重影响正常生产、缺货会危及安全和缺货后不易补充三个方面。对于重要物料，可以取较高的安全系数，一般为普通物料安全系数的 1.2 ~ 1.5 倍，提高可靠性，同时加强控制，降低缺货损失。

（3）进行 ABC 分类时，还要对诸如采购困难问题、可能发生的偷窃、预测困难问题、物料的变质或陈旧、仓容、需求量大小和物料在经营上的急需情况等因素加以认真考虑，做出适当的分类。

（4）可以根据企业的实际情况，将库存物料分为适当的类别，并不要求局限于 A、B、C 三类。

（5）分类情况不反映物料的需求程度，也不揭示物料的获利能力。

知识链接

CVA 管理法

CVA（Critical Value Analysis）管理法，即关键因素分析法，由于 ABC 分类法中 C 类货物得不到足够的重视，往往因此而导致生产停工，因此引进 CVA 管理法来对 ABC 分类法进行有益的补充。CVA 管理法将货物分为最高优先级、较高优先级、中等优先级、较低优先级 4 个等级，对于不同等级的物资，允许缺货的程度是不同的。

7.3 库存控制技术

企业当然可以保持很多的库存，进而在任何可预见的需求水平上都可以保证供应，但保持库存会导致费用支出和效率损失。如何让库存保持在一个合理的水平，即配送中心需确定要补什么货、补货量是多少、什么时间补货，通常使用的库存控制技术有以下三种：定量订货法，即固定订货数量，可变订货间隔；定期订货法，即固定订货间隔，可变订货数量；需求驱动精益供应，即按生产需求的准确数量及时间订货。

7.3.1 定量订货法

定量订货法是指当库存量下降到预定的库存数量（订货点）时，以经济订货批量（Economic Oder Quantity，EOQ）为标准进行订货的一种库存管理方式。

其基本原理是：预先确定一个订货点 ROL 和订货批量 Q^*（一般取经济订货批量 EOQ），在销售过程中，随时检查库存，当库存下降到 ROL 时，就发出一个订货批量 Q^*，如图 7-8 所示。

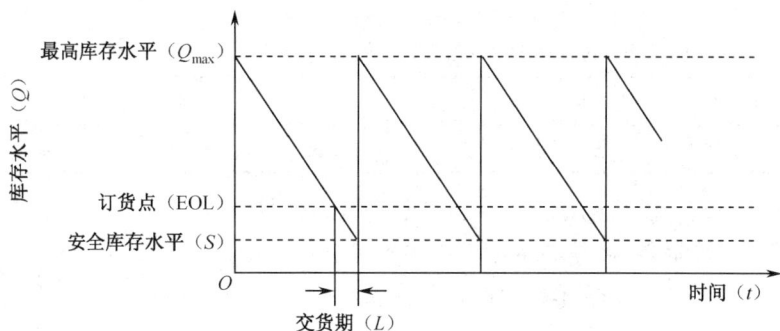

图 7-8 定量订货法

1. 订货点的确定

在定量订货法中,发出订货单时仓库里该品种保有的实际库存量叫作订货点,它是直接控制库存水平的关键。

(1)在需求量和订货提前期都确定的情况下,不需要设置安全库存,可直接求出订货点,公式如下:

$$
\begin{aligned}
订货点 &= 订货提前期的平均需求量 \\
&= 每个订货提前期的需求量 \\
&= 每天需求量×订货提前期(天) \\
&= (全年需求量/360)×订货提前期(天)
\end{aligned}
$$

即

$$ \text{ROL}=R_d×L \qquad\qquad (7\text{-}2) $$

式中 R_d —— 需求速度或使用速度;

L —— 订货提前期。

(2)需求量变化、提前期固定时,订货点计算公式如下:

$$
\begin{aligned}
订货点 &= 订货提前期的平均需求量+安全库存 \\
&= (单位时间的平均需求量×订货提前期)+安全库存
\end{aligned}
$$

即

$$ \text{ROL}=(\overline{R_d}\times L)+S \qquad\qquad (7\text{-}3) $$

式中 $\overline{R_d}$ —— 单位时间的平均需求量;

S —— 安全库存量。

在这种情况下,安全库存量的计算公式为

$$ S=zQ_d\sqrt{L} \qquad\qquad (7\text{-}4) $$

式中 Q_d —— 提前期内的需求量的标准差;

L —— 订货提前期(月/天/周);

z —— 预定客户服务水平下需求量变化的安全系数,它可以根据预定的服务水平,由表 7-4 查出。

表 7-4　客户服务水平与安全系数对应关系的常用数据

服务水平	0.999 8	0.99	0.98	0.95	0.90	0.80	0.70
安全系数	3.50	2.33	2.05	1.65	1.29	0.84	0.53

（3）需求量固定、提前期变化时，订货点计算公式如下：

订货点 = 订货提前期的需求量+安全库存

= （单位时间的需求量×平均订货提前期）+安全库存

即

$$ROL = (R_d \times \overline{L}) + S \qquad (7\text{-}5)$$

式中　$\overline{L}$——平均订货提前期。

在这种情况下，安全库存量的计算公式为

$$S = zR_dQ_t \qquad (7\text{-}6)$$

式中　Q_t——提前期的标准差。

（4）需求量和提前期都随机变化时，订货点计算公式如下：

订货点 = 订货提前期的需求量+安全库存

= （单位时间的平均需求量×平均订货提前期）+安全库存

即

$$ROL = (\overline{R_d} \times \overline{L}) + S \qquad (7\text{-}7)$$

在这种情况下，安全库存量的计算公式为

$$S = z\sqrt{Q_d^2\overline{L} + \overline{R}_d^2 Q_t^2} \qquad (7\text{-}8)$$

2．订货批量的确定

国家标准《物流术语》（GB／T 18354—2021）中的经济订货批量（EOQ），是指通过平衡采购进货成本和保管仓储成本核算，以实现总库存成本最低的最佳订货量。

订货批量就是一次订货的数量。它直接影响库存量的大小，同时也直接影响物资供应的满足程度。在定量订货中，对每个具体的品种而言，每次的订货批量都是相同的，通常以经济订货批量作为订货批量。

为便于讨论，模型假设如下。

（1）需求量确定并已知，整个周期内的需求是均衡的。

（2）供货周期固定并已知。

（3）集中到货，而不是陆续入库。

（4）不允许缺货，能满足所有需求。

（5）购买价格或运输费率等是固定的，并与订购的数量、时间无关。

（6）没有在途库存。

（7）只有一项商品库存，或者虽有多种库存，但各不相关。

（8）资金可用性无限制。

在以上假设的前提下，简单模型只考虑两类成本，即库存持有成本与采购订货成本。总库存成本与订货量的关系如图 7-9 所示。

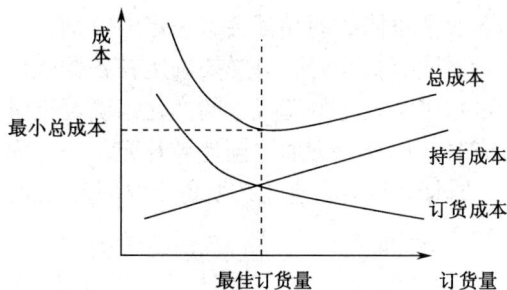

图 7-9 总库存成本与订货量的关系

基于上述假设，年总库存成本可由下面的公式表示：

$$\text{TC}=DP+\frac{DC}{Q}+\frac{QK}{2} \tag{7-9}$$

式中 TC——年总成本；

　　　D——年需求量；

　　　P——单位产品价格；

　　　C——每次订货成本；

　　　Q——订货批量；

　　　K——单位产品持有成本。

为了获得使总成本达到最小的 Q（即经济订货批量），将 TC 函数对 Q 微分，得

$$\text{EOQ}=\sqrt{\frac{2CD}{K}} \tag{7-10}$$

或

$$\text{EOQ}=\sqrt{\frac{2CD}{PF}}$$

式中 F——年持有成本率。

例 7-2 某仓库 A 商品年需求量为 30 000 个，单位商品的购买价格为 20 元，每次订货成本为 240 元，单位商品的年保管费为 10 元。求在保证供应的条件下，该商品的经济订货批量、每年的订货次数、平均订货间隔周期及最低年总库存成本。

解 由题意，D=30 000 个，P=20 元，C=240 元，K=10 元，代入公式，计算如下。

经济订货批量：$\text{EOQ}=\sqrt{\frac{2CD}{K}}=\sqrt{\frac{2\times240\times30\,000}{10}}=1\,200$（个）

每年的订货次数：$N=30\,000/1\,200=25$（次）

平均订货间隔周期：$\bar{T}=365/25=14.6$（天）

最低年总库存成本：$\text{TC}=DP+\frac{DC}{\text{EOQ}}+\frac{QK}{2}$

$$=30\,000\times20+\frac{30\,000\times240}{1\,200}+\frac{1\,200\times10}{2}=612\,000（元）$$

上述模型是较理想的假设，在实际订货过程中，一般都会涉及很复杂的情况，这样的假设条件也会越来越少。例如，在订货的过程中会有一定的价格折扣，补货的速度会有一

定的变化等，对于不同的企业和不同的商品都会有一定的差别。

当订购商品价格随批量不同有折扣时，有必要确定在各种减价水平下的持有成本和订货成本，通过比较不同价格水平下发生的总成本的变化来确定批量。

当库存被连续逐渐补充时，库存一方面逐渐地被补充，一方面又在逐渐地被提取，以满足企业生产需求。此时，要求库存供应速度必须高于内部及外部用户的需求速度；否则，易造成供应中断。其计算公式如下：

$$EOQ = \sqrt{\frac{2CD}{PF\left(1 - \frac{R_d}{R_s}\right)}} \qquad (7-11)$$

式中　R_d——需求速度；

　　　R_s——合约约定供应速度。

例 7-3　某仓库 A 商品年需求量为 30 000 个，单位商品的购买价格为 20 元，每次订货成本为 240 元，单位商品的年保管费为 10 元。该仓库在采购中发现，A 商品供应商为了促销，采取以下折扣策略：一次购买 1 000 个以上打 9 折；一次购买 1 500 个以上打 8 折。若单位商品的仓储保管成本为单价的一半，求在保证供应的条件下，该仓库的最佳经济订货批量应为多少？

解　根据题意列出多重折扣价格表，如表 7-5 所示。

表 7-5　多重折扣价格表

折扣区间	0	1	2
折扣点（个）	0	1 000	1 500
折扣价格（元／个）	20	18	16

① 计算折扣区间 1 的经济批量：

$$EOQ_1^* = \sqrt{\frac{2CD}{K}} = \sqrt{\frac{2 \times 240 \times 30\,000}{18 \times 0.5}} = 1\,265（个）$$

由于 1 000<1 265<1 500，所以取 1 265 个。

② 计算折扣区间 2 的经济批量：

$$EOQ_2^* = \sqrt{\frac{2CD}{K}} = \sqrt{\frac{2 \times 240 \times 30\,000}{16 \times 0.5}} = 1\,342（个）$$

由于 1 342<1 500，所以取 1 500 个。

③ 计算 TC_1 和 TC_2 对应的年总库存成本：

$$TC_1 = DP_1 + \frac{DC}{Q_1^*} + \frac{Q_1^* K}{2}$$

$$= 30\,000 \times 18 + 30\,000 \times \frac{240}{1\,265} + 1\,265 \times \frac{10}{2}$$

$$= 552\,016.7（元）$$

$$TC_2 = DP_2 + \frac{DC}{Q_2} + \frac{Q_2 K}{2}$$

$$= 30\,000 \times 16 + 30\,000 \times \frac{240}{1\,500} + 1\,500 \times \frac{10}{2}$$

$$= 492\,300\,(\text{元})$$

由于 $TC_2 < TC_1$，因此在批量折扣的条件下，最佳订货批量 EOQ* 为 1 500 个。

7.3.2　定期订货法

定期订货法是按预先确定的订货间隔期进行订货的一种库存管理方式。

其基本原理是：预先确定一个订货周期 T 和最高库存量 Q_{max}，周期性地检查库存，根据最高库存量、实际库存、在途订货量和待出库商品数量，计算出每次的订货批量，发出订货指令，组织订货，如图 7-10 所示。

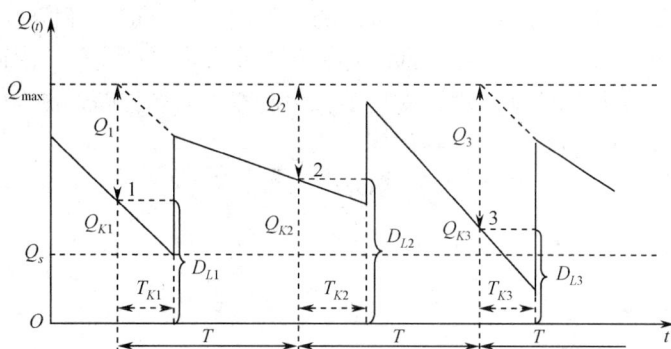

图 7-10　定期订货法原理

在系统运行之前，先确定订货周期，假设为 T，同时确定仓库库存控制的最高库存量，假设为 Q_{max}，库存销售按正常规律进行。假设在时间轴的 O 点开始运行定期订货法，这时检查库存量，库存水平在 1 点时，库存量假设为 Q_{K1}，则发出订货指令，订货量取 Q_{K1} 与 Q_{max} 的差值，即第一次的订货量 $Q_1 = Q_{max} - Q_{K1}$。随后进入第一个订货提前期 T_{K1}，提前期结束，所订 Q_1 货物到达，实际库存一下升高了 Q_1，到达高库存。然后进入第二个周期的销售，销售仍然按正常规律进行，销售过程中可以不管库存量的变化。待经过一个订货周期 T，到了按订货周期该订货的时间，再检查库存量，假设这时（2 点）的库存量为 Q_{K2}，就又发出订货指令，订货量为 Q_2，Q_2 的大小等于 Q_{K2} 与 Q_{max} 的差值。随后进入第二个订货提前期 T_{K2}，T_{K2} 结束后，所订 Q_2 货物到达，将实际库存量又一次提高到高库存。随后进入第三个销售周期，到了下一个订货日，又检查库存、发出订货指令……这样继续下去。

为什么这种操作能达到既控制库存量又保证满足客户需求的目的呢？

控制库存量的作用是很明显的。整个运行过程中的最高库存量不会超过 Q_{max}。实际上，刚订货时，包括订货量在内的"名义"库存量最高就是 Q_{max}，待经过一个订货提前期的销售，所订货物实际到达，实际最高库存量比 Q_{max} 还少一个提前期平均需求量，等于 $Q_{max} - \overline{D}_{LP}$，所以 Q_{max} 实际上就是最高库存量的控制线，它是定期订货法用以控制库存量的一个关键性的控制参数。

定期订货法如何保证客户需求的满足程度呢？定期订货法在保证客户需求满足程度方面的方法原理与定量订货法有所不同。定量订货法是以提前期用户需求量为依据的，制定策略的目的是保证提前期内客户需求量的满足，它的决策参数 Q_T，就是只能按一定满足程度来保证满足提前期内客户的需求量。定期订货法不是以满足提前期内的客户需求量为目的的，而是以满足订货周期内的需求量再加上满足提前期内客户需求量为目的的，即以满足 $T+T_K$ 期间的客户总需求量为目的。它是以 $T+T_K$ 期间的客户总需求量为依据来确定 Q_{max} 的。因为 $T+T_K$ 期间的总需求量是随机变化的，所以 Q_{max} 也是一个随机变量。其值由两部分构成：一部分是 $T+T_K$ 期间的平均需求量，另一部分是为预防随机性延误而设置的安全库存量。安全库存量的大小是根据一定的库存满足率设置的，库存满足率越高，则安全库存量越大。Q_{max} 也越大，库存满足程度也越高。

定期订货法的实施主要取决于以下三个控制参数。

1. 订货周期（T）

定期订货法中，订货周期就是定期订货法的订货点，它决定了订货时机。订货间隔期的长短直接决定了最高库存量的大小，即决定了仓库库存水平的高低，因而决定了库存费用的大小。所以，订货周期不能太大，太大了就会使库存水平过高；也不能太小，太小了订货批次太多，就会增加订货费用。其计算公式为

$$T = \frac{\text{EOQ}}{D} = \sqrt{\frac{2C}{KD}} \qquad (7\text{-}12)$$

式中　T——订货周期；

　　　D——年需求量；

　　　C——每次订货成本；

　　　K——单位产品持有成本。

2. 最高库存量（Q_{max}）

定期订货法的最高库存量应该以满足订货时间间隔期间的需求量为依据。最高库存量的确定应满足三个方面的要求，即订货周期的要求、交货期或订货提前期的要求、安全库存的要求。其计算公式为

$$Q_{max} = R_d\left(T+\overline{L}\right)+S \qquad (7\text{-}13)$$

式中　R_d——需求速度；

　　　$\overline{L}$——平均订购时间；

　　　S——安全库存量。

其中 S 的计算方法同前，现归纳如表 7-6 所示。

表 7-6　安全库存量（S）计算公式

变化情况 计算参数	需求量变化、 提前期固定时	需求量固定、 提前期变化时	需求量和提前期 都随机变化时
安全库存量（S） 计算公式	$S = zQ_d\sqrt{L+T}$	$S = zR_dQ_t$	$S = z\sqrt{Q_d^2(\overline{L}+T)+\overline{R}_d^2Q_t^2}$

3. 订货量（Q）

定期订货法没有固定不变的订货批量，每个周期订货量的大小都是由当时的实际库存量的大小确定的，等于当时的实际库存量与最高库存量的差值。其计算公式为

$$Q = Q_{max} - Q_0 - Q_1 + Q_2 = R_d(T + \overline{L}) + S - Q_0 - Q_1 + Q_2 \tag{7-14}$$

式中　Q_0——现有库存量；

　　　Q_1——在途库存量；

　　　Q_2——已经售出但尚未提货的库存量。

7.4　瞬时进货模型

在存储控制管理中，基于物资需求率已确定的条件下所建立的存储模型，称为确定性存储模型。在此模型中不含随机变量。

7.4.1　瞬时进货、不允许缺货模型

瞬时进货、不允许缺货模型属于确定性模型。该存储模型的特点是：需求是连续均匀的，需求（即销售）的速度为 R，不允许发生缺货；一旦存储量下降至零，则通过订货立即得到补充（补充时间极短），即货物瞬时到达，如图 7-11 所示。

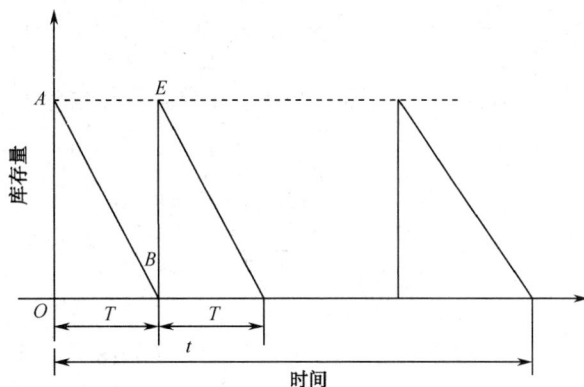

图 7-11　瞬时进货、不允许缺货模型

销售开始时库存量为 OA，随着均匀销售降到零，即到达 B 点，通过订货，库存量立即补充为 BE（$BE=OA$），然后再销售并重复下去。显然，这是一种 T 型循环策略。

1. 模型假设

（1）需求是连续均匀的，需求速度为常数 R，在时间 t 内的需求量为 Rt。

（2）单位货物的存储费为 C_1，每次订货费为 C_3，且均为常数。

（3）每次订货量都相同，均为 Q。

（4）订货周期 T 固定。

（5）缺货费用为无穷大。

2. 模型建立

从一个计划期 t 内的订货情况来考虑，由于不允许缺货，库存费用就不存在缺货费一项。因此，建立库存费用的数学模型为

$$KF = CF + DF \tag{7-15}$$

下面讨论如何根据公式（7-14）求得最佳订货量 Q。

由假设条件可计算，在一个计划期内的订货次数为

$$n = \frac{Rt}{Q} \tag{7-16}$$

两次订货的时间间隔，即订货周期为

$$T = \frac{Q}{R} \tag{7-17}$$

又由图 7-11 可知，在一个存储周期里货物的存储量为 $\triangle AOB$ 的面积，即 $\frac{1}{2}QT$。据上述条件计算出订货费 DF 和存储费 CF：

$$DF = C_3 \cdot n = C_3 \frac{Rt}{Q}$$

$$CF = C_1 \cdot \frac{1}{2}QT \cdot n = C_1 \cdot \frac{1}{2}Q \cdot \frac{Q}{R} \cdot \frac{Rt}{Q} = \frac{1}{2}C_1 Qt$$

将以上两式分别代入式（7-15），可得库存费用计算公式为

$$\begin{aligned} KF &= CF + DF \\ &= \frac{1}{2}C_1 Qt + C_3 \frac{Rt}{Q} \end{aligned} \tag{7-18}$$

为求得最小库存费用，要对式（7-18）求导，并令一阶导数等于 0，便得到最佳订货量 Q^*，即

$$\frac{d(KF)}{dQ} = \frac{1}{2}C_1 t - \frac{C_3 Rt}{Q^2} = 0$$

$$Q^* = \sqrt{\frac{2C_3 R}{C_1}} \tag{7-19}$$

将最佳订货量 Q^* 代入式（7-16）、式（7-17）和式（7-18），可得到最佳订货次数、最佳订货周期和最小库存费用的计算公式。

最佳订货次数：

$$n^* = \frac{Rt}{Q^*} = \sqrt{\frac{C_1 R}{2C_3}} \cdot t \tag{7-20}$$

最佳订货周期：

$$T^* = \frac{Q^*}{R} = \sqrt{\frac{2C_3}{C_1 R}} \tag{7-21}$$

最小库存费用：

$$\min \text{KF} = \frac{1}{2} C_1 Q^* t + C_3 \frac{Rt}{Q^*} = \frac{1}{2} C_1 \sqrt{\frac{2C_3 R}{C_1}} \cdot t + C_3 \frac{Rt}{\sqrt{\dfrac{2C_3 R}{C_1}}}$$

$$\min \text{KF} = \sqrt{2C_1 C_3 R \cdot t} \qquad\qquad (7\text{-}22)$$

考察式（7-18），当一个计划期 t 的时间确定后，便可视其为常数，这时库存费用 KF 的值仅取决于订货量 Q 的大小。为了更直观地反映库存费用的构成及其与订货量的关系，可以用图形方式来描绘，如图 7-12 所示，该图显示了订货量 Q 与 KF、CF、DF 的曲线关系，而最佳订货量 Q^* 对应的 KF 值就是最小库存费用，通常也称 Q^* 为经济订购量。

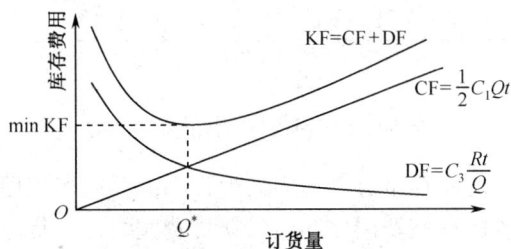

图 7-12　订货量与各种费用的关系曲线（费用曲线）

例 7-4　某液化气瓶供应站每天向辖区内用户供应液化气 100 瓶。已知每天每瓶液化气的存储费为 0.2 元，订购费用为每次 40 元。若以 150 天为一个计划期，求该液化气供应站的最佳订货量、最佳订货周期、最佳订货次数和计划期内的最小库存费用。

解　由于 R=100 瓶/天，C_1= 0.2 元 /（瓶·天），C_3= 40 元 / 次，t = 150 天，则

$$Q^* = \sqrt{\frac{2C_3 R}{C_1}} = \sqrt{\frac{2 \times 40 \times 100}{0.2}} = 200（瓶 / 次）$$

$$T^* = \frac{Q^*}{R} = \sqrt{\frac{2C_3}{C_1 R}} = \sqrt{\frac{2 \times 40}{0.2 \times 100}} = 2（天）$$

$$n^* = \frac{Rt}{Q^*} = \frac{100 \times 150}{200} = 75（次）$$

$$\min \text{KF} = \sqrt{2C_1 C_3 R \cdot t} = \sqrt{2 \times 0.2 \times 40 \times 100 \times 150} = 6\,000（元）$$

需要注意的是，类似本题这样以瓶、件、辆等作为度量单位的商品或物资，在实际中是不能以小数存在的，因此一旦在最佳订货量中计算出小数值，就应采用进一法取整数。

7.4.2　瞬时进货、允许缺货模型

瞬时进货、允许缺货模型和前述模型大致相同，只是在两次订货的间隔内有一段时间允许暂时缺货，待下次来货再补充货物短缺部分。该模型的存储状态如图 7-13 所示。货物以需求速度 R 均匀地下降至库存为零时，不立即补充，而是停止一段时间 T_2（缺货时间），待下个周期开始时通过订货进行补充。先补充短缺部分 S，再补充库存，这样完成计划期内的一个周期，然后重复下去。

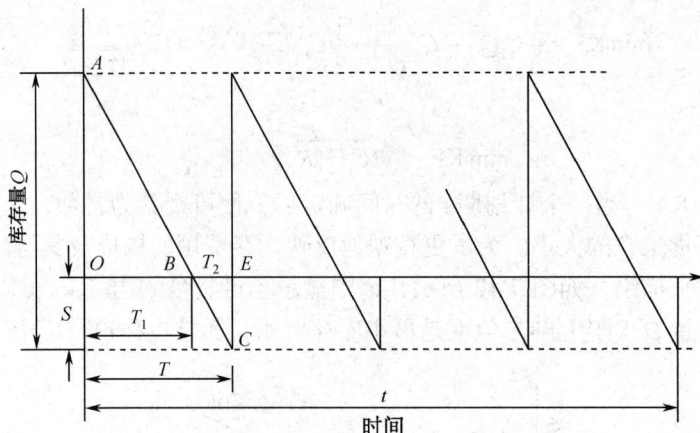

图 7-13 瞬时进货、允许缺货模型

允许缺货意味着货物的库存量可以相应减少，因而存储费用便可下降。但是，缺货产生了缺货费，只有当节省的存储费用比产生的缺货费大时，缺货才比较经济，由此就形成了瞬时进货、允许缺货模型应用的前提。

1. 模型假设

（1）需求是连续均匀的，需求速度为常数 R，时间 t 内的需求量为 Rt。

（2）单位货物的存储费为 C_1，单位货物的缺货费为 C_2，每次订货费为 C_3，且都为常数。

（3）订货周期 T 固定，T 分为两段 T_1 和 T_2，T_2 为缺货时间。

（4）每一周期的缺货量相同，均为 S。

（5）每次订货量都相同，均为 Q。

2. 模型建立

建立库存费用在一个计划期 t 内的数学模型为

$$KF = CF + QF + DF \tag{7-23}$$

由假设条件可计算在一个计划期内的订货次数为 $n = \dfrac{Rt}{Q}$；同时一个周期 T 内的订货量 Q 应等于 RT，则订货周期为 $T = \dfrac{Q}{R}$。

而一个周期缺货量 S 应等于 RT_2，则 T_1 和 T_2 分别为

$$S = RT_2, \quad T_2 = \frac{S}{R} \tag{7-24}$$

$$Q - S = RT_1, \quad T_1 = \frac{Q-S}{R} \tag{7-25}$$

又由图 7-13 知，在 T_1 段上货物的存储量为 $\frac{1}{2}(Q-S)T_1$（$\triangle AOB$ 的面积），T_2 段上的缺货量为 $\frac{1}{2}ST_2$（$\triangle BCE$ 的面积）。据上述条件计算库存费用各项，其中订货费仍为

144

$DF = C_3 \dfrac{Rt}{Q}$；存储费 CF 和缺货费 QF 的计算如下：

$$CF = C_1 \cdot \frac{1}{2}(Q-S)\ T_1 \cdot n = \frac{C_1(Q-S)^2 t}{2Q}$$

$$QF = C_2 \cdot \frac{1}{2}ST_2 \cdot n = \frac{C_2 S^2 t}{2Q}$$

将上述代入式（7-23），可得库存费用计算公式如下：

$$KF = CF + QF + DF$$
$$= \frac{C_1(Q-S)^2 t}{2Q} + \frac{C_2 S^2 t}{2Q} + C_3 \frac{Rt}{Q} \tag{7-26}$$

式（7-26）中的 Q、S 都是待求变量，为求得最佳订货量 Q^* 和最佳缺货量 S^*，我们用多元函数求极值的方法，分别对式（7-26）求偏导数，即

$$\begin{cases} \dfrac{\partial(KF)}{\partial Q} = 0 \\[2mm] \dfrac{\partial(KF)}{\partial S} = 0 \end{cases}$$

通过解答上式，便可求出瞬时进货、允许缺货模型的最优解，如下所示：

$$Q^* = \sqrt{\frac{2C_3 R\left(\dfrac{C_1+C_2}{C_2}\right)}{C_1}} = \sqrt{\frac{2C_3 R(C_1+C_2)}{C_1 C_2}} \tag{7-27}$$

$$S^* = \sqrt{\frac{2C_1 C_3 R}{C_2(C_1+C_2)}} \tag{7-28}$$

考察式（7-27），当 C_2 无穷大（不允许缺货模型的假设（5））时，即 $C_2 \to \infty$，$\dfrac{C_1+C_2}{C_2} \to 1$，

则此时 $Q^* = \sqrt{\dfrac{2C_3 R}{C_1}}$ 与瞬时进货、不允许缺货模型的最佳订货量完全一致，说明瞬时进货、不允许缺货模型是瞬时进货、允许缺货模型的一个特例。

将 Q^*、S^* 代入式（7-26），得到计划期 t 内（此模型计划期多以 1 个月、1 个季度或 1 年来计量）的最小库存费用 minKF，即

$$minKF = t\sqrt{\frac{2C_1 C_2 C_3 R}{C_1+C_2}} \tag{7-29}$$

例 7-5　某电器设备厂每月需要使用 2 000 只微型变压器，每只成本 150 元，若向外厂订货，每次订货费用为 100 元，每只微型变压器每年的存储费为成本的 16%。求在允许缺货的情况下，每月每只微型变压器缺货费为 5 元时，最佳订货量、最佳缺货量、最小月库存费用及订货次数。

解　根据题意取计划期为 1 个月。已知 R=2 000 只/月，C_2=5 元/（只·月），C_3=100 元/次，C_1=150 元×16%=24 元/（只·年）=2 元/（只·月），则

$$Q^* = \sqrt{\frac{2C_3(C_1+C_2)\ R}{C_1 C_2}} = \sqrt{\frac{2\times100\times(2+5)\times2\ 000}{2\times5}} = 529\ (只)$$

$$S^* = \sqrt{\frac{2C_1C_3R}{C_2(C_1+C_2)}} = \sqrt{\frac{2\times 2\times 100\times 2\,000}{5\times(2+5)}} = 151（只）$$

$$\min KF = t\sqrt{\frac{2C_1C_2C_3R}{C_1+C_2}} = 1\times\sqrt{\frac{2\times 2\times 5\times 100\times 2000}{2+5}} = 755.93（元）$$

$$n^* = \frac{Rt}{Q^*} = \frac{2\,000\times 1}{529} = 3.8（次）$$

计算结果表明，该厂以一个月为计划期的最佳订货量为每次 529 只微型变压器，每次订货前允许缺货量为 151 只，一个月中最优的订货次数为 3.8 次，这样可使该厂的微型变压器月库存费用最低（755.93 元）。

7.5 逐渐进货模型

7.5.1 逐渐进货、不允许缺货模型

所谓逐渐进货，是指进货量在一段时间内保持在一定的速度。这种情况在企业生产中很常见。例如，企业生产某产品所需要的部分材料、零配件等是由企业自己生产提供的，为了维持企业正常的生产活动，将这些材料、零配件中的一部分用以满足需求，剩下部分才作为存储，生产一定时间后，便停止生产。当存储量降至零时，再开始生产，开启一个新的周期，如图 7-14 所示。

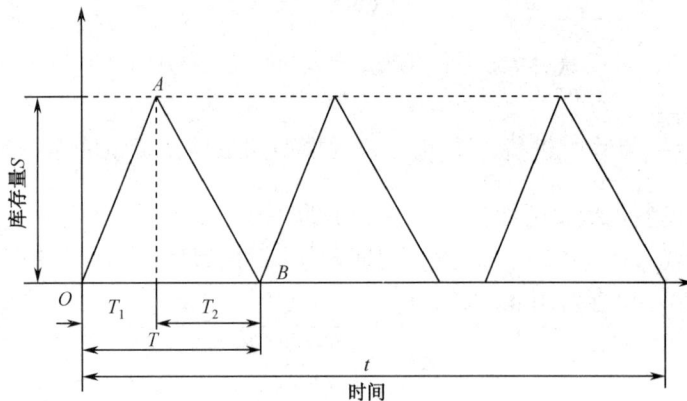

图 7-14　逐渐进货、不允许缺货模型

这种存储方式中，生产速度 P 和需求速度 R 并不相等，一般要求 $P>R$；而每安排一次生产，就要消耗一定的准备费用（相当于订货费）。因此，如何组织生产，最佳生产周期是多长，便是新模型要解决的问题。

1. 模型假设

（1）需求是连续均匀的，需求速度为常数 R，t 时间内的需求量为 Rt。

（2）货物的生产速度为常数 P，t 时间内的生产量为 Pt。

（3）生产周期为 T，由生产时间 T_1 和非生产时间 T_2 构成。

（4）每次生产批量都相同，均为 Q。

（5）最大库存量为 S。

（6）单位货物的存储费为 C_1，每次生产的准备费为 C_3，且均为常数。

（7）缺货费用为无穷大。

2．模型建立

库存费用在一个计划期 t 内的数学模型为

$$KF = CF + DF$$

由于生产批量 Q 既等于时间 T_1 内的生产量 PT_1，有 $Q = PT_1$；同时又等于一个存储周期 T 内货物的需求量 RT，即 $Q = RT$。故有

$$T_1 = \frac{Q}{P} \tag{7-30}$$

$$T = \frac{Q}{R} \tag{7-31}$$

经生产时间 T_1 后库存已满，即最大库存量为

$$S = (P - R) T_1$$

又在计划期 t 内的组织补充生产次数为 $n = \dfrac{Rt}{Q}$，而在 T 内的存储量为 $\dfrac{1}{2}ST$，即 $\triangle AOB$ 的面积。据上述条件计算库存费用各项，存储费 CF 和生产的准备费 DF 的计算如下：

$$CF = C_1 \cdot \frac{1}{2}ST \cdot n = C_1 \cdot \frac{1}{2}(P - R) T_1 \cdot T \cdot n = C_1 \cdot \frac{1}{2}(P - R)\frac{Q}{P} \cdot \frac{Q}{R} \cdot \frac{Rt}{Q} = \frac{C_1 Q(P - R) t}{2P}$$

$$DF = C_3 \cdot n = C_3 \frac{Rt}{Q}$$

将上述代入库存费用计算公式，可得

$$KF = CF + DF = \frac{C_1 Q(P - R)t}{2P} + C_3 \frac{Rt}{Q} \tag{7-32}$$

式（7-32）就是求得的逐渐进货、不允许缺货库存费用模型。对式（7-32）求导数，便可求得每次生产的最佳批量 Q^* 等。

最佳批量：

$$Q^* = \sqrt{\frac{2C_3 PR}{C_1(P - R)}} \tag{7-33}$$

最佳生产周期：

$$T^* = \frac{Q^*}{R} = \sqrt{\frac{2C_3 P}{C_1 R(P - R)}} \tag{7-34}$$

最大库存量：

$$S^* = (P - R)\frac{Q^*}{R} = \sqrt{\frac{2C_3 R(P - R)}{C_1 P}} \tag{7-35}$$

将 Q^* 代入式（7-32）中，便可得到最小库存费用计算公式，如下所示：

$$\text{minKF} = \frac{C_1 Q^*(P - R) t}{2P} + C_3 \frac{Rt}{Q^*} = t\sqrt{\frac{2C_1 C_3 R(P - R)}{P}} \tag{7-36}$$

例 7-6 某企业生产某种产品，每年需要某种零件 36 000 件，该零件由零件车间生产供给装配车间安装。零件车间生产该零件 5 000 件，每组织一次生产，因改变工具及流水线工艺，每次需要准备费为 250 元。每个零件的月存储费为 0.05 元。那么，该企业如何组织该零件的生产才能使总管理费用最少？

解 根据题意选择计划期为 1 年，时间单位以月计算，则 $t=12$ 月，$P=5\,000$ 件／月，$C_1=0.05$ 元／（件·月），$C_3=250$ 元／次，企业每月对该零件的需求速度 $R=\dfrac{36\,000}{12}=3\,000$（件／月）。

应用式（7-33）计算出每次生产最佳批量为

$$Q^*=\sqrt{\frac{2C_3PR}{C_1(P-R)}}=\sqrt{\frac{2\times250\times5\,000\times3\,000}{0.05\times(5\,000-3\,000)}}=8\,660\text{（件）}$$

若每次按最佳批量组织生产，则计划期内的最小库存费用为

$$\min\text{KF}=t\sqrt{\frac{2C_1C_3R(P-R)}{P}}=12\times\sqrt{\frac{2\times0.05\times250\times3\,000\times(5\,000-3\,000)}{5\,000}}=2\,078.46\text{（元）}$$

最佳生产周期为

$$T^*=\sqrt{\frac{2C_3P}{C_1R(P-R)}}=\sqrt{\frac{2\times250\times5\,000}{0.05\times3\,000\times(5\,000-3\,000)}}=2.887\text{（月）}$$

最大库存量为

$$S^*=\sqrt{\frac{2C_3R(P-R)}{C_1P}}=\sqrt{\frac{2\times250\times3\,000\times(5\,000-3\,000)}{0.05\times5\,000}}=3\,464\text{（件）}$$

以上是应用模型计算确定相关最优值，但在实际生产中，通常会根据每次生产最佳批量 $Q^*=8\,660$ 件，近似地确定每次生产 9 000 件，这样一年组织 4 次生产，每季度生产一次。这时企业相关费用变化如下。

每年的存储费为

$$\text{CF}=\frac{C_1Q(P-R)}{2P}t=\frac{0.05\times9\,000\times(5\,000-3\,000)\times12}{2\times5\,000}=1\,080\text{（元）}$$

每年的生产准备费为

$$\text{DF}=C_3\cdot n=250\times4=1\,000\text{（元）}$$

企业一年的库存费用为 1 080+1 000=2 080（元），比应用模型计算的库存费用略高。

7.5.2 逐渐进货、允许缺货模型

逐渐进货、允许缺货模型的存储状态如图 7-15 所示。在仓库缺货一段时间后，开始生产补充用产品，以补足缺货和满足当时的需求，剩余部分作为存储。当存储为零时，新的一个周期重新开启。

1. 模型假设

（1）需求是连续均匀的，需求速度为常数 R，t 时间内的需求量为 Rt。

（2）货物的生产速度为常数 P，t 时间内的生产量为 Pt。

（3）生产周期为 T，缺货时间为 T_1，生产时间为 T_2。

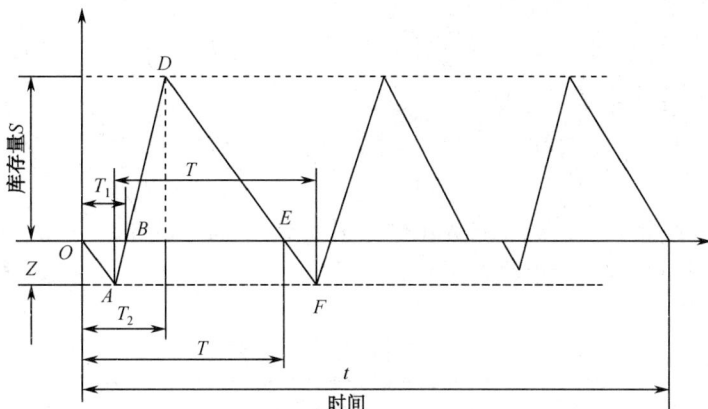

图 7-15　逐渐进货、允许缺货模型

（4）每次生产批量都相同，均为 Q。

（5）最大库存量为 S，最大缺货量为 Z。

（6）单位货物的存储费为 C_1，单位货物的缺货费为 C_2，每次生产的准备费为 C_3，且均为常数。

2．模型建立

建立库存费用在一个计划期 t 内的数学模型为

$$KF=CF+QF+DF$$

由生产批量的性质可知 $Q=RT$，$Q=PT_2$，因此可得到

$$T=\frac{Q}{R}, \quad T_2=\frac{Q}{P}$$

继生产时间 T_2 后库存已满，即最大库存量为

$$S=(P-R)T_2-Z=\frac{(P-R)Q}{P}-Z \tag{7-37}$$

根据图 7-15，由相似三角形对应边成比例的原理，可得出 T_1 的表达式：

$$\frac{T_1}{T}=\frac{Z}{S+Z}=\frac{Z}{\dfrac{(P-R)Q}{P}}=\frac{ZP}{(P-R)Q}$$

$$T_1=\frac{ZP}{(P-R)Q}T=\frac{ZP}{(P-R)Q}\cdot\frac{Q}{R}=\frac{ZP}{R(P-R)} \tag{7-38}$$

又在计划期 t 内的组织补充生产次数为 $n=\dfrac{Rt}{Q}$，而在 T 内的存储量为 $\dfrac{1}{2}S(T-T_1)$，即

$\triangle BDE$ 的面积；同时，在 T 内的缺货量为 $\dfrac{1}{2}ZT_1$，即 $\triangle OAB$ 的面积。据上述条件计算各项库存费用，存储费 CF、缺货费 QF 和生产的准备费 DF 如下：

$$CF=C_1\cdot\frac{1}{2}S(T-T_1)\cdot n=C_1\cdot\frac{1}{2}\left[\frac{(P-R)Q}{P}-Z\right]\cdot\left[1-\frac{PZ}{(P-R)Q}\right]\cdot t$$

$$QF=C_2\cdot\frac{1}{2}ZT_1\cdot n=\frac{C_2Z}{2}\cdot\frac{PZ}{(P-R)Q}\cdot t$$

$$QF = C_3 \cdot n = C_3 \frac{R}{Q} \cdot t$$

将上述代入库存计算公式可得

$$KF = \frac{C_3 R}{Q}t + \frac{C_1 Q(P-R)}{2P}t + C_1 Zt + \frac{P(C_1+C_2)Z^2}{2(P-R)Q}t \qquad (7\text{-}39)$$

式（7-39）是逐渐进货、允许缺货库存费用模型。对其求导数，并令一阶导数为 0，解联立方程，即求得每次生产的最佳批量 Q^* 等。

最佳生产批量：

$$Q^* = \sqrt{\frac{2PR(C_1+C_2)\,C_3}{C_1 C_2 (P-R)}} \qquad (7\text{-}40)$$

最大允许缺货量：

$$Z^* = \sqrt{\frac{2C_1 C_3 (P-R)\,R}{C_2(C_1+C_2)\,P}} \qquad (7\text{-}41)$$

最大存储量：

$$S^* = \sqrt{\frac{2C_2 C_3 (P-R)\,R}{C_1(C_1+C_2)\,P}} \qquad (7\text{-}42)$$

最佳生产周期：

$$T^* = \frac{Q^*}{R} = \sqrt{\frac{2P(C_1+C_2)C_3}{C_1 C_2(P-R)R}} \qquad (7\text{-}43)$$

最大允许缺货时间：

$$T_1^* = \sqrt{\frac{2C_1 C_3 P}{C_2(C_1+C_2)(P-R)R}} \qquad (7\text{-}44)$$

值得注意的是，以上模型中未考虑货物单价，认为货物单价均是常量，故与最优存储策略无关。但在实际的货物订购中随着订货量的不同，单位价格也不同。因此，在货物单价存在有数量折扣的情况下，批量订货模型的建立应考虑数量折扣因素。

例 7-7 现有一洗浴用品生产企业的某种产品，生产速度是每月 1 000 件，销售速度是每月 800 件，每件洗浴用品的月存储费为 2 元，每组织一批生产的准备费是 150 元，若允许缺货，每件缺货的损失费为 5 元。求最佳生产批量、最佳生产周期和最大允许缺货量。

解 已知 $P=1\,000$ 件 / 月，$R=800$ 件 / 月，$C_1=2$ 元 /（件·月），$C_2=5$ 元 /（件·月），$C_3=150$ 元 / 次。

根据式（7-40）等计算如下。

最佳生产量：$Q^* = \sqrt{\dfrac{2PR(C_1+C_2)C_3}{C_1 C_2(P-R)}} = \sqrt{\dfrac{2\times 1\,000\times 800\times(2+5)\times 150}{2\times 5\times(1\,000-800)}} = 917$（件）

最佳生产周期：$T^* = \dfrac{Q^*}{R} = \dfrac{917}{800} = 1.15$（月）

最大允许缺货量：$Z^* = \sqrt{\dfrac{2C_1 C_3(P-R)\,R}{C_2(C_1+C_2)\,P}} = \sqrt{\dfrac{2\times 2\times 150\times(1\,000-800)\times 800}{5\times(2+5)\times 1\,000}} = 52$（件）

7.6 随机库存模型

前面几节讨论的库存模型，都假定单位时间的需求量、订货到达时间、各种费用等是确定不变的，我们把它们叫作定性的库存模型。但是，在实际生产活动中，很多情况并非如此，比较突出的便是货物需求量是随机变化的，如果供过于求，某些商品还要降价处理，否则将导致更大的损失。因此，研究随机库存模型更能反映真实情况。

对需求是随机的情况，需要采用的存储策略是 (T, s, S) 型混合策略。这里我们仅对需求为离散型随机变量的情况进行讨论。

7.6.1 模型假设

（1）一个阶段内需求量 R 是离散型随机变量，其分布概率为 p_k。
（2）货物的安全存储量为 s，货物的最大合理存储量为 S。
（3）阶段初未进货时的库存量为 w，阶段补充量为 Q，单位货物购置费为 b。
（4）单位货物的存储费为 C_1，单位货物的缺货费为 C_2，每次订货费为 C_3。

7.6.2 模型建立

设需求量 R 是一离散型随机变量，分布列为 $p_k=p(R=i_k)$，其符合 $p_k \geq 0$ 及 $\sum p_k =1$。在每一阶段初例行检查货物存量，若低于安全存储量 s 便补充货物，使存储量达到最大合理存储量 S。因此，处理需求为离散型随机变量的库存问题的关键在于确定 s、S 的值，通常可用边际分析法。

先讨论应如何确定 S，设在阶段初未进货时的库存量为 w，补充量为 Q，补充后的库存量 $y=w+Q$，若这一阶段的存储费按这一阶段末的库存量来计算，则该阶段存储费的期望值为

$$CF = \sum_{i_k \leq y} C_1 (y - i_k) \, p_k$$

假设这一阶段的缺货费也按这一阶段末的缺货量来计算，则该阶段缺货费的期望值为

$$QF = \sum_{i_k > y} C_2 (i_k - y) \, p_k$$

因此，该阶段库存费用的期望值为

$$KF = C_3 + bQ + \sum_{i_k \leq y} C_1(y - i_k)p_k + \sum_{i_k > y} C_2(i_k - y)p_k \qquad （7\text{-}45）$$

若上述库存量为 y 件是合理的，现在分析在此基础上多进一件货物是否合理。对于多进的一件货物，实际需求的概率为 $1 - \sum_{i_k \leq y} p_k$，实际滞销的概率为 $\sum_{i_k \leq y} p_k$。因此，多进一件货物的费用期望值为

$$b \left(1 - \sum_{i_k \leq y} p_k \right) + (b + C_1) \sum_{i_k \leq y} p_k$$

若不多进此件货物，则形成的缺货费期望值为

$$C_2(1 - \sum_{i_k \leqslant y} p_k)$$

若实际多进一件货物是合理的，则应存在多进一件货物的费用期望值小于或等于不进此件货物的缺货费期望值，即

$$b(1 - \sum_{i_k \leqslant y} p_k) + (b + C_1) \sum_{i_k \leqslant y} p_k \leqslant C_2(1 - \sum_{i_k \leqslant y} p_k)$$

即

$$\sum_{i_k \leqslant y} p_k \leqslant \frac{C_2 - b}{C_2 + C_1} \qquad (7\text{-}46)$$

因此，S 应是在满足上式的最大的 y 值的基础上再加 1。

下面讨论如何确定安全库存 s。设阶段初库存量为 y，且决定不进货。当该阶段的实际需求量低于 y 时，要支付存储费；当实际需求量高于 y 时，要承担缺货费。因此该阶段总费用的期望值为

$$\sum_{i_k \leqslant y} C_1(y - i_k)\, p_k + \sum_{i_k > y} C_2(i_k - y)\, p_k$$

若阶段初库存量为 y，现决定补充货物把库存量提高到 s，则该阶段库存费用的期望值为

$$C_3 + b(s - y) + \sum_{i_k \leqslant s} C_1(s - i_k)\, p_k + \sum_{i_k \leqslant s} C_2(i_k - s)\, p_k$$

若不进货的费用期望值小于或等于进货费用期望值，即以下不等式成立，则不进货是合理的：

$$\sum_{i_k \leqslant y} C_1(y - i_k)\, p_k + \sum_{i_k > y} C_2(i_k - y)\, p_k + by \leqslant C_3 + bs + \sum_{i_k \leqslant s} C_1(s - i_k)\, p_k + \sum_{i_k > s} C_2(i_k - s)\, p_k \qquad (7\text{-}47)$$

所以，s 满足上式的最小 y 值，可获得合理的经济库存。

由以上方法确定的 s、S 值为离散型需求模型的（T，s，S）存储策略。

例 7-8　某企业对某种材料的月需求量 R 的概率分布如表 7-7 所示。设每次订货费为 1 000 元，每月每件存储费为 100 元，每月每件缺货费为 3 000 元，每件材料的购置费为 1 500 元，试求 s 和 S 的值。

表 7-7　某企业对某种材料的月需求量 R 的概率分布情况

需求量 i_k（件）	100	110	120	130	140	150	160	170	190	200
概率 $p(R = i_k)$	0.02	0.03	0.05	0.10	0.20	0.20	0.10	0.05	0.03	0.02

解　观察周期为 1 个月，则

$$\frac{C_2 - b}{C_2 + C_1} = \frac{3\,000 - 1\,500}{3\,000 + 100} = 0.483\,9$$

由于

$$p(R = 100) + p(R = 110) + p(R = 120) + p(R = 130) + p(R = 140)$$
$$= 0.02 + 0.03 + 0.05 + 0.10 + 0.20$$
$$= 0.40 < 0.483\,9$$
$$p(R = 100) + p(R = 110) + p(R = 120) + p(R = 130) + p(R = 140) + p(R = 150)$$
$$= 0.02 + 0.03 + 0.05 + 0.10 + 0.20 + 0.20$$
$$= 0.60 > 0.483\,9$$

故应取 $S = 150$（件），则最大合理存储量下的库存费用为

$$C_3 + bs + \sum_{i_k \leqslant s} C_1(s - i_k) + \sum_{i_k > s} C_2(i_k - s)p_k$$

$$= 1\,000 + 1\,500 \times 150 + 100 \times (50 \times 0.02 + 40 \times 0.03 + 30 \times 0.05 + 20 \times 0.01 + 10 \times 0.20) +$$
$$3\,000 \times (10 \times 0.20 + 20 \times 0.10 + 30 \times 0.05 + 40 \times 0.03 + 50 \times 0.02)$$
$$= 249\,250$$

而在不同 s 下的费用，应分别计算当 s 取 120 件与 130 件时的费用值，并进行比较：

$$\sum_{i_k \leqslant y} C_1(y - i_k)p_k + \sum_{i_k > y} C_2(i_k - y)p_k + by$$

$$= 100 \times (20 \times 0.02 + 10 \times 0.03) + 3\,000 \times (10 \times 0.1 + 20 \times 0.2 + 30 \times 0.2 + 40 \times 0.2 +$$
$$50 \times 0.1 + 60 \times 0.05 + 70 \times 0.03 + 80 \times 0.02) + 1\,500 \times 120$$
$$= 272\,170 > 249\,250$$

$$\sum_{i_k \leqslant y} C_1(y - i_k)p_k + \sum_{i_k > y} C_2(i_k - y)p_k + by$$

$$= 100 \times (30 \times 0.02 + 20 \times 0.03 + 10 \times 0.05) + 3\,000 \times (10 \times 0.2 + 20 \times 0.2 + 30 \times 0.2 +$$
$$40 \times 0.1 + 50 \times 0.05 + 60 \times 0.03 + 70 \times 0.02) + 1\,500 \times 130$$
$$= 201\,680 < 249\,250$$

故 $s = 130$（件），即（T，s，S）存储策略为每月初观测存储量，若存储量少于 130 件，则进货补足 150 件；若存储量多于 130 件，则不必进货。

情境回放

1. 本学习情境介绍了库存的基本概念。
2. 本学习情境讨论了 ABC 库存决策的应用。
3. 本学习情境重点介绍了确定性库存模型和随机性库存模型。

自测练习

1. 简述 ABC 分类法的原理和主要步骤。

2. 某电器公司为了降低库存成本，采用了定量订货法控制库存。该公司对电磁炉的年需求量为 735 个，每次订货成本为 60 元，每年每个电磁炉的持有成本为 0.5 元。如果安全库存为 2 天，订货提前期为 5 天，请确定该产品的订货点与订货批量。

3. 某物流配送中心每天向市区配送某种货物的量为 2 吨，存储货物的费用为每天每吨 0.2 元，订购费用每次 10 元。若以一年（按 360 天计算）为一个计划期，求该存储系统的最佳订货量、最佳订货次数和计划期内的最小费用。

4. 因生产需要，某厂定期向外单位订购一种零件。这种零件平均日需求量为 100 个，每个零件一天的存储费为 0.05 元，订购一次的费用为 80 元。假定不允许缺货，求最佳订购量、订购间隔和单位时间总费用。

5. 某批发站每月需要某种产品 1 000 件，已知该产品每次的订货费用为 100 元，每件每月的存储费为 5 元，缺货每月每件损失 1 元，求最佳定货量、最小月库存费用及订货次数。

6. 某公司经理一贯采用瞬时进货、不允许缺货的方式来确定订货量，但由于市场竞争的压力，使他不得不考虑采用允许缺货策略。已知该公司对产品的需求为每年800件，每次的订货费用为150元，存储费为每年每件3元，发生短缺时的损失为每年每件20元。试分析、比较采用允许缺货的策略较原先不允许缺货策略带来的费用上的变化。

7. 甲厂从乙厂订购原料，每年订购量为3 600吨，订购一次需订购费120元；每吨原料保管一年的存储费为0.85元，每吨原料延期到货一年的缺货费用为40元。求甲厂的最佳订货量、最优缺货量、订购间隔期和单位时间总费用。

物流路径规划

情境目标

1. 理解物流路径问题的相关概念。
2. 掌握最短路径问题的数学模型及 Dijkstra 标号法和 Ford 标号法。
3. 掌握网络最大流问题的标号法算法及最小费用最大流问题的算法。
4. 掌握"中国邮递员问题"的奇偶点图上作业法和旅行商问题的基本解法。

思政融合

1. 不畏艰难、目光长远的人生信念

最短路径问题是运筹学中的一个经典问题。从起点到终点，要经过许多的中间点，在选择路径时，若每次都选择与当前点最近的中间点作为下一个迭代点，这样得到的路径往往并不是最优路径。这是因为这样的路径选择策略犯了因小失大的错误，往往会为了初始阶段的轻松容易，而失去后面更快抵达目的地的机会。最短路径问题的算法何尝不是很多人生活的真实写照，他们对自己的学习生活没有很好地规划，不懂得通过努力学习来充实自己。最优路径选择策略告诫我们，应秉持不贪图享乐、不畏艰难、目光长远的人生信念。

2. 致敬中国杰出运筹大家管梅谷、钱学森等先生

1960 年，中国数学家管梅谷先生提出"中国邮递员问题"（简称 CPP），该问题是著名的图论问题之一。经过多年的发展，我国运筹学虽然取得了长足的发展，但还是与西方先进水平存在着不少的差距。在运筹学这一学科领域，缩短与西方国家的差距并超越它们，是我国新时代大学生肩负的使命。

配货车辆路径规划

情境案例

　　某配货车辆每天都要从配送中心出发，对零售店进行配货。从配送中心到零售店有多条路线可以选择。如图 8-1 所示，用 v_1 表示配送中心所在地，每一条边代表一条交通线，其长度用边旁的数字表示，每个顶点 v_i（$i=2$，3，4，5，6）代表交通线的连接点，v_7 表示零售店所在地。

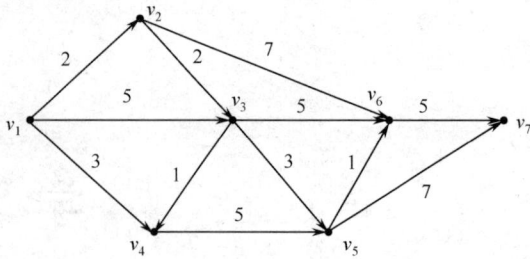

图 8-1　配送中心和零售店之间的路线分布

？思考：

配货车辆应该怎样选择路线才能使所走路径最短？

8.1　物流路径规划的基本问题

情境案例中提出的问题，是我们在物流路径规划中经常遇到的问题，解决这类问题，一般使用运筹学中的网络规划方法。网络规划为描述系统各组成部分之间的关系提供了非常有效的、直观的、概念上的帮助，被广泛应用于科学、社会和经济活动的各个领域，其研究的对象往往可以用一个网络图来表示（见图 8-1），研究目的归结为网络图的极值问题。

网络图具有如下特征。

（1）用点表示研究对象，用连线（不带箭头的边或带箭头的弧）表示对象之间的某种关系。连线是带箭头的弧，叫作有向图；连线是不带箭头的边，叫作无向图。

（2）强调点与点之间的关联关系，不讲究图的比例大小与形状。

（3）每条边上都赋有一个权，其图称为赋权图。实际中权可以代表两点之间的距离、费用、利润、时间、容量等不同的含义。

（4）建立一个网络模型，求最大值或最小值。

利用如图 8-1 所示的网络图，我们可以提出许多极值问题。

（1）将某个点 v_i 的物资或信息送到另一个点 v_j，使运送成本最小。这属于最小费用流问题。

（2）将某个点 v_i 的物资或信息送到另一个点 v_j，使流量最大。这属于最大流问题。

（3）从某个点 v_i 出发到达另一个点 v_j，通过合理安排路线使总距离最短或总费用最小。这属于最短路径问题。

（4）从某个点 v_i 出发走过其他所有点后回到原点 v_i，通过合理安排路线使总路程最短。这属于货郎担问题或旅行售货员问题。

（5）邮递员从邮局 v_i 出发要经过每一条边将邮件送到用户手中，最后回到邮局 v_i，通过合理安排路线使总路程最短。这属于"中国邮递员"问题。

8.2　最短路径问题

8.2.1　最短路径问题概述

最短路径问题是网络理论中应用最广泛的问题之一，最普遍的应用是在两个点之间寻找最短路径，许多优化问题都可以使用这个模型，如设备更新、管道铺设、线路安排、厂区布局等。

在这里我们所说的路径是一种广义的说法，它可以是"纯距离"意义上的最短路径，可以是"经济距离"意义上的最短路径，也可以是"时间"意义上的最短路径，不同意义下的距离都可以被抽象为网络图中边的权数。因此，最短路径问题就是如何从众多的线路中找出一条权数最小的线路，它是物流中最常见的问题。

8.2.2　Dijkstra 标号法

最短路径问题最好的求解方法是 1959 年 E.W.Dijkstra 提出的标号法，一般称为 Dijkstra 标号法，其优点是不仅可以求出起点到终点的最短路径及其长度，而且可以求出起点到其他任何一个顶点的最短路径及其长度。

1. Dijkstra 标号法的基本思想和基本方法

Dijkstra 标号法是求最短路径问题的一种简单、有效的算法。它的基本思想是：若某条线路是最短线路，则从这条线路的起点到该线路上的任何一个中间点的线路也必定是最短线路。

从这个基本思想出发，可以得出求最短线路的基本方法：从起点开始，在从起点到终点的所有线路上，寻找与起点构成最短线路的邻近点，起点与邻近点的线路一定是整个最短线路上的一部分；然后，以邻近点为新的起点，再找出一个与它有最短线路的邻近点，依次下去，直到终点，最后一定能得出一个从起点到终点的最短线路。

2. Dijkstra 标号法的具体计算步骤

在网络图中指定两个顶点，确定为起点和终点。首先从起点开始，给每个顶点标一个数，称为标号。这些标号又可进一步区分为 T 标号和 P 标号两种类型。其中，每个顶点的 T 标号表示从起点到该点的最短路径长度的上界，这种标号为临时标号；P 标号表示从起点到该点的最短路径长度，这种标号为固定标号。

在最短路径计算过程中，对于已经得到 P 标号的顶点，不再改变其标号；凡是没有标上 P 标号的顶点，先给它一个 T 标号，然后通过将顶点的 T 标号逐步进行修改，将其变为 P 标号。当线路上的所有点都变成 P 标号时，也就找到了最优线路。具体标号过程如下。

开始，先给 v_1 标上 P 标号，$P(v_1)=0$，其余各点标上 T 标号，$T(v_j)=+\infty$（$j\neq1$）。

（1）如果刚刚得到 P 标号的点是 v_i，考虑以 v_i 为始点的所有弧段 (v_i, v_j)，当 v_j 是 P 标号时，对 v_j 不标号；当 v_j 是 T 标号时，对 v_j 的标号进行如下修改。

$$T(v_j) = \min\{T(v_j)，P(v_i)+w_{ij}\}$$

式中，括号内的 $T(v_j)$ 是 v_j 原有的 T 标号；w_{ij} 是弧段上的数字（权数）。

（2）在现有的 T 标号中，寻找最小者，并将它改为新的 P 标号。

重复上述两步，直到所有的 T 标号都变成 P 标号。

以情境案例为例，说明具体的操作过程。

首先给 v_1 标上 P 标号，$P(v_1)=0$，表示从 v_1 到 v_1 的最短路径为零。然后给其他点（v_2，v_3，…，v_7）标上 T 标号，$T(v_j)=+\infty$（$j=2$，3，…，7）。

第一步：

（1）v_1 是刚得到 P 标号的点。因为（v_1，v_2），（v_1，v_3），（v_1，v_4）$\in E$（正向弧），而且 v_2，v_3，v_4 是 T 标号，所以修改这 3 个点的 T 标号如下。

$$T(v_2)=\min[T(v_2)，P(v_1)+w_{12}]=\min[+\infty, 0+2]=2$$
$$T(v_3)=\min[T(v_3)，P(v_1)+w_{13}]=\min[+\infty, 0+5]=5$$
$$T(v_4)=\min[T(v_4)，P(v_1)+w_{14}]=\min[+\infty, 0+3]=3$$

（2）在所有 T 标号中，$T(v_2)=2$ 最小，故令 $P(v_2)=2$。

第二步：

（1）v_2 是刚得到 P 标号的点。因为（v_2，v_3），（v_2，v_6）$\in E$，而且 v_3，v_6 是 T 标号，故修改 v_3 和 v_6 的 T 标号如下。

$$T(v_3)=\min[T(v_3)，P(v_2)+w_{23}]=\min[5, 2+2]=4$$
$$T(v_6)=\min[T(v_6)，P(v_2)+w_{26}]=\min[+\infty, 2+7]=9$$

（2）在所有的 T 标号中，$T(v_4)=3$ 最小，故令 $P(v_4)=3$。

第三步：

（1）v_4 是刚得到 P 标号的点。因为（v_4，v_5）$\in E$，而且 v_5 是 T 标号，故修改 v_5 的 T 标号如下。

$$T(v_5)=\min[T(v_5)，P(v_4)+w_{45}]=\min[+\infty, 3+5]=8$$

（2）在所有的 T 标号中，$T(v_3)=4$ 最小，故令 $P(v_3)=4$。

第四步：

（1）v_3 是刚得到 P 标号的点。因为（v_3，v_5），（v_3，v_6）$\in E$，而且 v_5 和 v_6 为 T 标号，故修改 v_5 和 v_6 的 T 标号如下。

$$T(v_5)=\min[T(v_5)，P(v_3)+w_{35}]=\min[8, 4+3]=7$$
$$T(v_6)=\min[T(v_6)，P(v_3)+w_{36}]=\min[9, 4+5]=9$$

（2）在所有的 T 标号中，$T(v_5)=7$ 最小，故令 $P(v_5)=7$。

第五步：

（1）v_5 是刚得到 P 标号的点。因为（v_5，v_6），（v_5，v_7）$\in E$，而且 v_6 和 v_7 都是 T 标号，故修改它们的 T 标号如下。

$$T(v_6)=\min[T(v_6)，P(v_5)+w_{56}]=\min[9, 7+1]=8$$
$$T(v_7)=\min[T(v_7)，P(v_5)+w_{57}]=\min[+\infty, 7+7]=14$$

（2）在所有的 T 标号中，$T(v_6)=8$ 最小，故令 $P(v_6)=8$。

第六步：

（1）v_6 是刚得到 P 标号的点。因为（v_6，v_7）$\in E$，而且 v_7 为 T 标号，故修改它的 T 标号如下。

$$T(v_7) = \min[T(v_7)，P(v_6)+w_{67}] = \min[14, 8+5] = 13$$

（2）目前只有 v_7 是 T 标号，故令 $P(v_7)=13$。

因此，从配送中心 v_1 到零售店 v_7 之间的最短路径为 $v_1 \to v_2 \to v_3 \to v_5 \to v_6 \to v_7$，最短路径长度为 13。

8.2.3 Ford 标号法

Dijkstra 标号法仅适用于线路的权数 $w_{ij} \geqslant 0$ 的情况，当 $w_{ij}<0$ 时就要使用 Ford 标号法求解，二者的标号过程基本相同，区别是 Ford 标号法的 P 标号不是永久性的标号，在标号过程中，它可以被其他数值所代替，改为 T 标号。下面以图 8-2 为例来说明 Ford 标号法的解法。

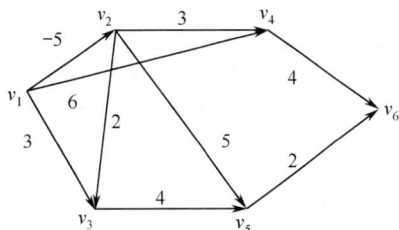

图 8-2 Ford 标号法求解示例

（1）对起点 v_1 给予 P 标号，$P(v_1) = 0$，其余各点均为 $T(v_j) = +\infty$（$j=2$，3，…，6）。

（2）考察以 v_1 为始点的弧终点 v_2、v_3、v_4，计算

$$\begin{cases} P(v_1) + w_{12} = -5 < T(v_2) = +\infty \\ P(v_1) + w_{13} = 3 < T(v_3) = +\infty \\ P(v_1) + w_{14} = 6 < T(v_4) = +\infty \end{cases}$$

所以，将 v_2、v_3、v_4 的标号分别改为 $T(v_2) = -5$、$T(v_3) =3$、$T(v_4) =6$，将其中标号最小者 v_2 的标号 $T(v_2)$ 改为 $P(v_2) = -5$。

（3）考察以新的 P 标号点 v_2 为始点的弧，弧终点分别是 v_3、v_4、v_5，计算

$$\begin{cases} P(v_2) + w_{23} = -5+2 = -3 < T(v_3) = 3 \\ P(v_2) + w_{24} = -5+3 = -2 < T(v_4) = 6 \\ P(v_2) + w_{25} = -5+5 = 0 < T(v_5) = +\infty \end{cases}$$

所以，将 v_3、v_4、v_5 的标号分别改为 $T(v_3) = -3$、$T(v_4) = -2$、$T(v_5)=0$，将其中标号最小者 v_3 的标号 $T(v_3)$ 改为 $P(v_3) = -3$。

（4）考察以新的 P 标号点 v_3 为始点的弧 (v_3, v_5)，该弧终点 v_5 的标号为 $T(v_5) = 0$，计算

$$P(v_3) + w_{35} = -3+4 = 1 > T(v_5) = 0$$

所以，v_5 的标号 $T(v_5) = 0$ 不改变。在现有的所有 T 标号中，$T(v_4)$ 最小，故改标号 $P(v_4) = -2$。

（5）考察以新的 P 标号点 v_4 为始点的弧 (v_4, v_6)，该弧终点 v_6 的标号为 $T(v_6) = +\infty$，计算

$$P(v_4) + w_{46} = -2+4 = 2 < T(v_6) = +\infty$$

所以，v_6 的标号 $T(v_6)=2$ 不改变。在现有的所有 T 标号中，仅有 $T(v_5)=0$，$T(v_6)=2$，其中 $T(v_5)$ 最小，故改标号 $P(v_5)=0$。

（6）考察 v_5，计算

$$P(v_5) + w_{56} = 0+2 = T(v_6)$$

所以，给 v_6 改标号为 $P(v_6)=2$。

至此，所有点的标号全是 P 标号，因此可求得最短线路：$v_1 \to v_2 \to v_4 \to v_6$ 或 $v_1 \to v_2 \to v_5 \to v_6$。

📝 **情境链接**

用最短路径法进行物流选址

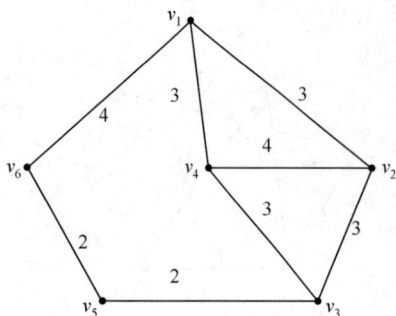

图 8-3 销售点间配送服务点的选择

例 8-1 假设某产品的 6 个销售点及其之间的公路联系如图 8-3 所示。每个顶点代表一个销售点，每条边代表连接两个销售点之间的公路，每条边旁的数字代表该条公路的长度。现在要在 6 个销售点中选取一个作为配送服务点，试问该配送服务点应该设在哪一个销售点（顶点）？

解

① 用标号法求出每个顶点 v_i 至其他各个顶点 v_j 的最短路径长度 d_{ij}（i，$j=1$，2，…，6），并将它们写成如下的距离矩阵：

$$\boldsymbol{D} = \begin{pmatrix} d_{11} & d_{12} & d_{13} & d_{14} & d_{15} & d_{16} \\ d_{21} & d_{22} & d_{23} & d_{24} & d_{25} & d_{26} \\ d_{31} & d_{32} & d_{33} & d_{34} & d_{35} & d_{36} \\ d_{41} & d_{42} & d_{43} & d_{44} & d_{45} & d_{46} \\ d_{51} & d_{52} & d_{53} & d_{54} & d_{55} & d_{56} \\ d_{61} & d_{62} & d_{63} & d_{64} & d_{65} & d_{66} \end{pmatrix} = \begin{pmatrix} 0 & 3 & 6 & 3 & 6 & 4 \\ 3 & 0 & 3 & 4 & 5 & 7 \\ 6 & 3 & 0 & 3 & 2 & 4 \\ 3 & 4 & 3 & 0 & 5 & 7 \\ 6 & 5 & 2 & 5 & 0 & 2 \\ 4 & 7 & 4 & 7 & 2 & 0 \end{pmatrix}$$

② 求每个顶点的最大服务距离。显然，它们分别是矩阵 $\boldsymbol{D}$ 中各行的最大值，即 $e(v_1)=6$、$e(v_2)=7$、$e(v_3)=6$、$e(v_4)=7$、$e(v_5)=6$、$e(v_6)=7$。

③ 判定。因为 $e(v_1)=e(v_3)=e(v_5)=\min\{e(v_i)\}=6$，所以 v_1、v_3、v_5 都是中心点。也就是说，销售点设在 v_1、v_3、v_5 中任何一个顶点上都是可行的。

例 8-2 某产品有 7 个销售点，各销售点所拥有的客户数 $a_{(vi)}$（$i=1$，2，…，7），以及各销售点之间的距离 w_{ij}（i，$j=1$，2，…，7）如图 8-4 所示。现在要在这 7 个销售点中选取一个作为配送服务点，问该配送服务点应设在哪一个销售点（顶点）？

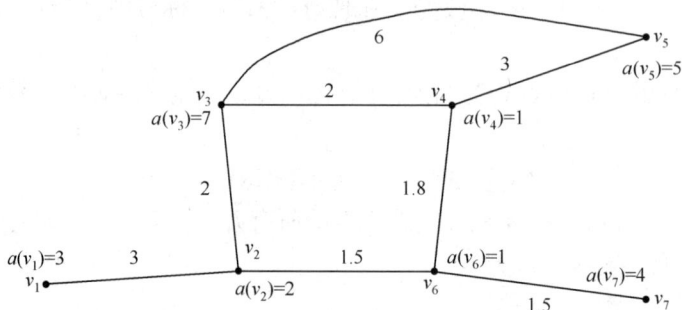

图 8-4 销售点间配送服务点的选择

解

① 用标号法求出每个顶点 v_i 至其他各个顶点 v_j 的最短路径长度 d_{ij}（ i ， j =1, 2, …, 7），并将其写成如下的距离矩阵：

$$D = \begin{pmatrix} d_{11} & d_{12} & d_{13} & d_{14} & d_{15} & d_{16} & d_{17} \\ d_{21} & d_{22} & d_{23} & d_{24} & d_{25} & d_{26} & d_{27} \\ d_{31} & d_{32} & d_{33} & d_{34} & d_{35} & d_{36} & d_{37} \\ d_{41} & d_{42} & d_{43} & d_{44} & d_{45} & d_{46} & d_{47} \\ d_{51} & d_{52} & d_{53} & d_{54} & d_{55} & d_{56} & d_{57} \\ d_{61} & d_{62} & d_{63} & d_{64} & d_{65} & d_{66} & d_{67} \\ d_{71} & d_{72} & d_{73} & d_{74} & d_{75} & d_{76} & d_{77} \end{pmatrix} = \begin{pmatrix} 0 & 3 & 5 & 6.3 & 9.3 & 4.5 & 6 \\ 3 & 0 & 2 & 3.3 & 6.3 & 1.5 & 3 \\ 5 & 2 & 0 & 2 & 5 & 3.5 & 5 \\ 6.3 & 3.3 & 2 & 0 & 3 & 1.8 & 3.3 \\ 9.3 & 6.3 & 5 & 3 & 0 & 4.8 & 6.3 \\ 4.5 & 1.5 & 3.5 & 1.8 & 4.8 & 0 & 1.5 \\ 6 & 3 & 5 & 3.3 & 6.3 & 1.5 & 0 \end{pmatrix}$$

② 以各顶点的载荷（客户数）加权，求每个顶点至其他各个顶点的最短路径长度的加权和。

$$S(v_1) = \sum_{j=1}^{7} a(v_j)\ d_{1j} = 122.3 \qquad S(v_2) = \sum_{j=1}^{7} a(v_j)\ d_{2j} = 71.3$$

$$S(v_3) = \sum_{j=1}^{7} a(v_j)\ d_{3j} = 69.5 \qquad S(v_4) = \sum_{j=1}^{7} a(v_j)\ d_{4j} = 69.5$$

$$S(v_5) = \sum_{j=1}^{7} a(v_j)\ d_{5j} = 108.5 \qquad S(v_6) = \sum_{j=1}^{7} a(v_j)\ d_{6j} = 72.8$$

$$S(v_7) = \sum_{j=1}^{7} a(v_j)\ d_{7j} = 95.3$$

③ 判断。因为

$$S(v_3) = S(v_4) = \min_{i} \sum_{j=1}^{7} a(v_j)\ d_{ij} = 69.5$$

所以，v_3 和 v_4 都是图 8-4 的中心点，即配送服务点设在销售点 v_3 或 v_4 都是可行的。

8.3　最大流问题

在许多实际的网络系统中都存在流量和最大流问题，如铁路运输系统中的车辆流、城市给排水系统中的水流等。

8.3.1　最大流的基本概念

1. 网络流

设一个赋权有向图 $G = (V, A)$ ，在 v 中指定一个发点 v_s 和一个收点 v_t ，其他的点叫作中间点。对于 G 中的每一条弧 $(v_i, v_j) \in A$ ，都有一个权 c_{ij} 叫作弧容量。我们把这样的图 G 叫作一个网络系统，简称网络，记作 $G = (V, A, C)$ 。

网络流是指在一定条件下经过一个网络的某种流在各边上的流量的集合。定义在弧集

合 A 上的一个函数 $F = \{f(v_i,\ v_j)\} = \{f_{ij}\}$，则 $f(v_i,\ v_j) = f_{ij}$ 叫作弧在（$v_i,\ v_j$）上的流量，简记为 f_{ij}。

如图 8-5 所示，（a）中的数字为弧容量，（b）中括号内的数字为弧流量。

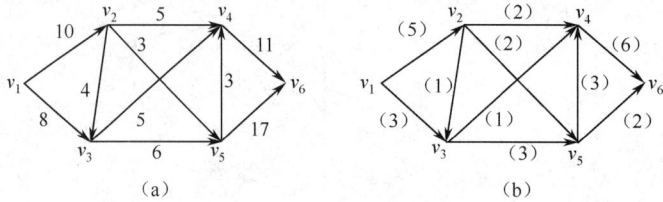

图 8-5　弧容量和弧流量

网络流的特点如下。

（1）发点的总流出量和收点的总流入量必相等。

（2）每个中间点的流入量与流出量的代数和等于零。

（3）每条弧上的流量不能超过它的最大通过能力（容量）。

2．可行流

可行流是指满足以下条件的一个网络流。

（1）容量限制条件：表示通过边的流量不能超过该边的容量。

（2）流量守恒条件：表示在每个中间点，流进与流出该点的总流量相等，即保持中间点的流量平衡。

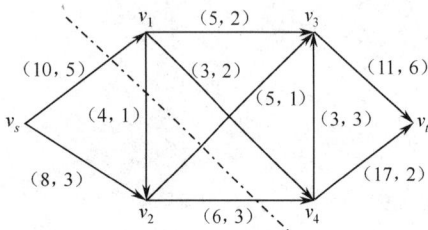

图 8-6　弧的分类

3．最大流

最大流是指在一个网络中，流量最大的可行流。

在可行流中，流量与容量相等的弧称为饱和弧；流量小于容量的弧称为不饱和弧；流量大于 0 的弧称为正弧；流量等于 0 的弧称为零弧。如图 8-6 所示，（$v_4,\ v_3$）是饱和弧，其他的弧是非饱和弧，并且都是非零弧。

4．正向弧与反向弧

正向弧是指弧的方向与链的方向一致，正向弧的全体记作 P^+。

反向弧是指弧的方向与链的方向相反，反向弧的全体记作 P^-。

图 8-6 中，在链（$v_s,\ v_1,\ v_2,\ v_3,\ v_4,\ v_t$）中，$P^+ = \{(v_s,\ v_1),\ (v_1,\ v_2),\ (v_2,\ v_3),\ (v_4,\ v_t)\}$，$P^- = \{(v_4,\ v_3)\}$。

5．增广链

增广链是指在某可行流上，沿着从始点到终点的某条链调整各弧上的流量，可以使网络的流量增大，得到一个比原可行流流量更大的可行流。

增广链必须满足以下两个条件。

（1）该链上正向弧流量小于容量，即流量可以增加。

（2）该链上反向弧流量大于 0，即流量可以减少。

例如，在图 8-6 中，链 $P = (v_s, v_1, v_2, v_3, v_4, v_t)$ 就是一条增广链。

若在网络中存在一条增广链，则表明当前可行流不是最大流，调整方法如下。

（1）沿着增广链观察，计算所有正向弧的最大可增加量（即每条正向弧容量与当前流量的差值），以及所有反向弧的最大可减少量（即反向弧上的流量），其中的最小值即为调整量 θ。

（2）令当前可行流的该增广链上的所有正向弧加上调整量，所有反向弧减去调整量。

6. 截集与截集容量

若 $A \subseteq V, s \in A, t \in V - A$，且 A 中各点不需要经由 $\overline{A}$ 中的点而均连通，则把始点在 A 中而终点在 $\overline{A}$ 中的一切弧所构成的集合，称为一个分离 v_s 和 v_t 的截集或割（cut），记作 C。某一个截集的所有弧的容量之和称为该截集的容量，简称截量，记为 $C(A, \overline{A})$。

图 8-6 中，$A = (v_s, v_2)$，则 $\overline{A} = (v_1, v_3, v_4, v_t)$，$(A, \overline{A}) = \{(v_s, v_1), (v_2, v_4), (v_2, v_3)\}$，$C(A, \overline{A}) = c_{s1} + c_{24} + c_{23} = 10+5+6=21$。

在一个网络中，截量最小的截集称为最小截集。网络中从 v_s 到 v_t 的最大流的流量等于分离 v_s 和 v_t 的最小截集的截量。这就是"最大流量—最小截量"定理，我们依此定理来求网络的最大流。

8.3.2　网络最大流的标号法

1. 最大流算法的基本思想

判别网络 N 中当前给定的流 f（初始时，取 f 为零流）是否存在增广链，若没有，则该流 f 为最大流；否则，求出 f 的改进流 f'，把 f' 看成 f，再进行判断和计算，直到找到最大流为止。

2. 算法（标号法）

这种方法分为以下两个过程：标号过程（通过标号过程寻找一条可增广轨）和调整（增流）过程（沿着可增广轨增加网络的流量）。这两个过程的步骤分述如下。

（1）标号过程。

先给发点 v_s 标号 $(0, +\infty)$，这时 v_s 是标号未检查的点，其他都是未标号点。一般取一个标号未检查点 v_i，对一切未标号点表示为 v_j。

① 若在弧 (v_i, v_j) 上，流量小于其容量，那么给 v_j 标号 $[v_i, l(v_j)]$，其中，$l(v_j) = \min[l(v_i), (c_{ij} - f_{ij1})]$。这时，$v_j$ 成为标号未检查点。

② 若在弧 (v_i, v_j) 上，流量大于零，那么给 v_j 标号 $[-v_i, l(v_j)]$，其中，$l(v_j) = \min[l(v_i), (c_{ij} - f_{ij1})]$。这时，$v_j$ 成为标号未检查点。

于是 v_i 成为标号已经检查的点。重复以上步骤，如果所有的标号都已经检查过，而标号过程无法继续进行下去，则标号结束。这时的可行流就是最大流。但是，如果 v_t 被标上号，则表示得到一条增广链 P，转入下一步调整过程。

（2）调整过程。

首先，按照 v_t 和其他点的第一个标号反向追踪，找出增广链 P。例如，令 v_t 的第一个标号为 v_k，则弧 (v_k, v_t) 在 P 上。再看 v_k 的第一个标号，若是 v_i，则弧 (v_i, v_k) 都在

P 上。依次类推，直到 v_s 为止。这时，所找出的弧就成为网络的一条增广链。取调整量 $\theta = l(v_t)$，即 v_t 的第二个标号，令

$$f'_{ij} = \begin{cases} f_{ij} + \theta, & (v_i, v_j) \in P^+ \\ f_{ij} - \theta, & (v_i, v_j) \in P^- \end{cases}$$

非增广链上的各弧流量不变。

再去掉所有的标号，对新的可行流重新进行标号，直到找到网络的最大流为止。

例 8-3 求图 8-7 中网络的最大流。

解 采用标号法。

（1）标号过程。

① 给 v_s 标号 $(0, +\infty)$。

② 观察 v_s：在弧（v_s，v_2）上，流量等于容量 3，不具备标号条件。在弧（v_s，v_1）上，流量为 1，小于容量 5，故给 v_1 标号 $[v_s, l(v_1)]$。

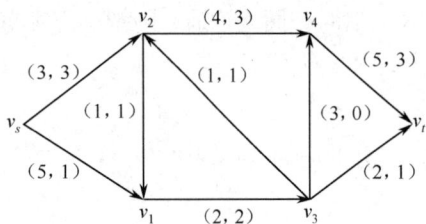

图 8-7　求解网络最大流

其中，$l(v_1) = \min[l(v_s), (c_{s1} - f_{s1})] = \min[+\infty, 5-1] = 4$。

③ 观察 v_1：在弧（v_1，v_3）上，流量等于容量 2，不具备标号条件。在弧（v_2，v_1）上，流量为 1>0，故给 v_2 标号 $[-v_1, l(v_2)]$。

其中，$l(v_2) = \min[l(v_1), f_{21}] = \min[4, 1] = 1$。

④ 观察 v_2：在弧（v_2，v_4）上，流量为 3，小于容量 4，故给 v_4 标号 $[v_2, l(v_4)]$。

其中，$l(v_4) = \min[l(v_2), (c_{24} - f_{24})] = \min[1, 1] = 1$。

在弧（v_3，v_2）上，流量为 1>0，故给 v_3 标号 $[-v_2, l(v_3)]$。

其中，$l(v_3) = \min[l(v_2), f_{32}] = \min[1, 1] = 1$。

⑤ 在 v_3、v_4 中任意选一个，如 v_3，在弧（v_3，v_t）上，流量为 1，小于容量 2，故给 v_t 标号 $[v_3, l(v_t)]$。

其中，$l(v_t) = \min[l(v_3), (c_{3t} - f_{3t})] = \min[1, 1] = 1$。因为 v_t 被标上号，故根据标号法，转入调整过程。

（2）调整过程。

从 v_t 开始，按照标号点的第一个标号，用反向追踪的方法，找出一条从 v_s 到 v_t 的增广链 P，如图 8-8 中的双箭头线所示。

不难看出，$P^+ = \{(v_s, v_1), (v_3, v_t)\}$，$P^- = \{(v_2, v_1), (v_3, v_2)\}$。

取 $\theta = 1$，在 P 上调整 f，得到 $f'_{ij} = \begin{cases} f_{s1} + \theta = 1+1 = 2 \in P^+ \\ f_{3t} + \theta = 1+1 = 2 \in P^+ \\ f_{21} - \theta = 1-1 = 0 \in P^- \\ f_{32} - \theta = 1-1 = 0 \in P^- \end{cases}$

其他的 f_{ij} 不变。

调整后的可行流如图 8-9 所示，再对这个可行流重新进行标号，寻找增广链。

首先给 v_s 标号 $(0, +\infty)$。然后观察 v_s，给 v_1 标号（v_s，3）；再观察 v_1，在弧（v_1，v_3）上，流量等于容量，在弧（v_2，v_1）上，流量为零，均不符合条件。因此，标号过程无法

继续进行下去，不存在从 v_s 到 v_t 的增广链，算法结束。此时，网络中的可行流就是最大流，最大流的流量为 3+2=5。同时，也找到最小截集 $(A, \overline{A})$，其中 $A=(v_s, v_1)$，是标号的集合，$\overline{A}=(v_2, v_3, v_4, v_t)$，是没有标号的集合。

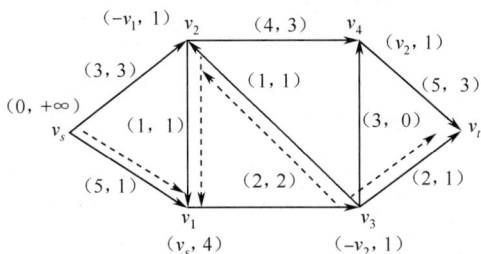

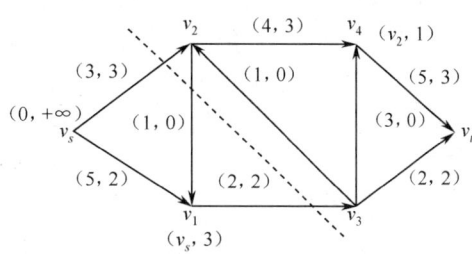

图 8-8　增广链　　　　　　　　图 8-9　调整后的可行流

8.3.3　最小费用最大流问题

在运输网络流中，设 w_{ij}、c_{ij}、f_{ij} 分别表示边 (i, j) 的单位流费用、容量和流量，且最大流的流量为 λ。所谓最小费用最大流问题，就是从发点到收点怎样以最小费用输送已知量为 λ 的总流量。

该问题的解决思路是，在求网络的最大流时，一般先从某个可行流出发，找到关于这个流的一条增广链，如此反复调整流量到最大。在这个过程中，增广链的选择是没有优先顺序的。那么，在最小费用最大流问题中，我们在寻找增广链以增加流量时，就要找到当前网络可行流中费用最小的增广链，优先安排调运，即进行流量调整；调整后，得到新的可行流，需要再寻找费用最小的增广链，优先安排调运……如此反复进行，直到找不到费用最小的增广链为止。这样得到的就是费用最小的最大流。具体步骤如下。

开始取 $f^{(0)}=0$ 为初始可行流，一般地，如果在第 $k-1$ 步得到最小费用流 $f^{(k-1)}$，则构造赋权有向图 $G=(f^{(k-1)})$，在 $G=(f^{(k-1)})$ 中，寻求从 v_s 到 v_t 的最短路径，若不存在最短路径，则 $f^{(k-1)}$ 就是最小费用最大流；若存在最短路径，则在原网络中得到相应的增广链，在增广链上对 $f^{(k-1)}$ 进行调整，调整规则参见最大流标号法。调整后得到新的可行流 $f^{(k)}$，再重复上述步骤。

下面通过例题来具体说明。

例 8-4　求图 8-10（a）的最小费用最大流。弧旁数字为 (w_{ij}, c_{ij})，当前流量为 0。

解　① 取 $f^{(0)}=0$ 为初始可行流。

② 构造赋权有向图 $G=(f^{(0)})$，寻求从 v_s 到 v_t 的最短路径 (v_s, v_2, v_1, v_t)，在其上进行调整，费用为 1+2+1=4，如图 8-10（b）所示。

③ 在原网络中这条最短路径相应的增广链 (v_s, v_2, v_1, v_t) 上进行调整，根据求网络最大流的增广链调整原则，$\theta=5$，得到新的可行流 $f^{(1)}=5$，如图 8-10（c）所示。

④ 构造当前可行流的赋权有向图 $G=(f^{(1)})$。构造规则遵循三个要点：对于零弧，流向保持不变；对于饱和弧，流向与初始方向相反；对于非零不饱和弧，构造反方向的弧。在新构造的 $G=(f^{(1)})$ 中，求出从 v_s 到 v_t 的最短路径 (v_s, v_1, v_t)，费用为 4+1=5，如图 8-10（d）所示。

⑤ 在原网络中这条最短路径相应的增广链 (v_s, v_1, v_t) 上进行调整，根据求网络最大流的增广链调整原则，$\theta=2$，得到新的可行流 $f^{(2)}=7$，如图 8-10（e）所示。

⑥ 构造当前可行流的赋权有向图 $G=(f^{(2)})$。在新构造的 $G=(f^{(2)})$ 中，求出从 v_s 到 v_t 的最短路径 (v_s, v_2, v_3, v_t)，费用为 1+3+2=6，如图 8-10（f）所示。

⑦ 在原网络中这条最短路径相应的增广链 (v_s, v_2, v_3, v_t) 上进行调整，根据求网络最大流的增广链调整原则，$\theta=3$，得到新的可行流 $f^{(3)}=10$，如图 8-10（g）所示。

⑧ 构造当前可行流的赋权有向图 $G=(f^{(3)})$。在新构造的 $G=(f^{(3)})$ 中，求出从 v_s 到 v_t 的最短路径 (v_s, v_1, v_2, v_3, v_t)，费用为 4-2+3+2=7，如图 8-10（h）所示。

⑨ 在原网络中这条最短路径相应的增广链 (v_s, v_1, v_2, v_3, v_t) 上进行调整，根据求网络最大流的增广链调整原则，$\theta=1$，得到新的可行流 $f^{(4)}=1$，如图 8-10（i）所示。

⑩ 构造当前可行流的赋权有向图 $G=(f^{(4)})$，如图 8-10(j)所示。在新构造的 $G=(f^{(4)})$ 中，不存在从 v_s 到 v_t 的最短路径，所以 $f^{(4)}$ 为最小费用最大流。

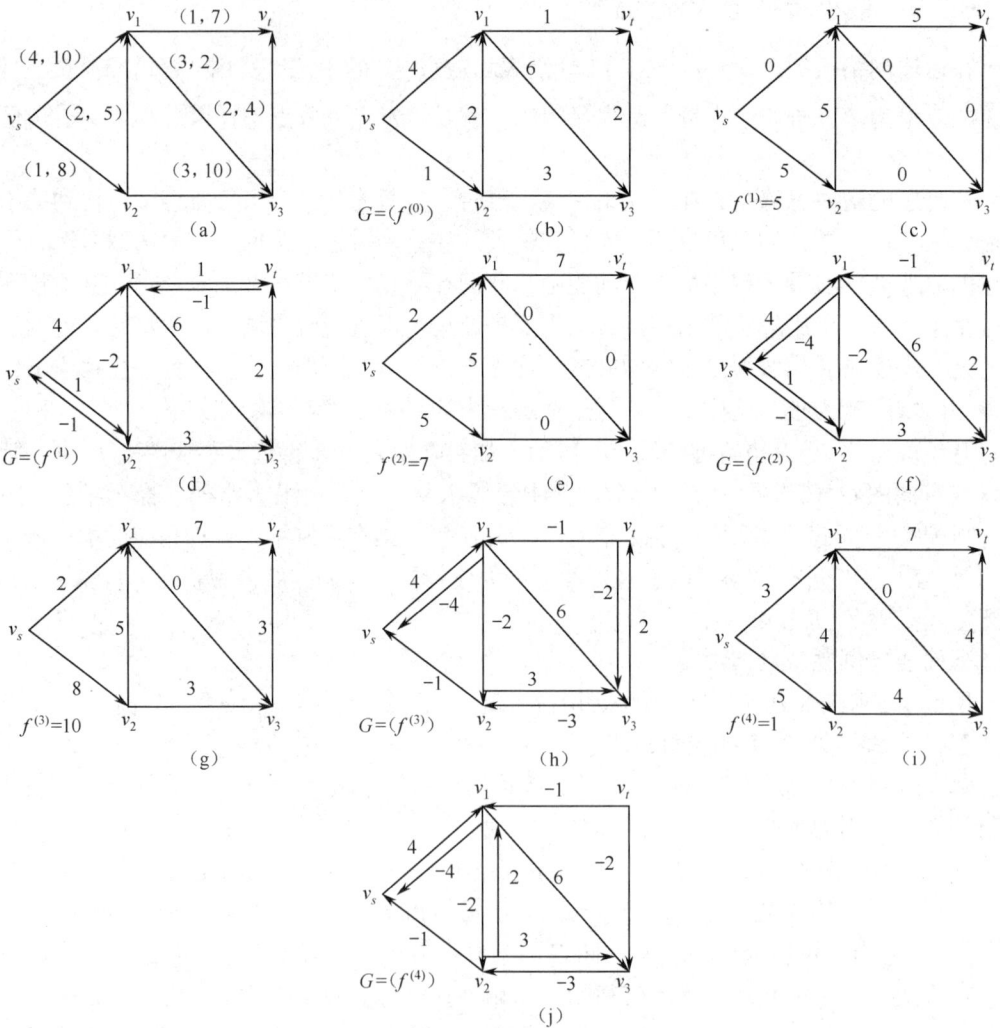

图 8-10　例 8-4 图

8.4　中国邮递员问题

"中国邮递员问题"是著名的网络论问题之一。邮递员从邮局出发开始送信，要求对辖区内每条街都至少通过一次，再返回邮局。在此条件下，怎样选择一条最短路线？此问题由中国数学家管梅谷于 1960 年首先研究并给出算法，因此在国际上通常称为"中国邮递员问题"。这个问题实际上就是一类物流配送的最短路径问题。

本节先介绍欧拉问题的基本定理，然后在此基础上探讨中国邮路问题的求解方法。

8.4.1　"一笔画"问题的基本定理

所谓"一笔画"问题，就是从某一点开始画画，笔不离纸，各条线路仅画一次，最后回到原来的出发点。俄国大数学家欧拉用一笔画来比喻著名的"哥尼斯堡气孔桥问题"。在一笔画问题中，只有始点与终点的线路是只进不出或只出不进，其他点都是一进一出，所有始点与终点都是奇点，其他点都是偶点。凡是能一笔画出的图，奇点的个数最多有两个；始点与终点重合的一笔画问题，奇点个数必是零。

连通图 G 中，若存在一条道路，经过每边一次且仅一次，则称这条路为欧拉链。若存在一个圈，经过每边一次且仅一次，则称这条圈为欧拉圈。一个图若有欧拉圈，则称为欧拉图。

定理：无向连通图 G 是欧拉图，当且仅当 G 中无奇点。

推论：无向连通图 G 有欧拉链，当且仅当 G 中恰有两个奇点。

上述定理和推论为我们提供了一个识别图能否一笔画出的较为简单的办法。

8.4.2　奇偶点图上作业法

1. 确定一个可行方案

某一邮递员负责某街区的邮件投递工作，每次都要从邮局出发，走遍他负责的所有街道，再回到邮局，如果在他负责的街道图中没有奇点，那么他所走过的线路必是欧拉图，路程最短，这就是"一笔画"问题。但在实际情况中，往往不能满足欧拉图的要求，即街道图中有奇点，这样他就必须在街道上重复一次或多次，这样的线路图就不可能通过一笔画出。

这个问题用图论语言描述：给定一个连通图 G ，每边有非负权 $W(g)$ ，要求每个圈经过每条边至少一次，且满足总权最小。如果 G 中有奇点，要求连续走过每边至少一次，必然有些边不止走过一次，这相当于在图 G 中对某些边增加一些重复边，使所得到的新图 G' 没有奇点且满足总路程最短。

如图 8-11 所示的街道布局中，有 4 个奇点 v_2 ， v_4 ， v_6 ， v_8 ，所以它不能一笔画出。当图中添加弧段（ v_1 ， v_2 ），（ v_1 ， v_4 ），（ v_6 ， v_9 ），（ v_8 ， v_9 ）之后，图中就没有奇点了，则该图可以一笔画出。例如：

$$v_1 \to v_2 \to v_3 \to v_6 \to v_9 \to v_8 \to v_7 \to v_4 \to v_1 \to v_2 \to v_5 \to v_8 \to v_9 \to v_6 \to v_5 \to v_4 \to v_1$$

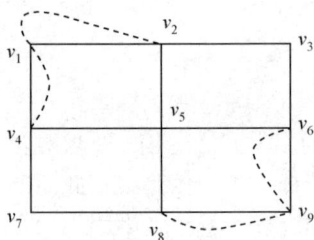

图 8-11　街道布局

这就是说，邮递员只要在添加的弧段上多走一次，就可以从邮局出发，经过各个线路段，完成任务之后，重新回到邮局。所以，求解邮递员问题，首先要确定一条行走线路。方法是在图中的奇点与奇点之间做出一条链，把链中的所有边添加到图中，使图成为欧拉图，自然就得到一条邮递员可以行走的线路。

2．对最优线路的判断

由于奇点与奇点之间增加的链有多种方式，所以首先得到的线路也许有多种表示。如何在它们之间找出最优线路来，这就需要知道如何判断最优线路。

由于任何一条可行线路的总长度都等于原线路长度与添加的线路长度之和，因此最优线路必是重复线路中具有最短线路的那一条。要求如下。

（1）每条边上最多有一条重复边。

（2）每个圈上重复边的总长度不得超过该圈长度的一半。

因为添加重复边的目的是将图中的所有奇点都变成偶点，使该图成为欧拉图，从而得到一个可行解，所以添加的重复边必须是 1 条、3 条、5 条等奇数条，将多余一条的重复边成对划去，并不影响该点的奇偶性，只会降低重复边的长度，所以在最优线路中，重复边要么没有，要么只有一条。

在一个圈上，当重复边的总长度超过了该圈总长度的一半时，说明邮递员走了远路，为什么不走没有添加重复边的另一半近的线路呢？

所以，以上两条标准是衡量最优线路的根本标准，凡是不符合其中任何一条标准的，一定不是最优解。

3．对最优线路的调整

如何从一条非最优线路开始找到一条最优线路，这是问题的关键。下面举例说明。

例 8-5　如图 8-12 所示，图中有 4 个奇点 v_2，v_4，v_6，v_8。将这 4 个奇点配对，如 v_2 和 v_6 成一对，v_4 和 v_8 成一对。任取一条连接 v_2 和 v_6 的链 $\{v_2，v_9，v_6\}$，并在图中增加该链所对应的边 $[v_2，v_9]$、$[v_9，v_6]$；同样，任取一条连接 v_8 和 v_4 的链 $\{v_8，v_9，v_4\}$，并在图中增加该链所对应的边 $[v_8，v_9]$、$[v_9，v_4]$，则该图为欧拉图，重复边长为 16。

在图 8-12 中，有重复边的圈为 $\{v_1，v_2，v_9，v_8，v_1\}$，总长度为 3+4+4+2=13，重复边长为 4+4=8>13/2，所以将该圈的重复边调整为该圈的其他边长，如图 8-13 所示；重复边长为 2+3=5<13/2，符合条件（2），无须调整线路。

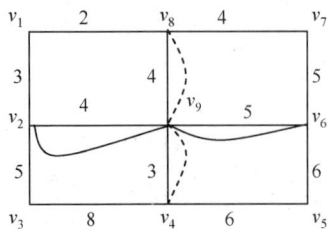

图 8-12　例 8-5 图（1）

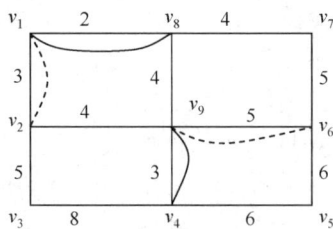

图 8-13　例 8-5 图（2）

图 8-12 中另一个有重复边的圈为 $\{v_4, v_5, v_6, v_9, v_4\}$，总长度为 6+6+3+5=20，重复边长为 3+5=8<20/2，符合条件（2），无须调整线路，所以图 8-13 中的线路就是最短线路。

选择最短线路的方法可以归结为下面三句话：

先分奇点和偶点，奇点分对连；

每条连线仅一条，多余要去完；

每圈所有连线长，不得过半圈。

8.4.3　旅行商问题

旅行商问题又称货郎担问题，也是最基本的路线问题，该问题是在寻求单一旅行者从起点出发，通过所有给定的需求点之后，再回到原点的最小路径成本。最早的旅行商问题的数学规划是由 Dantzig（1959）等提出的。旅行商问题在物流中的描述是，对应一个物流配送公司，欲将 n 个客户的订货沿最短路线全部送到，如何确定最短路线。此类问题规则虽然简单，但在地点数目增多后求解却极为复杂。一般当地点数量不太多时，利用动态规划方法求解最方便。下面举例说明。

例 8-6　求解 4 个城市旅行推销员问题，其距离矩阵如表 8-1 所示，推销员从城市 1 出发，经过每个城市一次且仅有一次，最后回到城市 1，问按照怎样的路线走，能使总的行程距离最短？

表 8-1　各城市间距离状况

i j	城市 1	城市 2	城市 3	城市 4
城市 1	0	8	5	6
城市 2	6	0	8	5
城市 3	7	9	0	5
城市 4	9	7	8	0

解　按顺序解法的思路求解如下。

① 从城市 1 开始，中间经过一个城市到达某城市 i 的最短距离分别是：

当 $i=2$ 时，经过城市 3 的最短距离是 $d_{132}=d_{13}+d_{32}=$5+9=14；

当 $i=2$ 时，经过城市 4 的最短距离是 $d_{142}=d_{14}+d_{42}=$6+7=13；

当 $i=3$ 时，经过城市 2 的最短距离是 $d_{123}=d_{12}+d_{23}=$8+8=16；

当 $i=3$ 时，经过城市 4 的最短距离是 $d_{143}=d_{14}+d_{43}=$6+8=14；

当 $i=4$ 时，经过城市 2 的最短距离是 $d_{124}=d_{12}+d_{24}=$8+5=13；

当 $i=4$ 时，经过城市 3 的最短距离是 $d_{134}=d_{13}+d_{34}=$5+5=10。

② 从城市 1 开始，中间经过两个城市（顺序随意）到达某城市 i 的最短距离分别是：

当 $i=2$ 时，经过城市 3、4 的最短距离 $d_{1[34]2}=\min[d_{134}+d_{42},\ d_{143}+d_{32}]=$[10+7,14+9]=17，线路为 1→3→4→2；

当 $i=3$ 时，经过城市 2、4 的最短距离 $d_{1[24]3}=\min[d_{124}+d_{43},\ d_{142}+d_{23}]=$[13+8,13+8]=21，

线路为 1→2→4→3 或者 1→4→2→3；

当 i =4 时，经过城市 2、3 的最短距离 $d_{1[23]4}$ = min[d_{123} + d_{34}， d_{132} + d_{24}] =[16+5，14+5]=19，线路为 1→3→2→4；

③ 从城市 1 开始，中间经过 3 个城市（顺序随意）回到城市 1 的最短距离 $d_{1[234]1}$ = min[$d_{1.342}$ + d_{21}， $d_{1.243}$ + d_{31}， $d_{1.324}$ + d_{41}] =min[17+6，21+7，19+9]=23。

由此可知，推销员的最短旅行路线是 1→3→4→2→1，最短总距离是 23。

8.5　Excel 上机操作

8.5.1　用 Excel 求解最短路径问题

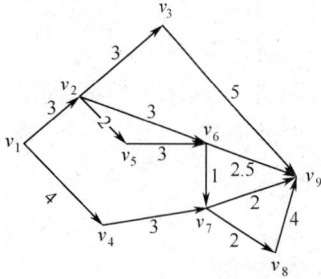

图 8-14　公路网

有 9 个城市 v_1, v_2, …, v_9，其公路网如图 8-14 所示，弧旁数字是该段公路的长度。有一批货物要从 v_1 运到 v_9，问走哪条路最短？

（1）按照图 8-14 在相应的单元格内输入文本，按照表 8-2 在相应的单元格内输入公式。

表 8-2　单元格内的公式

J14	=SUM（C14:J14）	D22	=SUM（C14:C21）	D24	=K15
J15	=SUM（C15:J15）	E22	=SUM（D14:D21）	E24	=K16
J16	=SUM（C16:J16）	F22	=SUM（E14:E21）	F24	=K17
J17	=SUM（C17:J17）	G22	=SUM（F14:F21）	G24	=K18
J18	=SUM（C18:J18）	H22	=SUM（G14:G21）	H24	=K19
J19	=SUM（C19:J19）	I22	=SUM（H14:H21）	I24	=K20
J20	=SUM（C20:J20）	J22	=SUM（I14:I21）	J24	=K21
J21	=SUM（C21:J21）	K22	=SUM（J14:J21）	K24	=K14

（2）规划求解参数设置如图 8-15 所示。

图 8-15　规划求解参数设置

其中，可变单元格为\$C\$14，\$E\$14，\$D\$15，\$F\$15，\$G\$15，\$J\$16，\$H\$17，\$G\$18，\$H\$19，\$J\$19，\$I\$20，\$J\$20，\$J\$21，如图 8-16 所示，并将矩形区域中的其他单元格（底色为浅绿色）设置为 0，在"选项"中选取"假定非负"和"采用线性模型"，在约束条件中还要将所有可变单元格设置为 0–1 变量。

（3）得到结果，如图 8-17 所示。

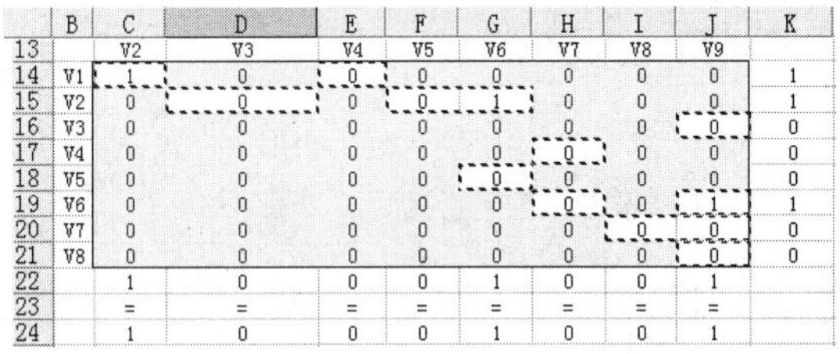

图 8-16　可变单元格

图 8-17　结果显示

8.5.2　用 Excel 求解最大流问题

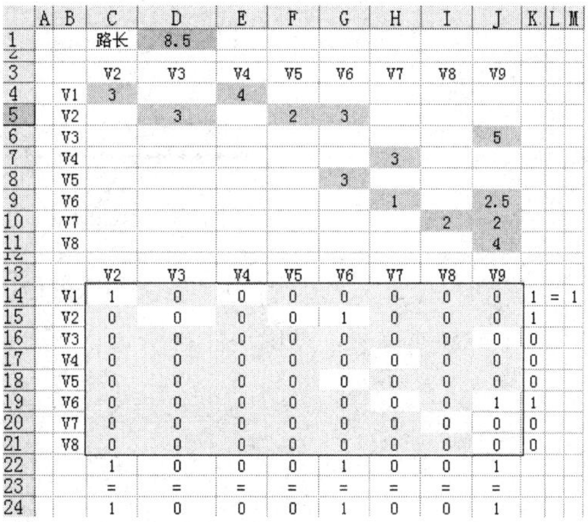

求如图 8-18 所示的网络最大流（弧旁的数字是该弧的容量和实际流量）。

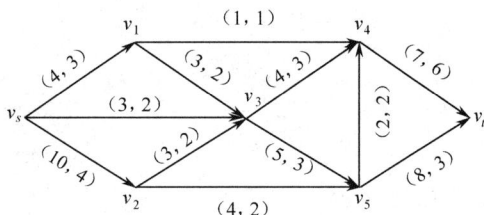

图 8-18　网络最大流求解

（1）按照图 8-18 在相应的单元格内输入文本，按照表 8-3 在相应的单元格内输入公式。

表 8-3　单元格内的公式

单元格	公　式	单元格	公　式	单元格	公　式
I11	=SUM（C11:H11）	C17	=SUM（C11:C16）	C19	=I12
I12	=SUM（C12:H12）	D17	=SUM（D11:D16）	D19	=I13
I13	=SUM（C13:H13）	E17	=SUM（E11:E16）	E19	=I14
I14	=SUM（C14:H14）	F17	=SUM（F11:F16）	F19	=I15
I15	=SUM（C15:H15）	G17	=SUM（G11:G16）	G19	=I16
I16	=SUM（C16:H16）	H17	=SUM（H11:H16）	H19	=I11

（2）规划求解参数设置如图 8-19 所示。

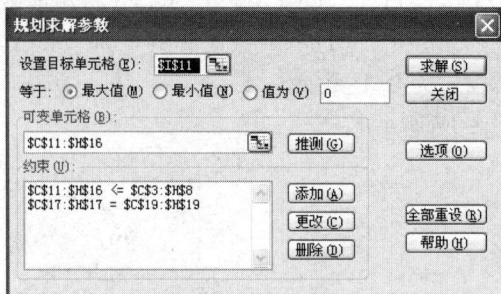

图 8-19　规划求解参数设置

其中，在“选项”中选取“假定非负”和“采用线性模型”。

（3）得到结果，如图 8-20 所示。

	A	B	C	D	E	F	G	H	I	J
1										
2		容量	V_1	V_2	V_3	V_4	V_5	V_t		
3		Vs	4	10	3	0	0	0		
4		V_1	0	0	3	1	0	0		
5		V_2	0	0	3	0	4	0		
6		V_3	0	0	0	4	5	0		
7		V_4	0	0	0	0	0	7		
8		V_5	0	0	0	2	0	8		
9									始点的发出量	
10		实际流量	V_1	V_2	V_3	V_4	V_5	V_t		
11		Vs	4	7	3	0	0	0	14	
12		V_1	0	0	3	1	0	0	4	
13		V_2	0	0	3	0	4	0	7	
14		V_3	0	0	0	4	5	0	9	
15		V_4	0	0	0	0	0	7	7	
16		V_5	0	0	0	2	0	7	9	
17			4	7	9	7	9	14	终点的流入量	
18			=	=	=	=	=	=		
19			4	7	9	7	9	14	始点的发出量	
20										

图 8-20　最大流计算结果显示

情境回放

1. 通过情境案例引出物流路径规划的 5 类基本问题。

2. 最短路径问题是如何从众多的线路中找出一条权数最小的线路，它是物流中最常见的问题。最短路径问题一般采用 Dijkstra 标号法和 Ford 标号法求解。

情境链接中用最短路径法进行物流选址，实际上是最短路径问题的一个扩充，需要分别求出各点间的最短距离。

3. 在许多实际的网络系统中都存在流量和最大流问题，最大流算法的基本思想是，通过判别网络当前给定的流是否存在增广链来判断其是否为最大流。

最小费用最大流问题是在最大流问题的基础上增加了一个费用变量，主要是指从发点到收点怎样以最小费用输送已知的总流量。该问题的解决思路是，在求网络的最大流时，从某个可行流出发，找到关于这个流的一条增广链，如此反复调整流量到最大。

4. "中国邮递员问题"实际上是一类物流配送的最短路径问题。解决此类问题，一般是在了解欧拉问题的基本定理的基础上，利用奇偶点图上作业法来求解。

5. 在 Excel 中可以运用"求解工具-规划求解"来解决最短路径和最大流问题。

自测练习

1. 求图 8-21 中起点到终点的最短线路。

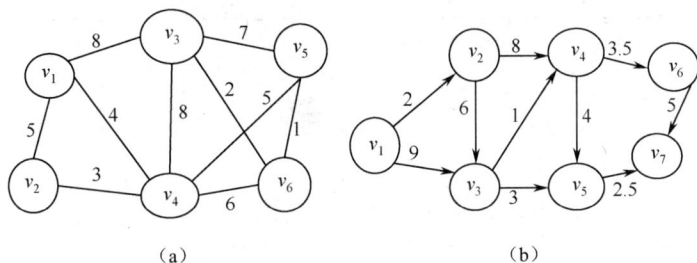

（a）　　　　　　　　　　　　（b）

图 8-21　求解最短线路

2. 求图 8-22 中网络的最大流与最小截集。弧旁数字为该弧的容量。

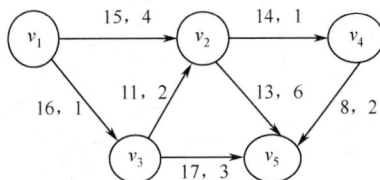

3. 求图 8-23 中网络的最小费用最大流。

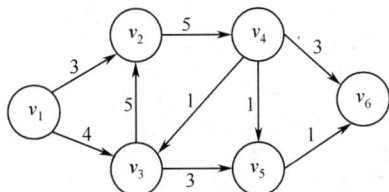

图 8-22　求解最大流、最小截集　　　　　图 8-23　求解最小费用最大流

4. 求图 8-24 中所示的邮递员问题的最佳投递线路（@表示邮局）。

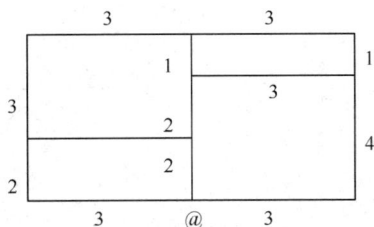

图 8-24　求解最佳投递线路

5. 求解下列城市旅行推销员问题，其距离矩阵如表 8-4 所示，设推销员从城市 1 出发，经过每个城市一次且仅有一次，最后回到城市 1，问走怎样的路线可使总的行程最短？

表 8-4 各城市间距离状况

j \ i	城市 1	城市 2	城市 3	城市 4	城市 5
城市 1	0	10	20	30	40
城市 2	12	0	18	30	21
城市 3	23	9	0	5	15
城市 4	34	32	4	0	16
城市 5	45	27	11	10	18

物流网络计划

情境目标

1. 理解网络计划中网络图等相关概念。
2. 掌握网络图的绘制方法。
3. 理解网络图中关键路线的概念，并会计算网络图中的时间参数。
4. 掌握网络优化的原则及其具体应用。

思政融合

1. 认识团队统筹合作的重要性

计算网络关键路线时，各工序的时间参数计算是紧密联系的，若某个关键工序拖期，就会影响整个项目团队的进度。在项目团队、生产车间、建设工地上，各个班组任务的分配、各种机械设备的调度、工期进度的统筹等，处处都需要用到网络计划技术，各工序、班组、团队之间必须前后协调一致，高度契合。2020 年年初新冠疫情暴发期间，中国 10 天就建造了具有千张床位的高标准火神山、雷神山两所医院，被全世界称为"中国奇迹"。这离不开党和国家的高度重视与正确领导、全国人民的殷切期盼及深情嘱托，更加离不开建设者整齐划一、合作团结、整体筹谋、雷厉风行的工作作风。

2. 培养系统协调、多边互赢的思维

时间—费用优化，时间—资源优化都是系统协调和多边思考的问题。在工作过程中，很多时候需要进行团队协助，但是各个团队之间会存在利益冲突，必须强调突出整体性、系统性和协调性，各团队之间应该凝聚共识、共谋互赢、共话发展。

情境案例

物流工程网络计划

某项物流工程由表 9-1 中缩写的工序组成。

表 9-1　工序关系

工　序	紧 前 工 序	工序时间（天）
a	—	10

工　　序	紧 前 工 序	工序时间（天）
b	—	20
c	a	5
d	c	8
e	b、c	12
f	d	30
g	e、f	15

续表（位于表格右上方）

？思考：

根据表中资料画出该物流工程的流程图，并确定关键路线。

9.1　网络计划概述

情境案例所示是一个典型的物流网络计划问题，它是一种帮助人们分析工序活动规律，提示任务内在矛盾的科学方法。不管在工序中还是生活中，每个人都会面临多项任务，只有了解这些任务的内在关系，才能更好地统筹安排这些任务，最终找到一个最好的解决方案，达到效率最优或收益最大。网络计划还提供了一套编制和调整计划的完整技术——网络计划技术。网络计划技术是以工序所需时间为时间因素，用描述工序之间相互联系的网络和网络时间的计算，反映整个工程或任务的全貌，并在规定条件下，全面筹划、统一安排，来寻求达到目标的最优方案的计划技术。

网络计划技术主要用来计划工程项目，并对整个过程进行有序控制，它起始于20世纪50年代末。1956年，美国杜邦公司在制定企业不同业务部门的系统规划时，制订了第一套网络计划。这种计划借助网络来表示各项工序与所需要的时间，以及各项工序之间的相互关系，通过网络分析研究工程费用与工期的相互关系，并找出在编制计划及计划执行过程中的关键路线，这种方法称为"关键路线法"（CPM）。1958年，美国海军武器部在制订研制"北极星"导弹计划时，同样应用了网络分析方法与网络计划，但它更注重对各项工序安排的评价和审查，这种计划称为"计划评审法"（PERT）。鉴于这两种方法的差别，关键路线法主要应用于以往在类似工程中已取得一定经验的承包工程，计划评审法则更多地应用于研究与开发项目。苏联、日本、英国在工程中也普遍应用了网络计划技术。

20世纪60年代初期，中国著名数学家华罗庚将网络计划方法引入我国。1964年，他以国外的关键路线法和计划评审法为核心，进行提炼加工，将其通俗形象化，提出了中国式的统筹方法，并于1965年在《人民日报》发表了《统筹方法平话》一文（后于1966年出版了修订本《统筹方法平话及补充》一书）。

总之，网络计划技术在不断发展并完善，已经被多个国家公认为当前行之有效的管理方法。网络计划技术的应用范围广泛，无论在哪个领域，都可以依据网络计划技术进行有效安排，从而降低成本，提高效率。

9.2 网络图的绘制

网络计划技术的核心是网络图，它提供了一种描述计划任务中各项活动（工艺或组织）相互间逻辑关系的图解模型。网络图是一种类似流程图的箭线图，它描绘了项目所包含的各种活动的先后次序，标明每项活动的时间或费用成本。管理者可以借助网络图辨认出项目中关键的环节，并比较不同方法的成本和进度，选择最优的方案执行，达到效率最高或效益最优。

网络图把施工过程中的各有关工作组成了一个有机的整体，能全面、明确地表达出各项工作开展的先后顺序，并反映各项工作之间的相互制约和相互依赖的关系；能进行各种时间参数的计算；在名目繁多、错综复杂的计划中找出决定工程进度的关键工作，便于计划管理者集中力量抓住主要矛盾，确保工期，避免盲目施工；能从许多可行方案中选出最优方案；在计划的执行过程中，某一工作由于某种原因推迟或提前完成时，可以预见到它对整个计划的影响程度，而且能够根据变化了的情况，迅速进行调整，保证自始至终地对计划进行有效的控制与监督；利用网络计划中反映出的各项工作的时间储备，可以更好地调配人力、物力，以达到降低成本的目的；更重要的是，它的出现与发展使现代化的计算工具——电子计算机在建筑施工计划管理中得以应用。

9.2.1 网络图中的元素

网络图是由很多元素构成的。在了解网络图之前，让我们先来了解可能构成一个网络图的各种元素。

1. 工序

任何一个项目计划都包含许多项待完成的工序，这些待完成的工序就构成了网络图中的一种元素类型，称为工序（活动、施工过程、施工项目）。这些工序需要在人力、财力、物力的投入下，经过一段时间才能够完成。具体将这个过程反映到网络图中，即工序用箭线表示，箭尾表示工序的开始，箭头表示工序的完成；箭头的方向表示工序的前进方向（从左向右）；工序的名称或内容可以写在箭线的上面，工序的持续时间可以写在箭线的下面。例如，耗时 8 天的设计工序在网络图中的表示方法如图 9-1 所示。

2. 虚工序

虚工序是用来表明工序之间的逻辑关系的，不消耗资源，也不占用时间，用虚箭线表示。设立虚工序是由于工序之间的逻辑关系有些复杂，仅仅依靠工序这一元素无法将所有工序之间的逻辑关系表示完整。虚工序是虚构出来的，只为了表示清楚工序之间的顺序、逻辑关系，故虚工序没有名称，持续时间为 0，可以写在虚箭线下面，如图 9-2 所示。

3. 事项

事项是用来连接各个工序，将所有工序连成一体，从而表示整个项目过程的符号。每个事项都意味着一个或几个工序的结束，同时也是其他一些工序开始的标志，这意味着前后工序的交接，因此事项也称节点。在网络图中，事项用圆圈表示，圆圈中编写整数号码，称为事项编号，用于区别不同的事项，如图 9-3 所示。

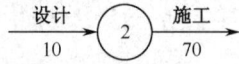

| 图 9-1 设计工序 | 图 9-2 虚工序 | 图 9-3 事项的表示方法 |

从图 9-3 中可以看出，事项 2 是设计工序的结束，也是施工工序的开始。完成了设计工序，才能够进入施工环节。

9.2.2 网络图中工序之间可能存在的关系

网络图是用来描述整个工序进程中各个工序之间相关关系的，所以要画出正确的网络图，必须先弄清楚工序之间的关系。总的来说，工序之间可能存在的关系有 4 种。

1. 紧前工序

紧前工序是描述两个工序之间的逻辑关系的。如果工序 a 是工序 b 的紧前工序，就表明工序 a 完成后才有可能进行工序 b。工序 a 在开工顺序上早于工序 b 且是工序 b 开工的必要条件。例如，建造一栋房子，有两道工序——设计和工程建设。在进行工程建设前，必须先将整个房子的构造、样式设计出来，我们就称设计这道工序是工程建设这道工序的紧前工序，如图 9-4 所示。

2. 紧后工序

紧后工序是同紧前工序相对的。工序 a 是工序 b 的紧前工序，那么工序 b 必然就是工序 a 的紧后工序。不论是紧前工序还是紧后工序，它们所涉及的两个工序之间的逻辑关系是一定的。例如，在图 9-4 中，设计是工程建设的紧前工序，则工程建设是设计的紧后工序，两者描述的逻辑关系是一样的。

3. 平行工序

平行工序是指能同时进行的工序，它们在时间段上是一致的，逻辑关系是平行不悖的，通常紧前工序相同的工序之间就是平行工序的逻辑关系。例如，建造好房子后，还需要安装电器、安装管道和进行室内装修，由于这三个工序是可以同时进行的，因此它们互为平行工序，如图 9-5 所示。

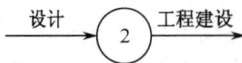

图 9-4 紧前工序在网络图中的画法

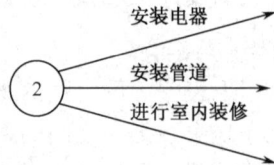

图 9-5 平行工序的画法

4. 交叉工序

交叉工序是指工序与工序可以相互交替进行。在项目进行过程中，为了加快项目进程，在条件允许时，常常在一道工序未全部完成时，就开始其紧后工序。两道或两道以上工序交叉进行，即为交叉工序。例如，某高速公路工程中的勘测、设计、施工三道工序，本来的顺序应该是勘测—设计—施工，但是为了加快速度，可以将三道工序人为地分为几部分，交叉进行，以节省时间。交叉工序如图 9-6 所示。

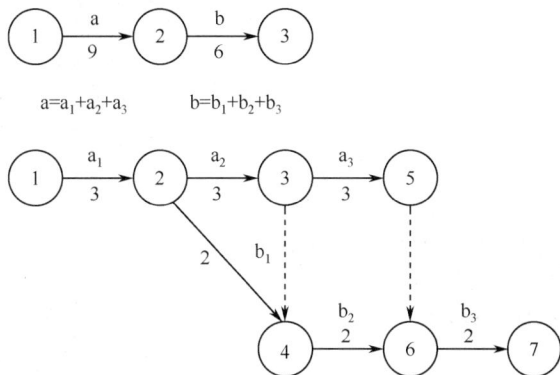

图 9-6　交叉工序

为了赶工，将工序 a 分阶段拆分为三道工序，将工序 b 也拆分为三道工序，这样在中间阶段，就可以同时进行工序 a 和工序 b，既节省了时间，又加快了工程进度。

9.2.3　网络图的绘制原则

一张正确的网络图，不但需要明确地表达出工序的内容，而且要准确地表达出各项工序之间的先后顺序和相互关系，在这个过程中，还必须遵守一定的规则。具体来说，主要有以下规则需要遵循。

（1）不得有两个及以上的箭线同时从一个事件发出且同时指向另一个事件，如图 9-7 所示的画法是错误的。

（2）网络图上不得存在闭合回路，如图 9-8 所示的画法是错误的。

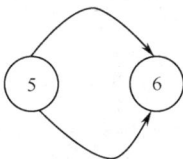

图 9-7　网络图错误画法（1）

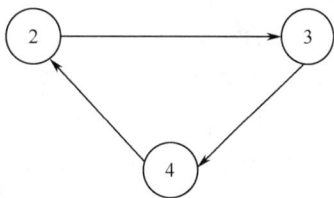

图 9-8　网络图错误画法（2）

（3）一个网络图只能有一个事项表示整个计划的开始点，同时也只能有一个事项表示整个计划的完成点。所有没有紧前工序的工序都从一个事项出发，所有没有紧后工序的工序最终都将指向最后的事项。例如，在一个项目中，有三个工序需要完成，分别是工序 a、工序 b 和工序 c，工序 a、工序 b 没有紧前工序，工序 c 是工序 b 的紧后工序，则网络图如图 9-9 所示。

（4）除第一个事项及最后一个事项外，所有其他事项都必然是至少一个工序的开始，也必然是至少一个工序的结束。如果不是，则网络图一定是错误的。如图 9-10 所示的画法就是错误的。

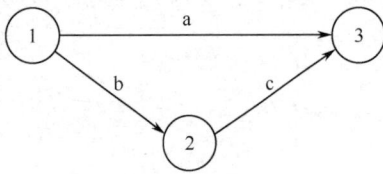

图 9-9　网络图正确画法

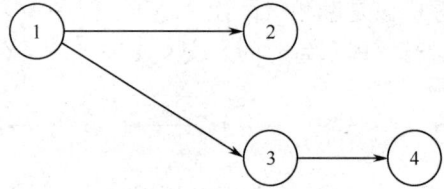

图 9-10　网络图错误画法（3）

（5）网络图的绘制力求简单明了，箭线最好画成水平线或具有一段水平线的折线；箭线尽量避免交叉；尽可能将关键路线布置在中心位置。

9.2.4　网络图的绘制步骤

绘制网络图可以分为以下几个步骤。

（1）分解项目，先将整个项目切分为多道工序。

（2）根据各个工序之间的逻辑关系及绘图基本原则，绘制网络图。

（3）给网络图中的事项编号。

步骤（1）的工序需要统筹安排的工序人员完成。在本书中，不考虑步骤（1），直接研究步骤（2）和步骤（3）。下面举例说明网络图的绘制。

例 9-1　已知某项目由 5 道工序 a、b、c、d、e 组成，它们之间的关系如表 9-2 所示。试绘制其网络图。

表 9-2　工序关系

工　序	a	b	c	d	e
紧前工序	—	—	a、b	b	d

解　根据表 9-2，可以分步绘制网络图。

① 表 9-2 中，工序 a、工序 b 没有紧前工序，即这两个工序在项目开始时即可同时进行，故从一个事项出发画出工序 a 及工序 b，如图 9-11 所示。

② 工序 a、b 是工序 c 的紧前工序，即工序 a、b 完成后，可以进行工序 c，但因工序 a、b 结束点不一致，故需要添加虚工序。将工序 a 连着的事项作为工序 c 的起点，则可以表示出工序 a 是工序 c 的紧前工序。添加工序 b 结束的事项到工序 a 结束的事项的虚工序，则虚工序可以视作工序 b 的延伸，虚工序的结束意味着工序 b 的结束。这样表示，即可说明工序 b 也是工序 c 的紧前工序，如图 9-12 所示。

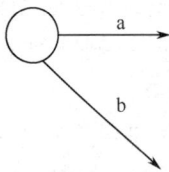

图 9-11　网络图绘制（1）

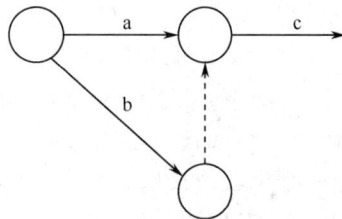

图 9-12　网络图绘制（2）

③ 工序 d 的紧前工序是工序 b，则从工序 b 结束的事项出发画出工序 d 即可，如图 9-13 所示。

④ 工序 d 是工序 e 的紧前工序，则从工序 d 结束的事项出发画出工序 e，且工序 e、c 都没有紧后工序，则可将两个工序结束点归为同一事项，如图 9-14 所示。

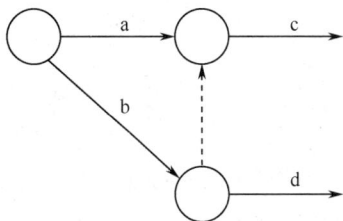

图 9-13　网络图绘制（3）　　　　图 9-14　网络图绘制（4）

⑤ 给各事项编号，最终形成网络图，如图 9-15 所示。

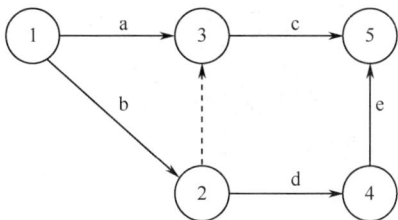

图 9-15　网络图绘制（5）

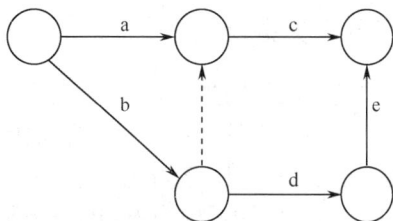

总之，在绘制网络图的过程中，一定要弄清楚各个工序之间的逻辑关系，并参照网络图的绘制规则来进行绘制。掌握了以上两点，必然能够正确绘制出网络图。对于复杂的网络图，也可以先画草图，在草图中可以多画几条虚工序，把工序与工序之间的逻辑关系理顺之后，再看是否能够省去一些不必要的虚工序。

情境链接

本节中介绍的网络图的绘制为双代号网络图绘制法。除此之外，还有一种绘制网络图的方法，即单代号网络图绘制法。单代号网络图也是由许多节点和箭线组成的，在表现方式上和双代号网络图没有什么不同。不同点是在网络图中，每个符号代表的意义不同。在双代号网络图中，箭线表示工序，事项连接各个工序，表示工序之间的先后关系；而在单代号网络图中，事项表示工序，箭线仅表示各项工序之间的逻辑关系，与双代号网络图恰好相反。另外，两者的绘图规则也有少许不同。在单代号网络图中，当有多项起始工作或多项结束工作时，应在网络图的两端分别设置一项虚拟的工序，作为网络图的起点和终点。

9.3　网络图的关键路线及时间参数

绘制出网络图后，即可根据网络图进行分析判断，考察各个工序之间的关系及时间耗费，并依据分析做出最佳的安排。在项目中，有一个因素是进行分析判断时需要着重注意的，那就是时间的控制，不仅包括对整个项目完成的时间的控制，还包括对不同阶段各个工序时间上的控制。时间不仅关系到能否如期完成项目，还影响着项目的成本，所以本节将重点讲述时间参数。

9.3.1　关键路线

路线是指网络图中自网络始点开始，顺着箭线的方向，经过一系列连续不断的工序和事项直至网络终点的通道。一条路线上各项工序的时间之和是该路线的总长度。在一个网络图中有很多条路线，其中总长度最长的路线称为"关键路线"（Critical Path），关键路线上的各事件为关键事件，关键事件的周期等于整个工程的总工期，总工期记为 T。

有时一个网络图中的关键路线不止一条，即若干条路线长度相等。除关键路线外，其他路线统称为非关键路线。关键路线并不是一成不变的，在一定的条件下，关键路线与非关键路线是可以相互转化的。例如，采取一定的技术组织措施，缩短关键路线上的作业时间，就可能使关键路线发生转移，即原来的关键路线变成非关键路线，与此同时，原来的非关键路线变成关键路线。

下面我们以情境案例为例说明关键路线的解决方法。

解　根据表 9-1，可以画出工程网络图，如图 9-16 所示。

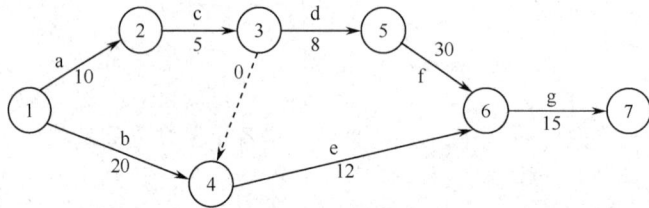

图 9-16　工程网络图

从图中，可以看到从起点到终点有三条路线：

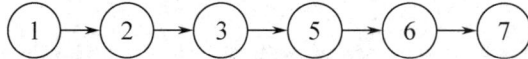

总长度为 10+5+8+30+15=68。

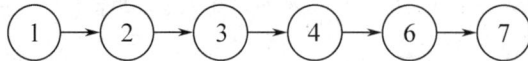

总长度为 10+5+0+12+15=42。

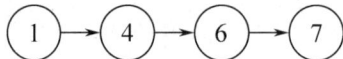

总长度为 20+12+15=47。

三条路线中，长度最长的是第一条，所以可以判定第一条路线为关键路线。在项目进行过程中，它决定着完工的时间。因此，要想尽快完成项目，关键路线上的每道工序必须严格按照既定的计划执行，每道关键工序完成后，应立即进入紧后工序的实施阶段，这样才能够保证在总工期内完成项目。

9.3.2 时间参数

网络图是确定各工序逻辑顺序的，绘制网络图后，就要根据网络图进行施工。而项目的完成时间关系甚大，所以要弄明白以下几个时间参数。

1. 工序的最早可能开始和最早可能结束时间

某项工序的最早开始时间等于该工序箭尾节点的最早可能开始时间，也等于其紧前工序最早结束时间；而它的最早可能结束时间等于它的最早可能开始时间加上工序的持续时间。所以，只要能够计算出工序的最早可能开始时间，就可以计算出最早可能结束时间。先来考察工序最早可能开始时间。

工序最早可能开始时间记为 $T_{ES}(i,j)$，其中 i 为工序开始时的事项编号，j 为工序结束时的事项编号。根据定义，可知：

$$T_{ES}(i,j)=0 \tag{9-1}$$

处于中间的每道工序要想开始，那么必须等到它所有的紧前工序都结束以后才可以，即紧前工序结束的最晚时间就是这道工序开始的最早时间。而每道紧前工序结束的时间即为紧前工序最早开始的时间加上这一道工序持续的时间。一般情况下，用公式表示为

$$T_{ES}(i,j)=\max\{T_{ES}(k,j)+t(k,i)\} \quad k<i \tag{9-2}$$

因为网络图中可能会出现虚工序，所以式（9-2）就不适用。

工序最早可能结束时间记为 $T_{EF}(i,j)$，则

$$T_{EF}(i,j)=T_{ES}(i,j)+t(i,j) \tag{9-3}$$

根据 $T_{ES}(i,j)$ 算出即可。如果在题目中要求算出工序的最早可能结束时间，那么可以先求出每道工序的最早可能开始时间，然后加上每道工序的持续时间即可。

例 9-2 设某物流工程的网络图如图 9-17 所示（时间单位为天）。试计算工序的最早可能开始时间 T_{ES} 和最早可能结束时间 T_{EF}。

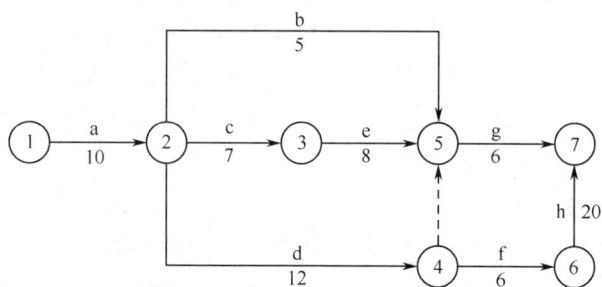

图 9-17 某工程网络图

解 根据图 9-17，可知：

a 工序的最早可能开始时间为 $T_{ES}(1,2)=0$；

a 工序的最早可能结束时间为 $T_{EF}(1,2)=T_{ES}(1,2)+t(1,2)=0+10=10$；

b 工序的最早可能开始时间为 $T_{ES}(2,5)=T_{ES}(1,2)+t(1,2)=0+10=10$；

b 工序的最早可能结束时间为 $T_{EF}(2,5)=T_{ES}(2,5)+t(2,5)=10+5=15$；

c 工序的最早可能开始时间为 $T_{ES}(2,3)=T_{ES}(1,2)+t(1,2)=0+10=10$；

c 工序的最早可能结束时间为 $T_{EF}(2,3) = T_{ES}(2,3) + t(2,3) = 10 + 7 = 17$ ；

d 工序的最早可能开始时间为 $T_{ES}(2,4) = T_{ES}(1,2) + t(1,2) = 0 + 10 = 10$ ；

d 工序的最早可能结束时间为 $T_{EF}(2,4) = T_{ES}(2,4) + t(2,4) = 10 + 12 = 22$ 。

从网络图上可以看到，工序 b、c、d 的紧前工序同为工序 a，三者互为平行工序，从平行工序的定义及计算结果来看，平行工序的最早开工时间是相同的，且同紧前工序 a 的最早可能结束时间保持一致。在以后的计算过程中，可以充分利用这些规律。

e 工序的最早可能开始时间为 $T_{ES}(3,5) = T_{EF}(2,3) = 17$ ；

e 工序的最早可能结束时间为 $T_{EF}(3,5) = T_{ES}(3,5) + t(3,5) = 17 + 8 = 25$ ；

f 工序的最早可能开始时间为 $T_{ES}(4,6) = T_{EF}(2,4) = 22$ ；

f 工序的最早可能结束时间为 $T_{EF}(4,6) = T_{ES}(4,6) + t(4,6) = 22 + 6 = 28$ 。

一方面，从网络图上来看，工序 b、e、d 同为工序 g 的紧前工序，一个虚工序可以看作工序 d 的延伸，因为网络图中可能会出现虚工序，所以式（9-2）就不适用，只需遵循"工序的最早开始时间为工序所有紧前工序最早开始时间和该紧前工序持续时间之和最大的时间"即可；另一方面，紧前工序的最早结束时间也是紧前工序的最早开工时间加上工序持续时间。所以：

g 工序的最早可能开始时间为 $T_{ES}(5,7) = \max\{T_{EF}(2,5), T_{EF}(3,5), T_{EF}(2,4)\} = \max\{15, 25, 22\} = 25$ ；

g 工序的最早可能结束时间为 $T_{EF}(5,7) = T_{ES}(5,7) + t(5,7) = 25 + 6 = 31$ ；

h 工序的最早可能开始时间为 $T_{ES}(6,7) = T_{EF}(4,6) = 28$ ；

h 工序的最早可能结束时间为 $T_{EF}(6,7) = T_{ES}(6,7) + t(6,7) = 28 + 20 = 48$ 。

2．工序的最迟必须开始和最迟必须结束时间

某项工序的最迟必须开始和最迟必须结束时间是指在不影响计划总工期的情况下各工序开始时间和结束时间的最后期限。某工序的最迟必须结束时间等于该工序箭头连接事项的最迟必须开始时间，而某工序的最迟必须结束时间减去工序的持续时间即为最迟必须开始时间。

因为由关键路线决定的总工期不变，所以，对于关键路线上的工序，最迟必须开始时间即为最早开始时间，最迟必须结束时间即为最早结束时间，即关键路线上的工序的安排只有一种，就是严格按照工期一道工序接着一道工序进行，这样才是最优的。

不管是工序的最迟必须开始时间还是最迟必须结束时间，都要保证总工期不变。所以，从项目进行的过程来说，要想总工期不受影响，则至少与最后一个事项连接的工序最迟必须结束时间必然要等于总工期。工序最迟必须开始时间记为 $T_{LS}(i, j)$ ，其中 i 为工序开始时的事项编号， j 为工序结束时的事项编号， $T_{LF}(i, j)$ 为工序的最迟必须结束时间，即最后一个事项编号为 n ，相邻事项编号分别为 m_1 ， m_2 ， $\cdots$ ， m_i ，则有

$$T_{LF}(m_i, n) = T \tag{9-4}$$

对于工序的最迟必须开始和必须结束时间可以采取逆推的方式，先找出在总工期不变的情况下最后一道工序的最迟必须结束时间，然后递推出其他工序的最迟必须结束时间；再根据某工序的最迟必须结束时间减去工序的持续时间，求出工序的最迟必须开始时间。从定义上来看，工序的最迟必须结束时间必然不会超过它所有紧后工序的最迟必须开始时间。则根据定义有

$$T_{\mathrm{LF}}(i,j) = \min\{T_{\mathrm{LS}}(j,k)\} \qquad j < k \qquad\qquad （9\text{-}5）$$

$$T_{\mathrm{LS}}(i,j) = T_{\mathrm{LF}}(i,j) - t(i,j) \qquad i < k \qquad\qquad （9\text{-}6）$$

其中，工序 $(i) \longrightarrow (j)$ 为工序 $(j) \longrightarrow (k)$ 的紧前工序，后者为前者的紧后工序。

在实际的案例中，求解工序的最迟必须结束时间和最迟必须开始时间的步骤如下。

（1）求出关键路线，以及总工期 T。

（2）根据式（9-4）、式（9-5）和式（9-6）进行计算。

以例 9-2 为例，计算各道工序的最迟必须结束时间和最迟必须开始时间。

解　根据网络图，共有如下 4 条路线：

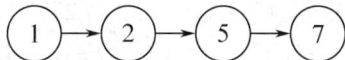

$$(1) \longrightarrow (2) \longrightarrow (5) \longrightarrow (7)$$

总长度为 10+5+6=21。

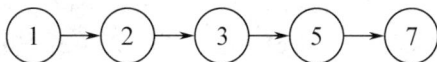

$$(1) \longrightarrow (2) \longrightarrow (3) \longrightarrow (5) \longrightarrow (7)$$

总长度为 10+7+8+6=31。

$$(1) \longrightarrow (2) \longrightarrow (4) \longrightarrow (5) \longrightarrow (7)$$

总长度为 10+12+0+6=28。

$$(1) \longrightarrow (2) \longrightarrow (4) \longrightarrow (6) \longrightarrow (7)$$

总长度为 10+12+6+20=48。

则第 4 条路线为关键路线，且 $T = 48$。

根据公式有：

工序 h 的最迟必须结束时间为 $T_{\mathrm{LF}}(6,7) = 48$；

工序 h 的最迟必须开始时间为 $T_{\mathrm{LS}}(6,7) = T_{\mathrm{LF}}(6,7) - t(6,7) = 48 - 20 = 28$；

也即工序 h 的最迟必须结束时间为第 48 天，工序 h 的最迟必须开始时间为第 28 天。

工序 g 的最迟必须结束时间为 $T_{\mathrm{LF}}(5,7) = 48$；

工序 g 的最迟必须开始时间为 $T_{\mathrm{LS}}(5,7) = T_{\mathrm{LF}}(5,7) - t(5,7) = 48 - 6 = 42$；

也即工序 g 的最迟必须结束时间为第 48 天，工序 g 的最迟必须开始时间为第 42 天。

工序 f 的最迟必须结束时间为 $T_{\mathrm{LF}}(4,6) = T_{\mathrm{LS}}(6,7) = 28$；

工序 f 的最迟必须开始时间为 $T_{\mathrm{LS}}(4,6) = T_{\mathrm{LF}}(4,6) - t(4,6) = 28 - 6 = 22$；

工序 e 的最迟必须结束时间为 $T_{\mathrm{LF}}(3,5) = T_{\mathrm{LS}}(5,7) = 42$；

工序 e 的最迟必须开始时间为 $T_{\mathrm{LS}}(3,5) = T_{\mathrm{LF}}(3,5) - t(3,5) = 42 - 8 = 34$；

工序 d 的最迟必须结束时间为 $T_{\mathrm{LF}}(2,4) = \min\{T_{\mathrm{LS}}(5,7), T_{\mathrm{LS}}(4,6)\} = 22$；

工序 d 的最迟必须开始时间为 $T_{\mathrm{LS}}(2,4) = T_{\mathrm{LF}}(2,4) - t(2,4) = 22 - 12 = 10$；

工序 c 的最迟必须结束时间为 $T_{\mathrm{LF}}(2,3) = T_{\mathrm{LS}}(3,5) = 34$；

工序 c 的最迟必须开始时间为 $T_{\mathrm{LS}}(2,3) = T_{\mathrm{LF}}(2,3) - t(2,3) = 34 - 7 = 27$；

工序 b 的最迟必须结束时间为 $T_{\mathrm{LF}}(2,5) = T_{\mathrm{LS}}(5,7) = 42$；

工序 b 的最迟必须开始时间为 $T_{\mathrm{LS}}(2,5) = T_{\mathrm{LF}}(2,5) - t(2,5) = 42 - 5 = 37$；

工序 a 的最迟必须结束时间为 $T_{\mathrm{LF}}(1,2) = \min\{T_{\mathrm{LS}}(2,3), T_{\mathrm{LS}}(2,4), T_{\mathrm{LS}}(2,5)\} = 10$；

工序 a 的最迟开始时间为 $T_{\mathrm{LS}}(1,2) = T_{\mathrm{LF}}(1,2) - t(1,2) = 10 - 10 = 0$。

3．工序的总时差

时差是针对工序来讲的，总时差就是工序在最早开始时间至最迟开始时间之间所具有的机动时间，也可以说，是在不影响计划总工期的条件下，各工序所具有的机动时间。工序 $i \longrightarrow j$ 的总时差记为 $R(i,j)$，且 $R(i,j) = T_{LS}(i,j) - T_{ES}(i,j)$。

对例 9-2 来说：

工序 a 的总时差为 $R(1,2) = T_{LS}(1,2) - T_{ES}(1,2) = 0 - 0 = 0$；

工序 b 的总时差为 $R(2,5) = T_{LS}(2,5) - T_{ES}(2,5) = 37 - 10 = 27$；

工序 c 的总时差为 $R(2,3) = T_{LS}(2,3) - T_{ES}(2,3) = 27 - 10 = 17$；

工序 d 的总时差为 $R(2,4) = T_{LS}(2,4) - T_{ES}(2,4) = 10 - 10 = 0$；

工序 e 的总时差为 $R(3,5) = T_{LS}(3,5) - T_{ES}(3,5) = 34 - 17 = 17$；

工序 f 的总时差为 $R(4,6) = T_{LS}(4,6) - T_{ES}(4,6) = 22 - 22 = 0$；

工序 g 的总时差为 $R(5,7) = T_{LS}(5,7) - T_{ES}(5,7) = 42 - 25 = 17$；

工序 h 的总时差为 $R(6,7) = T_{LS}(6,7) - T_{ES}(6,7) = 28 - 28 = 0$。

最后确定关键工作为工序 a、d、f、h。

根据结果，可以看出非关键路线上每道工序的总时差总为正数，有着一定的机动范围。关键路线上的每道工序，它们的总时差都为 0，也即非关键路线上工序的开始和结束时间有一定的选择性，项目负责人可以根据具体的情况来安排，这就为降低成本、提高效率提供了契机。

4．事项（节点）时间参数

（1）事项的最早时间 $t_E(i)$。

它的计算是从始点开始，自左至右逐个节点向前计算，直至最后一个节点为止。若节点只有一个箭线进入，箭头节点的最早开始时间等于箭尾节点的最早时间与活动延续时间的和；若节点有数个箭线进入，则对每个箭线都做如上计算后，从中选最大值作为该节点的最早时间。依然以例题 9-2 为例。

从节点①开始：

$t_E(1) = 0$；

$t_E(2) = t_E(1) + t(1,2) = 0 + 10 = 10$；

$t_E(3) = t_E(2) + t(2,3) = 10 + 7 = 17$；

$t_E(4) = t_E(2) + t(2,4) = 10 + 12 = 22$。

如果在该节点结束的工序有两个或以上，节点最早时间应选取箭尾最早时间与箭线时间之和最大者。

图中在节点（事项）⑤结束的活动有 (2,5)，(3,5)，(4,5) 三条箭线，则计算结果为

$t_E(5) = \max\{[t_E(2) + t(2,5)], [t_E(3) + t(3,5)], [t_E(4) + t(4,5)]\} = \max\{[10+5], [17+8], [22+0]\} = 25$。

在节点⑥：

$t_E(6) = t_E(4) + t(4,6) = 22 + 6 = 28$。

在节点⑦结束的活动有 (5,7)，(6,7)，其计算结果为

$t_E(7) = \max\{[t_E(5) + t(5,7)], [t_E(6) + t(6,7)]\} = \max\{[25+6], [28+20]\} = 48$。

现将计算结果写入该节点的□内，如图 9-18 所示。

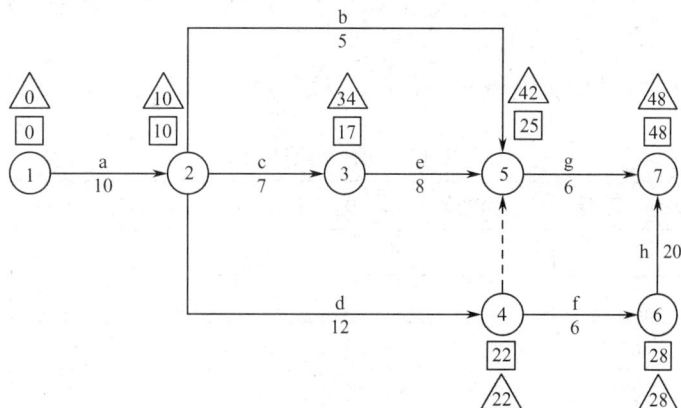

图 9-18 工程网络节点时间参数图

（2）事项的最迟时间 $t_L(j)$。

它的计算是从终点（最后的节点）开始，自右向左逐个节点后退计算，直至最前一个节点（始点）为止。

一条箭线尾部节点的最迟时间，由它的箭头节点的最迟时间减去箭线时间来确定。若节点只有一个箭线尾部，则节点最迟结束时间为箭头节点的最迟结束时间减去箭线时间；若节点有数个箭尾，对每条箭线都做如上计算后，取其中最小的作为该节点的最迟结束时间。还是以例题 9-2 为例。

因终点的最迟时间就等于最早时间，即 $t_L(n)=t_E(n)$，也就是工程的总工期最后节点（即终点）编号的时间。在此网络中：$t_L(7)=t_E(7)=48$。

在节点⑥：$t_L(6)=t_L(7)-t(6,7)=48-20=28$。

在节点⑤：$t_L(5)=t_L(7)-t(5,7)=48-6=42$。

在节点④：$t_L(4)=\min\{[t_L(6)-t(4,6)],[t_L(5)-t(4,5)]\}=\min\{[28-6],[42-0]\}=22$。

在节点③：$t_L(3)=t_L(5)-t(3,5)=42-8=34$。

在节点②：$t_L(2)=\min\{[t_L(5)-t(2,5)],[t_L(3)-t(2,3)],[t_L(4)-t(2,4)]\}=\min\{[42-5],[34-7],[22-12]\}=10$。

在节点①（始点）：$t_L(1)=t_L(2)-t(1,2)=10-10=0$。

将计算结果填入图 9-18 各节点的△内。

（3）节点的时差。

由以上计算得到节点或事项的时间参数 $t_E(i)$、$t_L(j)$ 计算节点的时差：

$$节点 i 的时差 = t_L(j)-t_E(i)$$

节点时差表明进入该节点的各项活动，在不影响其紧后工序开工的前提下，最迟可延长多少时间再完工，时差为 0 的节点叫关键节点。图 9-18 中得到了关键节点，并且已经得到了关键路线。

为直观起见，将事项最早时间 $t_E(i)$ 用□在图上标出，最迟时间 $t_L(j)$ 用 △ 在图上标出，如图 9-18 所示。

总时差为 0 的工序称为关键工序，当□和△中的两个数据相同时，说明该工序的总时差为 0，图 9-18 中相应的工序 a、d、f、h 为关键工序；由关键工序组成的路线为关键路线，则图中的关键路线为①→②→④→⑥→⑦。

例 9-3 某项目作业明细如表 9-3 所示，根据表中数据完成如下工作。

表 9-3　项目作业明细

工　序	紧前工序	工序时间（天）	工　序	紧前工序	工序时间（天）
a	—	6	g	a、b	10
b	—	9	h	e、f	12
c	a	13	i	d、h	8
d	c	5	j	i	17
e	c	16	k	h、g	20
f	a、b	12	l	g	25

（1）绘制项目网络图，并在图上计算各工序的最早开始和最迟开始时间。

（2）指出项目的关键工序和关键路线。

（3）求项目的完工时间。

解　（1）根据表 9-3，可以直接画出网络图，如图 9-19 所示。

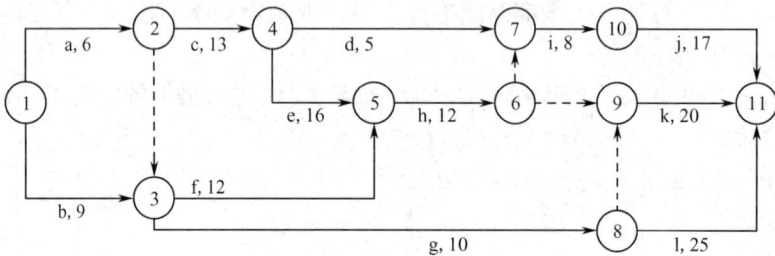

图 9-19　项目网络图

（2）将工序的最早开始时间 $T_{ES}(i,j)$ 用□在图上标出，最迟开始时间 $T_{LS}(i,j)$ 用△在图上标出，如图 9-20 所示。

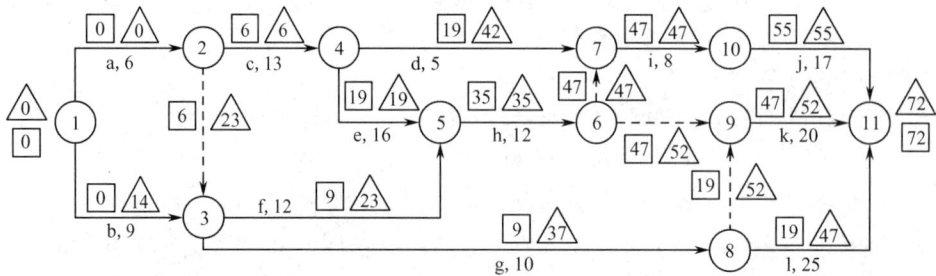

图 9-20　工序的最早开始时间和最迟开始时间

188

根据总时差为 0，判断关键工序为 a、c、e、h、i、j，关键路线为①→②→④→⑤→⑥→⑦→⑩→⑪。

（3）事项⑪的最迟结束时间或最早开始时间即为工程的完工时间：72 天。

9.4 网络计划优化

网络计划优化，就是在满足一定条件的情况下，利用时差来平衡时间、资源与费用三者的关系，寻求工期最短、费用最低、资源利用最好的网络计划过程。但是，目前还没有能使这三个因素同时优化的数学模型。能进行的网络计划优化是时间优化、时间—费用优化和时间—资源优化。

9.4.1 时间优化

时间优化就是不考虑人力、物力、财力资源的限制，只是单纯追求完工的速度。这种情况通常发生在任务紧急、资源有保障的情况下。由于项目所花费的时间主要是由关键路线上活动的时间所决定的，因此进行时间优化，必然是要压缩关键路线所耗费的时间。

一般来说，网络计划的时间优化可按下列步骤进行。

（1）确定初始网络计划的关键路线及总工期。

（2）按时间要求计算应缩短的时间。

（3）选择应缩短时间的关键工序。选择压缩工序时宜在关键工序中考虑下列因素：缩短持续时间对质量和安全影响不大的工序，缩短有充足备用资源的工序，缩短持续时间所需增加的费用最少的工序。

（4）将所选定的关键工作的持续时间压缩至要求的时间，并重新确定计算工期和关键路线。若原来的关键路线依旧是关键路线，则到此为止；若不是，则应该继续下一步。

（5）重复上述（2）~（4），直至计算工期满足所要求的工期或计算工期已不能再缩短为止。

（6）当所有关键工作的持续时间都已达到其能缩短的极限而寻求不到继续缩短工期的方案，但网络计划的计算工期仍不能满足要求的工期时，应对网络计划的原技术方案、组织方案进行调整，或者对要求的工期重新进行审定。

由于压缩了关键路线上活动的时间，会导致原来不是关键路线的路线成为关键路线。若要继续缩短工期，就要在所有关键路线上赶工或进行平行交叉作业。随着关键路线的增多，压缩工期所付出的代价就会变大。因此，单纯地追求工期最短而不顾资源的消耗一般来说是不可取的，只有在特殊情况下才可以使用。

例 9-4 某物流工程的网络图如图 9-21 所示，图中括号里面的数值代表工序最短耗时，单位为天。工序 a 每赶工一天，则完成工序 a 的总费用增加 5 万元；工序

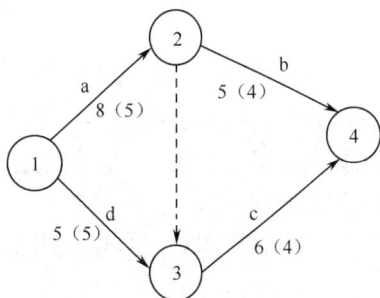

图 9-21 工程网络图

b 每赶工一天，则完成工序 b 的总费用增加 3 万元；工序 c 每赶工一天，则完成工序 c 的总费用增加 4 万元。如果要求在 12 天内完工，应该如何安排？

解 根据网络图判断关键路线为

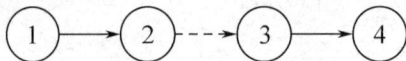

$$① \rightarrow ② \dashrightarrow ③ \rightarrow ④$$

工期为 8+6=14>12，需要赶工 2 天。关键路线上有工序 a、c，两者可以缩短的工期分别为 3 天和 2 天，都大于或等于 2 天，而从费用上来说，工序 c 赶工所增加的费用低，故选择缩短工序 c，时间为 2 天，增加费用 8 万元。

此时，再次计算，关键路线更新为

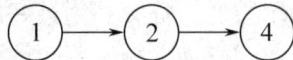

$$① \rightarrow ② \rightarrow ④$$

工期为 8+5=13>12，依旧需要赶工 1 天。工序 a、b 都可以缩短 1 天，从费用上来说，工序 b 赶工增加的费用低，故选择工序 b，可缩短 1 天，增加费用 3 万元。

此时，再次计算，工期即为 12 天，满足要求，且比正常工作多支出 11 万元。

9.4.2 时间—费用优化

时间—费用优化就是在使工期尽可能短的同时，也使费用尽可能少。能够实现时间—费用优化的原因是，工程总费用可以分为直接费用和间接费用两部分，这两部分费用随工期变化而变化的趋势是相反的，这样就有了在缩短工期的情况下反而降低费用的可能。要对工程进行时间—费用优化必须综合考虑直接费用和间接费用，弄清两者的联系，才能找到最佳的安排。

直接费用是指能够直接计入成本计算对象的费用，如直接工人工资、原材料费用等。直接费用随工期的缩短而增加。一项活动如果按正常工作进度进行，耗费时间称为正常时间，记为 T_1，所需费用称为正常费用，记为 C_1。若增加直接费用投入，就可以缩短这项活动所需的时间，但活动所需时间不可能无限缩短。例如，加班加点，一天也只有 24 小时，生产设备有限，投入更多的人力也不会增加产出。赶工时间条件下活动所需最少时间为极限时间，记为 T_2，相应所需费用为极限费用，记为 C_2。直接费用与活动时间之间的关系如图 9-22 所示。

为简化处理，可将时间—费用关系视为一种线性关系。在线性假定条件下，活动每缩短 1 个单位时间所引起的直接费用增加称为直接费用变化率，记为 e。

$$e = \frac{C_2 - C_1}{T_1 - T_2} \tag{9-7}$$

间接费用 C_3 是与整个工程有关的、不能或不宜直接分摊给某一活动的费用，包括工程管理费用、拖延工期罚款、提前完工的奖金、占用资金应付利息等。间接费用与工期成正比关系，即工期越长，间接费用越高，反之则越低。通常将间接费用与工期的关系作为线性关系处理。

工程总费用 C、直接费用 C_1、间接费用 C_3 与工期的关系如图 9-23 所示。

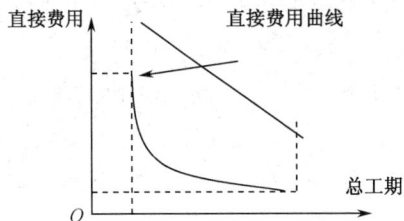

图 9-22　直接费用与活动时间之间的关系

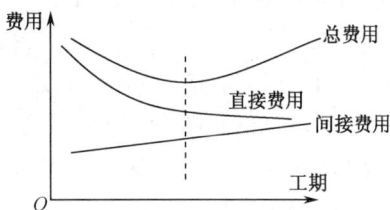

图 9-23　总费用、直接费用、间接费用与工期的关系

从图 9-23 中可以看到，总费用先随工期缩短而降低，然后又随工期进一步缩短而上升。总费用的这一变化特点告诉人们，其间必经过一个最低点，在此点上费用达到最低，且工期也不长，其他点上工期短的费用高，工期长的费用也比它高，所以在该点上，时间和费用达到最优的组合。该点所对应的工期就是最佳工期。

时间—费用优化的过程，就是寻求总费用最低的过程。时间—费用优化点总费用最低，其他情况下费用都相对高。所以，判断工程安排是否达到时间—费用最优，可以从费用这个角度来考察。若缩短工期，导致总费用减少，即 $\Delta C_1 + \Delta C_3 < 0$，那么说明还有优化的空间，应当进一步缩短工期，直到总费用变为增加为止。

例 9-5　某工程的网络图如图 9-24 所示，工程相关资料如表 9-4 所示。若工程在 15 天内完成，则奖励 6 000 元，若在 18 天内完成则奖励 4 000 元。试问如何安排能够达到最优？

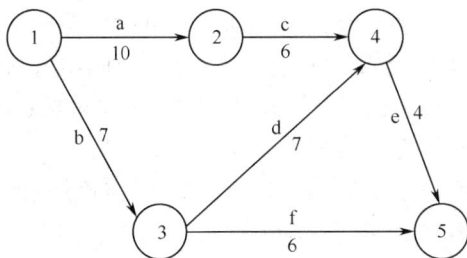

图 9-24　某工程网络图

表 9-4　工程相关资料

工　序	可缩短时间（天）	每赶工一天增加的直接费用（元）
a	2	2 000
b	1	3 000
c	3	1 500
d	0	—
e	1	3 000
f	1	2 000

解　根据网络图，可知关键路线为 ①→②→④→⑤，总工期为 20 天。

如果缩短工期，则必然会增加直接费用，但是，工程进度快，则会通过获得奖励的情况降低间接费用。现在就考察为获得奖励而进行赶工的情况下总费用的变化。由于间接费用的变化起点在工期为 15 天、18 天，故考察工期为 15 天、18 天的情况即可。

若赶工，在 18 天完成，则需要赶工 2 天。关键路线上工序 a、c、e 分别可以赶工 2 天、3 天、1 天，所增加的直接费用中，工序 c 的最少，所以工序 c 赶工 2 天，增加直接费用 $1\,500 \times 2 = 3\,000$（元），获得奖励 4 000 元。此时，关键路线未变，总工期为 18 天，总费用比正常工作时减少 1 000 元。

若赶工，在 15 天完成，则需要赶工 5 天。关键路线上工序 a、c、e 分别可以赶工 2 天、3 天、1 天，所增加的直接费用中，工序 c 的最少，所以工序 c 赶工 3 天，工序 a 增加直接费用次之，则继续赶工 2 天，共增加 $1\,500 \times 3 + 2\,000 \times 2 = 8\,500$（元）。此时，关键路线已经改变，工期为 16 天，所以新的关键路线上仍需要进行赶工，才能够在 15 天内完工。所获奖励 6 000 元不能弥补赶工带来的直接费用的增加，故在 15 天完工不是最优的选择。

由以上分析可知，时间—费用最优的安排是 18 天完工，工序 c 赶工 2 天。

9.4.3　时间—资源优化

资源是为完成任务所需的人力、材料、机械设备和资金等的统称。一个部门或单位在一定时间内所能提供的各种资源（劳动力、机械及材料）是有一定限度的，此外还有一个如何经济而有效地利用这些资源的问题。在资源计划安排时有两种情况：一种是网络计划需要资源受到限制，如果不增加资源数量，有时也会使工期延长，或者不能进行供应；另一种是在一定时间内如何安排各工序活动时间，使可供资源均衡地消耗。消耗是否平衡，将影响企业管理的经济效果。例如，网络计划在某一时间内材料消耗数量比较大，为了满足计划进度，供应部门就要突击供应，将大量的材料运至现场，这样不仅增加了搬运费用，而且会造成现场拥挤，都将给企业带来不必要的经济损失。

资源优化的目的是，在资源有限的条件下，寻求完成计划的最短工期，或者在工期规定条件下力求资源均衡消耗。通常把这两方面的问题分别称为"资源有限，工期最短"和"工期固定，资源均衡"。

🏔 情境回放

1. 通过典型的情境案例引出物流网络计划问题，介绍了网络计划各个元素所代表的含义、逻辑关系，以及网络图绘制规则与步骤。

2. 通过解答情境案例，介绍了关键路线的确定和关键路线中最早可能开工时间、最早可能结束时间、最迟必须开工时间、最迟必须结束时间的确定。

3. 理论与案例相结合，介绍了网络优化中的时间优化方法、时间—费用优化方法、时间-资源优化方法。

🧑‍🏫 自测练习

1. 指出图 9-25 中存在的错误。

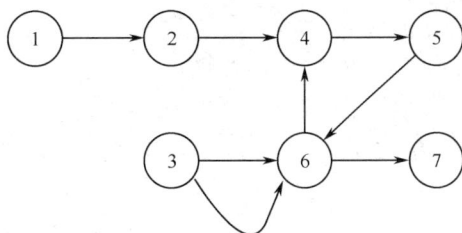

图 9-25　网络图

2. 已知某项配送物资的配送工序明细表如表 9-5 所示，① 画出网络图；② 确定关键路线；③ 求配送的最短时间；④ 求出各道工序开始时间范围。

表 9-5　明细表

工　序	紧前工序	紧后工序	持续时间（天）
a	—	b、c	3
b	a	d、e	4
c	a	d、f	6
d	b、c	g、h	8
e	b	g	5
f	c	h	4
g	d、e	i	6
h	d、f	i	7
i	g、h	—	5

3. 某物流基地工程需要 6 道工序完成，工序之间关系、花费时间、费用如表 9-6 所示。

表 9-6　物流基地工程明细

工序名称	紧前工序	需要耗时（天）	正常工序费率（元 / 天）
设计	无	8	1 000
主体工程	设计	50	1 500
上顶	主体工程	8	2 000
安装电器设备	主体工程	6	800
安装管道	主体工程	10	800
室内装修	上顶、安装电器设备、安装管道	10	1 000

如果要赶工进行，则赶工一天，在正常工序费用的前提下，每天仍需要额外花费 3 000 元。如果你是工程总负责人，那么，① 这项工程在正常施工的情况下，需要耗费多少钱？最少需要多少天能够完成？② 如果客户愿意支付 13 000 元，要求 75 天完工，你是否能够接受？

物流整数规划

情境目标

1. 理解整数规划的概念和特点，能够建立整数规划问题的数学模型。

2. 了解整数规划的分支定界法和割平面法的基本原理，掌握求解 0-1 规划的隐枚举法的基本原理。

3. 能够建立指派问题的数学模型并掌握匈牙利法的基本原理。

思政融合

1. 掌握认知过程的方法论

分支定界法从根本上讲是一种抽象到具体、由远及近、步步为营的解题思路。对任何事物的认知和探寻都不可能一蹴而就，这是一个循序渐进的过程，在这个过程中，我们要不急不躁，以界限为出发点和目标，逐步逼近、抽丝剥茧。

2. 敬业精神、职业使命感的培养

指派问题的建模条件就是要求每一个人各司其职、敬业敬岗，做好自己的本职工作；每一份工作都有人去完成。敬业是对公民职业行为准则的价值评价，要求公民忠于职守、克己奉公，服务人民，服务社会，充分体现社会主义职业精神。

3. "礼让"精神的深层内涵

匈牙利法中涉及一个重要的"礼让"环节，这虽然是运筹算法，但是和我们为人处世却是相同的道理。运筹学既需要数学的逻辑与思维，同时因为它也是一门应用科学，所以其解法很多地方也融入了现实的哲学。

情境案例	集装箱托运规划
	某公司拟用集装箱托运甲、乙两种货物，这两种货物每件的体积、重量、可获利润及托运所受限制如表 10-1 所示。

表 10-1 集装箱装箱表

货 物	每件体积/立方英尺	每件重量/百千克	每件利润/百元
甲	195	4	2
乙	273	40	3
托运限制	1 365	140	

思考：

假如甲种货物最多托运 4 件，那么两种货物各托运多少件，可使获得利润最大？

物流选址规划

某供应链企业在 A_1 地已有一个工厂，其产品的生产能力为 30 千箱，为了扩大生产，打算在 A_2，A_3，A_4，A_5 四地中再选择几个地方建厂。已知在 A_2 地建厂的固定成本为 17.5 万元，在 A_3 地建厂的固定成本为 30 万元，在 A_4 地建厂的固定成本为 37.5 万元，在 A_5 地建厂的固定成本为 50 万元。另外，在 A_1 的产量，在 A_2，A_3，A_4，A_5 建成厂的产量，那时销地（B_1，B_2，B_3）的销量及产地到销地的单位运价（每千箱运费）如表 10-2 所示。

表 10-2 物流产销表

运输单价 / 产地 \ 销地	B_1	B_2	B_3	产量/千箱
A_1	8	4	3	30
A_2	5	2	3	10
A_3	4	3	4	20
A_4	9	7	5	30
A_5	10	4	2	40
销量/千箱	30	20	20	

思考：

（1）应该在哪几个地方建厂，在满足销量的前提下，使得其总的固定成本和总的运输费用之和最小？

（2）如果由于政策要求必须在 A_2 或 A_3 地建一个厂，应在哪个地方建厂？

10.1 整数规划的数学模型

10.1.1 整数规划问题的基本概念

在前面学习情境 3 讨论的线性规划问题中，最优解可能是整数，也可能不是整数，但某些实际问题，例如，在本学习情境的第一个情境案例中的托运货物数，要求变量取整数。此外还有一些问题，如第二个情境案例中，确定要不要在某地建设工厂，可选用一个逻辑变量 x，令 $x=1$ 表示在该地建厂，$x=0$ 表示不在该地建厂，逻辑变量也是只允许取整数值的一类变量。

我们把这一类的规划问题称为整数规划（Integer Programming，IP），整数规划是最近二十年来发展起来的规划论中的一个分支。整数规划中，如果所有的变量都限制为（非负）整数，就称为纯整数规划（Pure Integer Programming）或全整数规划（All Integer Programming）；如果仅有一部分变量限制为整数，则称为混合整数规划（Mixed Integer Programming）。整数规划的一种特殊情形是 0-1 规划，它的变量值仅限于 0 和 1。本学习情境会讲到的指派问题就是一个 0-1 规划问题。下面我们以开篇的情境案例为例来看整数规划问题的模型。

对于第一个情境案例，设 x_1、x_2 分别为甲、乙两种货物托运的件数，建立模型如下：

$$\max z = 2x_1 + 3x_2$$

$$\text{s.t.} \begin{cases} 195x_1 + 273x_2 \leqslant 1365 \\ 4x_1 + 40x_2 \leqslant 140 \\ x_1 \leqslant 4 \\ x_1, x_2 \geqslant 0 \\ x_1, x_2 \text{ 为整数} \end{cases}$$

对于第二个情境案例，设 x_{ij} 为从 A_i 运往 B_j 的运输量（单位：千箱），而

$$y_i = \begin{cases} 1, & \text{当 } A_i \text{ 厂址被选中时} \\ 0, & \text{当 } A_i \text{ 厂址没有被选中时} \end{cases}$$

则此问题的总固定成本及总运输费最小的目标可写为

$$\min z = 175y_2 + 300y_3 + 375y_4 + 500y_5 + 8x_{11} + 4x_{12} + 3x_{13} + 5x_{21} + 2x_{22} +$$

$$3x_{23} + 4x_{31} + 3x_{32} + 4x_{33} + 9x_{41} + 7x_{42} + 5x_{43} + 10x_{51} + 4x_{52} + 2x_{53}$$

其中前四项为固定投资额，后面的几项为运输费用。

对 A_1 厂来说，其产量的限制的约束条件可写成

$$x_{11} + x_{12} + x_{13} \leqslant 30$$

但是对准备在 A_2，A_3，A_4，A_5 几地中选址建设的新厂来说，只有被选中建厂，才会有生产量，所以它们的产量限制的约束条件可以写成

$$\text{s.t.} \begin{cases} x_{21} + x_{22} + x_{23} \leqslant 10y_2 \\ x_{31} + x_{32} + x_{33} \leqslant 20y_3 \\ x_{41} + x_{42} + x_{43} \leqslant 30y_4 \\ x_{51} + x_{52} + x_{53} \leqslant 40y_5 \end{cases}$$

至于满足销量的约束条件，可写为

$$\text{s.t.}\begin{cases} x_{11}+x_{21}+x_{31}+x_{41}+x_{51}=30 \\ x_{12}+x_{22}+x_{32}+x_{42}+x_{52}=20 \\ x_{13}+x_{23}+x_{33}+x_{43}+x_{53}=20 \end{cases}$$

10.1.2　整数规划的一般模型

整数规划是研究决策变量取整数或部分取整数的一类规划问题，它的应用非常广泛，许多著名的优化问题，如旅行商问题、背包问题、下料问题、工序安排问题等，都可以归结为整数规划问题。不考虑整数条件，由余下的目标函数和约束条件构成的规划问题称为该整数规划问题的松弛问题（Slack Problem）。若整数规划是一个线性规划，则称该整数规划为整数线性规划（Integer Linear Programming）。由上节的实例可以看到，整数规划的一般模型为

$$\max(\text{或}\min)\ z=\sum_{j=1}^{n}c_j x_j$$

$$\text{s.t.}\begin{cases} \sum_{j=1}^{n}a_{ij}x_j \leqslant(\text{或}=,\text{或}\geqslant)\ b_i(i=1,2,\cdots,m) \\ x_j \geqslant 0(j=1,2,\cdots,n) \\ x_1,x_2,\cdots,x_n\text{中部分或全部取整数} \end{cases}$$

整数线性规划及其松弛问题，从解的特点来说，它们之间既有密切的联系，又有本质的区别。

松弛问题作为一个线性规划问题，其可行解的集合是一个凸集，而任意两个可行解的凸组合仍为可行解。整数规划问题的可行解集合是它的松弛问题可行解集合的一个子集，由于任意两个可行解的凸组合不一定满足整数约束条件，因而不一定仍为可行解。因为整数规划问题的可行解一定也是它的松弛问题的可行解（反之则不一定），所以前者最优解的目标函数值不会优于后者最优解的目标函数值。

在一般情况下，松弛问题的最优解不会刚好满足变量的整数约束条件，因而不是整数规划的可行解，自然就不是整数规划的最优解。此时，若对松弛问题的这个最优解中不符合整数要求的分量简单地取整，所得到的解不一定是整数规划问题的最优解，甚至也不一定是整数规划问题的可行解。通常来讲，我们不能通过简单地采取对松弛问题的解进行四舍五入的方法来获得整数规划问题的解。

10.2　分支定界法

10.2.1　分支定界法的基本思想

整数线性规划模型是一类特殊的线性规划模型，用单纯形法得到的最优解往往不能保证其一定是整数，所以有必要讨论整数规划模型的求解方法，但目前还没有一个很好的求解整数规划的方法。不同的算法通常只适合不同类型的问题，尤其是一些特殊结构的问

题。本节给出的分支定界法（Branch and Bound Method）是目前求解整数规划的一种常用的方法。

分支定界法是一种隐枚举法（Implicit Enumeration）或部分枚举法，它对枚举法进行了改进，通过"分支"和"定界"两个关键步骤，使搜索效率得以提高。

1. 分支

如果整数规划的松弛问题的最优解满足整数要求，那么该最优解直接就是整数规划问题的最优解。如果整数规划的松弛问题的最优解不满足整数要求，假设 $x_i = \bar{b}_i$ 不是整数，我们记 $[\bar{b}_i]$ 是不超过 $\bar{b}_i$ 的最大整数。例如，$x_i = 3.6$，则 $[\bar{b}_i] = 3$；$x_i = -2.4$，则 $[\bar{b}_i] = -3$。构造两个约束条件：$x_i \leq [\bar{b}_i]$ 和 $x_i \geq [\bar{b}_i] + 1$。分别将其并入原松弛问题中，从而形成两个分支，称它们为两个后继问题。两个后继问题的可行域中包含原整数规划问题的所有可行解，而在原松弛问题的可行域中，满足 $[\bar{b}_i] < x_i < [\bar{b}_i] + 1$ 的一部分区域在以后的求解过程中被遗弃了，但这并不会"损失"掉整数规划的任何可行解，所以尽管相对原松弛问题而言，两个后继问题的可行域变小了，但不会影响整数规划问题的解。根据需要，各后继问题可以类似地产生自己的分支，即自己的后继问题。如此不断继续，可行域不断缩小，直到获得整数规划的最优解。这个过程就是"分支"。

2. 定界

在分支过程中，如果某个后继问题恰巧获得整数规划问题的一个可行解，那么，我们可以把它的目标函数值设置为一个"界限"，可作为衡量处理其他分支的一个依据。因为整数规划问题的可行解集是它的松弛问题可行解集的一个子集，前者最优的目标函数值不会优于后者最优解的目标函数值。所以，对于那些相应松弛问题最优解的目标函数值比上述"界限"值差的后继问题，就可以剔除而不再考虑了。当然，如果在以后的分支过程中出现了更好的"界限"，则以它来取代原来的界限，这样可以提高定界的效果。

"分支"为整数规划最优解的出现创造了条件，而"定界"则可以提高搜索的效率。经验表明，在可能的情况下，根据对实际问题的了解，事先选择一个合理的"界限"，可以提高分支定界法的搜索效率。

10.2.2 分支定界法的一般步骤

下面举例说明分支定界法的基本解法和一般步骤。

例 10-1 求解以下整数规划：

$$\max z = 3x_1 + 2x_2$$

$$\text{s.t.} \begin{cases} 2x_1 + 3x_2 \leq 14 \\ 4x_1 + 2x_2 \leq 18 \\ x_1, x_2 \geq 0, \ \text{且} x_1, x_2 \text{取整数} \end{cases}$$

解 记整数规划问题为 IP，它的松弛问题为 LP。图 10-1 中，S 为 LP 的可行域，黑点表示整数点。用单纯形法解 LP，得最优解 $x_1 = 3.25$，$x_2 = 2.5$，即点 A，$\max z = 14.75$。

LP 的最优解不符合整数要求，可任选一个变量，如选择 $x_1 = 3.25$ 进行分支操作。由于最接近 3.25 的整数是 3 和 4，因此可以构造两个约束条件：

$$x_1 \leqslant 3 \qquad\qquad (10\text{-}1a)$$
$$x_1 \geqslant 4 \qquad\qquad (10\text{-}1b)$$

将式（10-1a）和式（10-1b）分别并入松弛问题（LP）中，得到两个分支，即后继问题 LP$_1$ 和 LP$_2$，分别由 LP 及式（10-1a）和 LP 及式（10-1b）组成。图 10-2 中，S_1 和 S_2 分别为 LP$_1$ 和 LP$_2$ 的可行域。不连通的域 $S_1 \cup S_2$ 中包含了整数规划问题（IP）的所有可行解，S 中被舍去的部分不包含 IP 的任何可行解。

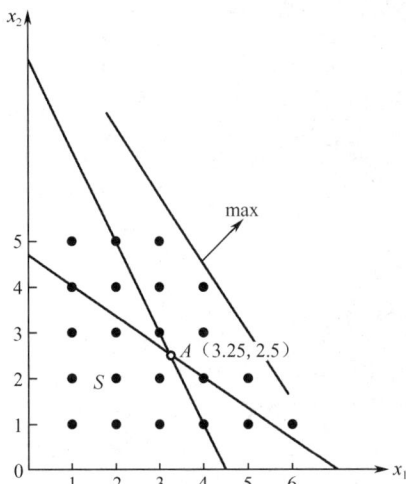

图 10-1 松弛问题可行域与整数点

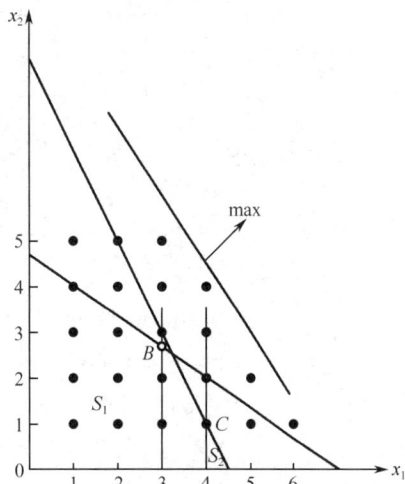

图 10-2 第 1 次分支示意图

解 LP$_1$，最优解为 $x_1 = 3, x_2 = 8/3$，即点 B，$\max z = 14\frac{1}{3}$。点 B 仍不符合整数要求，再解 LP$_2$。LP$_2$ 的最优解为 $x_1 = 4, x_2 = 1$，即点 C，$\max z = 14$。点 C 符合整数要求，故 LP$_2$ 无须再进行分支，且把 14 作为新的"界限"，凡是目标函数的最优值比 14 小的分支，均可剔除掉。由于 LP$_1$ 的目标函数的最优值 $14\frac{1}{3}$ 大于 LP$_2$ 的目标函数的最优值 14，所以 LP$_1$ 必须继续进行分支。由 B 点 $x_1 = 3, x_2 = 8/3$，可构造两个约束条件：

$$x_2 \leqslant 2 \qquad\qquad (10\text{-}1c)$$
$$x_2 \geqslant 3 \qquad\qquad (10\text{-}1d)$$

将式（10-1c）和式（10-1d）分别并入松弛问题（LP$_1$）中，形成两个新的分支，即 LP$_1$ 的后继问题 LP$_{11}$ 和 LP$_{12}$，分别由 LP$_1$ 及式（10-1c）和 LP$_1$ 及式（10-1d）组成。LP$_{11}$ 的可行域为 S_{11}，LP$_{12}$ 的可行域为 S_{12}。

解 LP$_{11}$，最优解为 $x_1 = 2.5, x_2 = 3$，即点 D，$\max z = 13.5$，小于"界限" 14，故该分支可以被剔除掉，无须再进行分支；解 LP$_{12}$，最优解为 $x_1 = 3, x_2 = 2$，即点 E，$\max z = 13$，小于"界限" 14，该分支也可以被剔除掉，如图 10-3 所示。综上所述，整数规划问题

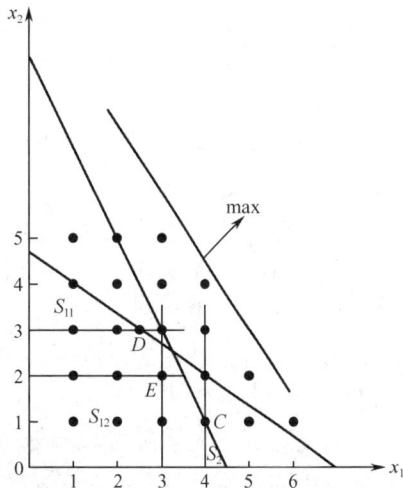

图 10-3 第 2 次分支示意图

（IP）的解为 $x_1 = 4, x_2 = 1$（即点 C）, $\max z = 14$。

上述分支定界法的求解过程可用图 10-4 来表示。

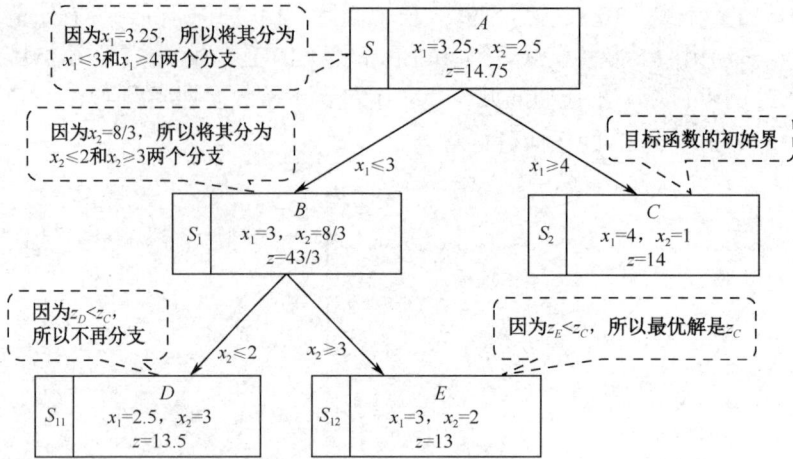

图 10-4　分支定界法的求解过程

用分支定界法求解整数规划问题的一般步骤可归纳如下。

步骤 1：称整数规划问题为问题 A，它的松弛问题为问题 B，以 z_b 表示问题 A 的目标函数的初始界（若已知问题 A 的一个可行解，则可取它的目标函数值为 z_b）。对最大化问题 A，z_b 为下界；对最小化问题 A，z_b 为上界。解问题 B，转入步骤 2。

步骤 2：若问题 B 无可行解，则问题 A 也无可行解；若问题 B 的最优解符合问题 A 的整数要求，则它就是问题 A 的最优解。对于这两种情况，求解过程到此结束。若问题 B 的最优解存在，但不符合问题 A 的整数要求，则转入步骤 3。

步骤 3：对问题 B，任选一个不符合整数要求的变量进行分支。设选择 $x_j = \overline{b_j}$，且设 $[\overline{b_j}]$ 为不超过 $\overline{b_j}$ 的最大整数。对问题 B 分别增加下面两个约束条件中的一个：$x_j \leqslant [\overline{b_j}]$ 和 $x_j \geqslant [\overline{b_j}] + 1$，从而形成两个后继问题，解这两个后继问题。转入步骤 4。

步骤 4：考查所有后继问题，若其中有某几个存在最优解，且其最优解满足问题 A 的整数要求，则以它们中最优的目标函数值和界 z_b 作比较。若比界 z_b 更优，则以其取代原来的界 z_b，作为新的界，并称相应的后继问题为问题 C；否则，原来的界 z_b 不变。转入步骤 5。

步骤 5：不属于 C 的后继问题中，称存在最优解且其目标函数值比界 z_b 更优的后继问题为待检查的后继问题。

若不存在待检查的后继问题，当问题 C 存在时，问题 C 的最优解就是问题 A 的最优解；当问题 C 不存在时，与界 z_b 对应的可行解就是问题 A 的最优解。z_b 即为问题 A 的最优解的目标函数值，求解到此结束。

若存在待检查的后继问题，则选择其中目标函数值最优的一个后继问题，改称其为问题 B。回到步骤 3。

分支定界法对解纯整数规划和混合整数规划问题都适用。其优点是：以非整数线性规划最优解为树根，最优目标值为上界，按决策变量整数值进行分支，一直解到目标函数值最优的整数解为止，因此此法比枚举法有效。但是该方法也存在如下缺点：当分支越多时，要求解的子问题就越多，且子问题的约束条件也不断增多，计算量也随之增加，对于多变量的大型整数规划问题，求解过程非常烦琐和费时。

10.3　割平面法

10.3.1　割平面法的基本思想

割平面法（Cutting Plane Method）的基本思想是：在求解整数规划问题时，先不考虑整数要求，即把它当作线性规划问题求解，如果得到的最优解为整数解，那么这个解也是整数规划的最优解；否则，设法在问题中增加一个适当的约束条件（称为**割平面**），把包含这个非整数最优解的一部分可行域从原来的可行域中割去，但不割去任何一个整数可行解。如此进行，直至得到的新可行域的某个有整数坐标的极点恰好是问题的最优解为止。这个方法是由 R. E. Gomory 于 1958 年首先提出的，所以又称为 Gomory 割平面法。

现在，我们从理论上对割平面法加以说明。

设基变量 x_i 在其松弛问题的最终单纯形表中对应 b_i'，则从最终单纯形表中提取 x_i 行的方程式为：

$$x_i + \sum_{j \in N} a_{ij}' x_j = b_i' \tag{10-2a}$$

此处，a_{ij}' 和 b_i' 均取自上述最终单纯形表。

注意：对于任一有理数 a，可将其分为两部分，表示为

$$a = [a] + a'$$

式中，$[a]$ 为不超过 a 的最大整数，a' 是一非负真分数。

例如：

$$a = 2\frac{1}{5} \Rightarrow [a] = 2,\ a' = \frac{1}{5}\ ;\quad a = -1\frac{1}{2} \Rightarrow [a] = -2,\ a' = \frac{1}{2}\ ;\quad a = 3 \Rightarrow [a] = 3,\ a' = 0$$

照上述方法办理，考虑一般情况，现将系数 a_{ij}' 和右侧常数 b_i' 分为整数和非负真分数两部分，即

$$\begin{cases} a_{ij}' = [a_{ij}'] + f(a_{ij}') \\ b_i' = [b_i'] + f(b_i') \end{cases} \tag{10-2b}$$

式中，符号[·]表示不超过数"·"的最大整数，$f(\cdot)$ 表示数"·"的非负真分数部分。

将式（10-2b）代入式（10-2a）中，得

$$\sum_{j \in N} f(a_{ij}') x_j - f(b_i') = [b_i'] - x_i - \sum_{j \in N} [a_{ij}'] x_j \tag{10-2c}$$

当要求解为非负整数时，式（10-2c）的右端为整数。又 $0 < f(b_i') < 1$ 且 $f(b_i') \geqslant 0$，故上式右端为非负整数，从而应有

$$\sum_{j \in N} f(a_{ij}') x_j \geqslant f(b_i') \tag{10-2d}$$

现引入松弛变量 s_i，得

$$\sum_{j \in N} f(a_{ij}') x_j - s_i = f(b_i'),\quad s_i \geqslant 0 \tag{10-2e}$$

式（10-2d）为导出的 Gomory 约束，式（10-2e）为 Gomory 切割方程。

由于在切割方程中 s_i 前面为负号，而 $f(b_i')$ 常常为正，故在把它加入松弛问题的最终单纯形表进行求解时，大多采用对偶单纯形法。需要指出的是，条件（10-2e）仅是得出整数解的必要条件，不能保证一次切割即可得到整数解，往往需要多次迭代。此外，若松弛问题的某一个最优解有多个分数分量，则对每个分数分量均可导出一个切割方程。这时，我们往往优先使用其中较"强"的一个，以切去可行域较大的部分。为简单起见，可直接选用具有较大分数部分的变量所对应的切割方程为割平面。还要指出一点，切割方程并不是只有式（10-2e）这一种形式。

10.3.2 割平面法的计算步骤

（1）解纯整数规划问题的松弛问题。若松弛问题没有可行解，则纯整数规划问题也没有可行解，停止；若松弛问题的最优解 X^n 为整数解，则 X^n 即为原问题纯整数规划问题的最优解，停止；否则转入下一步。

（2）写出割平面方程。

选取 X^n 的一个非整数分量 x_i（通常取分数部分最大的基变量，也可任选），由单纯形表的最终表得方程

$$x_i + \sum_{j \in N} a_{ij}' x_j = b_i'$$

并由此写出割平面方程，即式（10-2e）：

$$\sum_{j \in N} f(a_{ij}') x_j - s_i = f(b_i'), \quad s_i \geqslant 0$$

（3）把割平面方程式（10-2e）加到最终表中，用对偶单纯形法进行迭代，若得出的最优解为整数解，则它就是整数规划问题的最优解，求解结束；否则，返回第二步继续迭代。

下面通过一个例子说明割平面法的运用。

例 10-2 用割平面法解

$$\max z = 6x_1 + 4x_2$$

$$\text{s.t.} \begin{cases} 2x_1 + 4x_2 \leqslant 13 \\ 2x_1 + x_2 \leqslant 7 \\ x_1, x_2 \geqslant 0 \\ x_1, x_2 为整数 \end{cases}$$

解 先不考虑整数条件，解此问题的松弛问题。为此，在两个约束不等式中分别引入松弛变量 x_3 和 x_4，通过单纯形法迭代，得到最终的单纯形表（表 10-3）。

表 10-3 松弛问题最优单纯形表

C_j		6	4	0	0	b_i
C_B	X_B	x_1	x_2	x_3	x_4	
4	x_2	0	1	1/3	−1/3	2
6	x_1	1	0	−1/6	2/3	5/2
σ_j		0	0	−1/3	−8/3	

由于 $x_1 = \dfrac{5}{2}$ 不是整数，为求原问题的最优解，先考虑表中的 x_1 行：

$$x_1 - \frac{1}{6}x_3 + \frac{2}{3}x_4 = \frac{5}{2}$$

将其分解成：$x_1 + \left(-1 + \dfrac{5}{6}\right)x_3 + \left(0 + \dfrac{2}{3}\right)x_4 = 2 + \dfrac{1}{2}$

引入剩余变量 x_5，得 Gomory 切割方程：

$$\frac{5}{6}x_3 + \frac{2}{3}x_4 - x_5 = \frac{1}{2}$$

或

$$-\frac{5}{6}x_3 - \frac{2}{3}x_4 + x_5 = -\frac{1}{2} \tag{10-3a}$$

将式（10-3a）加入表 10-3 中，用对偶单纯形法进行迭代，迭代过程见表 10-4。

表 10-4　第 1 次引入切割方程

C_j		6	4	0	0	0	b_i
C_B	X_B	x_1	x_2	x_3	x_4	x_5	
4	x_2	0	1	1/3	-1/3	0	2
6	x_1	1	0	-1/6	2/3	0	5/2
0	x_6	0	0	[-5/6]	-2/3	1	-1/2
σ_j		0	0	-1/3	-8/3	0	
σ_j / a_{ij}				2/5	4		
4	x_2	0	1	0	-3/5	2/5	9/5
6	x_1	1	0	0	4/5	-1/5	26/10
0	x_3	0	0	1	4/5	-6/5	3/5
σ_j		0	0	0	-12/5	-2/5	

得到的最优解仍不是整数解，还需用割平面法继续迭代。注意到 $b_i'\,(i=1,2,3)$ 都不是整数，我们取 b_i' 的分数部分最大者所对应的变量为退出变量，因为 $\max\left(\dfrac{4}{5},\dfrac{6}{10},\dfrac{3}{5}\right) = \dfrac{4}{5}$，故取变量 x_2。表 10-4 最终表中的 x_2 行是

$$x_2 - \frac{3}{5}x_4 + \frac{2}{5}x_5 = \frac{9}{5}$$

引入剩余变量 x_6，得 Gomory 切割方程：

$$\frac{2}{5}x_4 + \frac{2}{5}x_5 - x_6 = \frac{4}{5}$$

或

$$-\frac{2}{5}x_4 - \frac{2}{5}x_5 + x_6 = -\frac{4}{5} \tag{10-3b}$$

将割平面方程式（10-3b）加入表 10-4 的最终表中，再用对偶单纯形法进行迭代，迭代过程及所得最优解如表 10-5 所示。

表 10-5　第 2 次引入切割方程

C_j		6	4	0	0	0	0	b_i
C_B	X_B	x_1	x_2	x_3	x_4	x_5	x_6	
4	x_2	0	1	0	$-3/5$	$2/5$	0	$9/5$
6	x_1	1	0	0	$4/5$	$-1/5$	0	$26/10$
0	x_3	0	0	1	$4/5$	$-6/5$	0	$3/5$
0	x_6	0	0	0	$-2/5$	$[-2/5]$	1	$-4/5$
σ_j		0	0	0	$-12/5$	$-2/5$	0	
4	x_2	0	1	0	-1	0	1	1
6	x_1	1	0	0	1	0	$-1/2$	3
0	x_3	0	0	1	2	0	-3	3
0	x_5	0	0	0	1	1	$-5/2$	2
σ_j		0	0	0	-2	0	-1	22

至此，求得原问题的（整数）最优解 $X^n = (x_1, x_2)^T = (3,1)^T$，最优目标函数值 $z^n = 22$。

10.4　0-1 整数规划

10.4.1　0-1 整数规划的建模方法

在整数规划问题中，0-1 型整数规划是其中较为特殊的一类情况，它要求决策变量的取值仅为 0 或 1。0-1 变量作为逻辑变量（Logical Variable），常被用来表示系统是否处于某个特定状态，或者决策时是否取某个特定方案。例如：

$$x = \begin{cases} 1, & \text{当决策取方案} P \text{时} \\ 0, & \text{当决策不取方案} P \text{时（即取} \overline{P} \text{时）} \end{cases}$$

当问题含有多项要素，而每项要素皆有两种选择时，可用一组 0-1 变量来描述。一般而言，0-1 型整数规划的数学模型为：

目标函数　　　　　　　　$\text{Max(min)} z = c_1 x_1 + c_2 x_2 + \cdots + c_n x_n$

约束条件

$$\text{s.t.} \begin{cases} a_{11}x_1 + a_{12}x_2 + \cdots + a_{1n}x_n \leqslant (\geqslant, =) b_1 \\ a_{21}x_1 + a_{22}x_2 + \cdots + a_{2n}x_n \leqslant (\geqslant, =) b_2 \\ \qquad\qquad \cdots \\ a_{m1}x_1 + a_{m2}x_2 + \cdots + a_{mn}x_n \leqslant (\geqslant, =) b_m \\ x_1, x_2, \cdots, x_n = 0 \text{或} 1 \end{cases}$$

在应用中，有时会遇到变量可以取多个整数值的问题。这时，利用 0-1 变量是二进制变量（Binary Variable）的性质，可以用一组 0-1 变量来取代该变量。例如，变量 x 可取 0 与 9 之间的任意整数时，可令

$$x = 2^0 x_0 + 2^1 x_1 + 2^2 x_2 + 2^3 x_3 \leqslant 9$$

其中，x_0，x_1，x_2，x_3 皆为 0-1 变量。

0-1 变量不仅广泛应用于科学技术问题，在实际问题的讨论中，0-1 整数规划模型也对应着大量的最优决策的活动与安排讨论，下面我们列举一些模型范例，以说明这个事实。

例 10-3　某食品公司计划在市区的东、西、南、北四区建立销售门市部，目前有 10 个位置 $A_i (i = 1, 2, 3, \cdots, 10)$ 可供选择。考虑到各地区居民不同的消费水平及居住密集程度，规定：

在东区由 A_1, A_2, A_3 三个点中最多选择两个；

在西区由 A_4, A_5 两个点中至少选择一个；

在南区由 A_6, A_7 两个点中至少选择一个；

在北区由 A_8, A_9, A_{10} 三个点中至少选择两个。

A_i 各点的设备投资及每年可获利润由于地点不同都是不一样的，预测情况如表 10-6 所示。

表 10-6　食品公司投资利润表　　　　　　　　　单位：万元

	A_1	A_2	A_3	A_4	A_5	A_6	A_7	A_8	A_9	A_{10}
投资额	100	120	150	80	70	90	80	140	160	180
利润	36	40	50	22	20	30	25	48	58	61

投资总额不能超过 720 万元，问应该选择哪几个销售点，可使年利润最大？

解　设 0-1 变量 $x_i = \begin{cases} 1, & \text{当} A_i \text{点被选用} \\ 0, & \text{当} A_i \text{点不被选用} \end{cases}$

这样可以建立如下的数学模型：

$$\max z = 36x_1 + 40x_2 + 50x_3 + 22x_4 + 20x_5 + 30x_6 + 25x_7 + 48x_8 + 58x_9 + 61x_{10}$$

约束条件为

$$\text{s.t.} \begin{cases} 100x_1 + 120x_2 + 150x_3 + 80x_4 + 70x_5 + 90x_6 + 80x_7 + 140x_8 + 160x_9 + 180x_{10} \leqslant 720 \\ x_1 + x_2 + x_3 \leqslant 2 \\ x_4 + x_5 \geqslant 1 \\ x_6 + x_7 \geqslant 1 \\ x_8 + x_9 + x_{10} \geqslant 2 \\ x_i \geqslant 0 \text{且} x_i \text{为} 0\text{-}1 \text{变量}, i = 1, 2, 3, \cdots, 10 \end{cases}$$

10.4.2　0-1 整数规划的解法

0-1 整数规划是一种特殊的整数规划，若含有 n 个变量，则可以产生 2^n 个可能的变量组合。当 n 较大时，由于计算量太大，采用完全枚举法解题几乎是不可能的。已有的求解 0-1 整数规划的方法一般都属于隐枚举法。

在 2^n 个可能的变量组合中，往往只有一部分是可行解。只要发现某个变量组合不满足其中一个约束条件，就不必再去检验其他约束条件是否可行。对于可行解，其目标函数值也有优劣之分。若已发现一个可行解，则根据它的目标函数值可以产生一个过滤条件（Filtering Constraint），对于目标函数值比它差的变量组合就不必再去检验其可行性；在以后的求解过程中，每当发现比原来更好的可行解，就以此替代原来的过滤条件。上述这些做法都可以减少运算次数，使最优解能较快地被找到。

例 10-4　求解 0-1 整数规划

$$\max z = 2x_1 + x_2 - x_3$$

$$\text{s.t.} \begin{cases} x_1 + 3x_2 + x_3 \leq 2 & (1) \\ 4x_2 + x_3 \leq 5 & (2) \\ x_1 + 2x_2 - x_3 \leq 2 & (3) \\ x_1 + 4x_2 - x_3 \leq 4 & (4) \\ x_1, x_2, x_3 = 0\text{或}1 \end{cases}$$

解　为提高搜索效率，减少运算量，可先按照目标函数中各变量系数的大小顺序重新排列各变量。对于最大化问题，按照从小到大的顺序排列，目的是使较大的目标函数值尽早出现；对于最小化问题，按照从大到小的顺序排列，目的是使较小的目标函数值尽早出现。

在表 10-7 中，各变量按照类似于二进制末位加 1 的方法来取值。例如，对于有 3 个变量的情况，第一个变量组合中各变量取值为（0，0，0），相当于二进制的 000；末位加 1，则是 001；末位再加 1，则是 010；依次类推。

表 10-7　隐枚举法计算表

(x_3, x_2, x_1)	z 值	约 束 条 件				过 滤 条 件
		(1)	(2)	(3)	(4)	
0，0，0	0	√	√	√	√	$z \geq 0$
0，0，1	2	√	√	√	√	$z \geq 2$
0，1，0	1	因为 z 值小于 2，故无须检验				
0，1，1	3	×	无须检验			
1，0，0	−1	因为 z 值小于 2，故无须检验				
1，0，1	1	因为 z 值小于 2，故无须检验				
1，1，0	0	因为 z 值小于 2，故无须检验				
1，1，1	2	×	无须检验			

所以，最优解是 $(x_3, x_2, x_1)^T = (0,0,1)^T$，即 $(x_1, x_2, x_3)^T = (1,0,0)^T$，$\max z = 2$。

例 10-5　某部门 3 年内有 4 项工程可以考虑上马，每项工程的期望收益和年度费用（千元）如表 10-8 所示。假定每一项已选定的工程要在 3 年内完成，试确定应该上马哪些工程，方能使该部门可能的期望收益最大。

表 10-8   工程费用—收益表

工　程	费　用			期 望 收 益
	第 1 年	第 2 年	第 3 年	
1	5	1	8	20
2	4	7	10	40
3	3	9	2	20
4	8	6	10	30
可用资金	18	22	24	

解   这是工程上马的决策问题，对任一给定的工程而言，它只有两种可能，要么上马，要么不上马，这两种情况分别对应二进制数中的 1、0。但凡这样的实际背景所对应的工程问题，大都可考虑采用 0-1 整数规划模型建立其相应的模型。设

$$x_j = \begin{cases} 1, & \text{第 } j \text{ 项工程可上马} \\ 0, & \text{第 } j \text{ 项工程不上马} \end{cases} \quad (j = 1, 2, 3, 4)$$

因每年的投资不超过所能提供的可用资金数，故该 0-1 整数规划问题的约束条件为

$$\text{s.t.} \begin{cases} 5x_1 + 4x_2 + 3x_3 + 8x_4 \leq 18 & (1) \\ x_1 + 7x_2 + 9x_3 + 6x_4 \leq 22 & (2) \\ 8x_1 + 10x_2 + 2x_3 + 10x_4 \leq 24 & (3) \\ x_j = 0 \text{ 或 } 1, \ j = 1, 2, 3, 4 \end{cases}$$

由于期望收益尽可能大，故目标函数为

$$\max z = 20x_1 + 40x_2 + 20x_3 + 30x_4$$

下面用隐枚举法求其最优解。易知，该 0-1 整数规划模型有一可行解（0，0，0，1），它对应的目标函数值为 $z = 30$。自然，该模型的最优解所对应的目标函数值应不小于 30，于是，我们增加一过滤条件为

$$20x_1 + 40x_2 + 20x_3 + 30x_4 \geq 30 \quad （4）$$

在此过滤条件（过滤条件可不唯一）下，用隐枚举法求 0-1 整数规划模型的最优解的步骤如下：

（1）判断第一枚举点所对应的目标函数值是否满足过滤条件，若不满足，则转入下一步；若满足，再判断该枚举点是否满足各约束条件，若有一个约束条件不满足，则转入下一步，若均满足，则将该枚举点所对应的目标函数值 z_1（本例中，$z_1 \geq 30$）作为新的目标值，并修改过滤条件为 $20x_1 + 40x_2 + 20x_3 + 30x_4 \geq z_1$，然后转入下一步。

（2）判断第二枚举点所对应的目标函数值是否满足新的过滤条件，若不满足，则转入下一步；若满足，接着判断该枚举点是否满足各约束条件，若有一个约束条件不满足，则转入下一步，若均满足，则将该枚举点所对应的目标函数值 z_2（$z_2 \geq z_1$）作为新的目标值，并修改过滤条件为 $20x_1 + 40x_2 + 20x_3 + 30x_4 \geq z_2$，然后转入下一步。

（3）重复步骤（2），直至所有的枚举点均比较结束。

根据隐枚举法的求解步骤，可给出该问题的求解过程，如表 10-9 所示，并得到最优解

为 $(x_1,x_2,x_3,x_4)=(0,1,1,1)$ ，相应的目标值为 90（千元）。故应上马的工程为 2 号、3 号和 4 号工程。

表 10-9　费用—收益隐枚举法计算表

枚举点 (x_1, x_2, x_3, x_4)	目标函数值	满足约束条件				过滤条件
		(4)	(1)	(2)	(3)	
(0, 0, 0, 0)	0	×	—	—	—	
(0, 0, 0, 1)	30	√	√	√	√	$z \geqslant 30$
(0, 0, 1, 0)	20	—	—	—	—	
(0, 0, 1, 1)	50	√	√	√	√	$z \geqslant 50$
(0, 1, 0, 0)	40	—	—	—	—	
(0, 1, 0, 1)	70	√	√	√	√	$z \geqslant 70$
(0, 1, 1, 0)	60	—	—	—	—	
(0, 1, 1, 1)	90	√	√	√	√	$z \geqslant 90$
(1, 0, 0, 0)	20	—	—	—	—	
(1, 0, 0, 1)	50	—	—	—	—	
(1, 0, 1, 0)	40	—	—	—	—	
(1, 0, 1, 1)	70	—	—	—	—	
(1, 1, 0, 0)	60	—	—	—	—	
(1, 1, 0, 1)	90	√	√	√	×	
(1, 1, 1, 0)	80	—	—	—	—	
(1, 1, 1, 1)	110	√	×	—	—	

注：在该表中，√表示满足相应条件，×表示不满足相应条件。

10.5　指派问题

10.5.1　指派问题的标准形式及应用举例

在实际应用中经常会遇到这样的问题，有 n 项不同的任务，需要 n 个人分别完成其中的一项，但由于任务的性质和各人的专长不同，因此各人完成不同任务的效率（或花费的时间、费用）也不同，于是就产生了一个问题：应指派哪个人去完成哪项任务，使完成 n 项任务的总效率最高（或所需时间最短）？这类问题称为指派问题。

类似的指派问题：n 个零件分配到 n 台设备进行加工，n 条船去完成 n 条航线，等等。

指派问题的标准形式：今分配 n 个人去完成 n 项任务，每个人只能完成一项任务，每项任务只能由一个人完成，第 i 个人完成第 j 项任务的费用或时间为 c_{ij}，问如何安排才能使总费用或总时间最少？

下面我们来看一个具体的例子。

例 10-6 物流公司用 A、B、C、D 四辆不同的车运送甲、乙、丙、丁四种不同的货物，其费用（一般称为消耗系数 c_{ij} ）如表 10-10 所示。问该如何分配车辆和货物，才能使总的费用最省？

表 10-10 运输费用表

车 辆 \ 货 物	甲	乙	丙	丁
A	2	10	9	7
B	15	4	14	8
C	13	14	16	11
D	4	15	13	9

解 这个指派问题的特点是：每一项物流任务必须且只能由一辆车去完成，每一辆车也只能分配一项物流任务。

对于将 n 项任务分配给 n 辆车的完整指派问题，设任务 j 分配给车辆 i 所产生的效应为 c_{ij} ， s 表示总效应，引入变量 x_{ij} ，其取值只能是 1 或者 0。

$$x_{ij} = \begin{cases} 1, & \text{当指派第 } i \text{ 辆车去完成第 } j \text{ 项物流任务时} \\ 0, & \text{当不指派第 } i \text{ 辆车去完成第 } j \text{ 项物流任务时} \end{cases}$$

则数学模型为

$$\min S = \sum_{i=1}^{n} \sum_{j=1}^{n} c_{ij} x_{ij}$$

$$\text{s.t.} \begin{cases} \sum_{j=1}^{n} x_{ij} = 1 & (i = 1 \sim n) & (1) \\ \sum_{i=1}^{n} x_{ij} = 1 & (j = 1 \sim n) & (2) \\ x_{ij} = 0 \text{ 或 } 1 & & (3) \end{cases}$$

约束条件式（1）说明第 j 项任务只能由一辆车完成；约束条件式（2）说明第 i 辆车只能完成一项物流运输任务。

10.5.2 指派问题的匈牙利解法

指派问题是一类特殊的整数规划问题，因此应该具有比整数规划更有效、更简捷的解法。1955 年，库恩（W. W. Kuhn）提出了求解指派问题的一种算法，习惯上称之为匈牙利解法，简称匈牙利法。在介绍匈牙利法之前，我们先来证明下面的定理，作为匈牙利法的基础。

匈牙利法的基本思路是：根据指派问题的性质对原问题做一系列同解变换，从而得到一系列等价（同解）的指派问题，最后可得到一个只需直接观察其效率矩阵就可得到最优解的派生指派问题，该问题的最优解即为原指派问题的最优解（但目标函数值不同）。下面我们以 10.5.1 节中例 10-6 的问题为例，来阐述匈牙利法。

匈牙利法的变换方法如下。

第一步：变换矩阵。

为变换效应矩阵 **C**（即运输时间阵），使每行、每列至少有一个元素为 0，以期从这些对应的 0 元素中得到完整的分配方案，使总的费用最省。为此，可先在每行中减去各行的最小元素，根据表中数据，第一、二、三、四行分别减去 2、4、11、4，可得另一矩阵（如图 10-5 所示）。

找出矩阵中每列的最小元素，分别从各列中减去。因为第一、二、四列中的最小元素是 0，所以只需在第三列中减去其最小元素 5，如图 10-6 所示。

$$\begin{bmatrix} 2 & 10 & 9 & 7 \\ 15 & 4 & 14 & 8 \\ 13 & 14 & 16 & 11 \\ 4 & 15 & 13 & 9 \end{bmatrix}\begin{matrix} \min \\ 2 \\ 4 \\ 11 \\ 4 \end{matrix} \Rightarrow \begin{bmatrix} 0 & 8 & 7 & 5 \\ 11 & 0 & 10 & 4 \\ 2 & 3 & 5 & 0 \\ 0 & 11 & 9 & 5 \end{bmatrix}$$

图 10-5　变换矩阵（1）

$$\begin{matrix} & \begin{bmatrix} 0 & 8 & 7 & 5 \\ 11 & 0 & 10 & 4 \\ 2 & 3 & 5 & 0 \\ 0 & 11 & 9 & 5 \end{bmatrix} \\ \min & 0 \quad 0 \quad 5 \quad 0 \end{matrix} \Rightarrow \begin{bmatrix} 0 & 8 & 2 & 5 \\ 11 & 0 & 5 & 4 \\ 2 & 3 & 0 & 0 \\ 0 & 11 & 4 & 5 \end{bmatrix}$$

图 10-6　变换矩阵（2）

第二步：进行行、列检验。

经过上述变换后，矩阵的每行、每列至少都有了一个 0 元素。下面确定能否找出 m 个位于不同行、不同列的 0 元素的集合（该例中 m=4），也就是看要覆盖上面矩阵中的所有 0 元素，至少需要多少条直线。因此，需要做行检验和列检验。

行检验：从第一行开始，若该行只有一个 0 元素，就给这个 0 元素加上（　），对加括号的 0 元素所在的列画一条虚线；若该行没有 0 元素或有两个及以上 0 元素（已划去的不算在内），则转入下一行。依次进行到最后一行，如图 10-7 所示。

列检验：从第一列开始，若该列只有一个 0 元素，就给这个 0 元素加上（　）（同样不考虑已划去的 0 元素），再在加括号的 0 元素所在行画一条虚线；若该列没有 0 元素或有两个及以上 0 元素，则转入下一列。依次进行到最后一列为止，如图 10-8 所示。

$$\begin{bmatrix} (0) & 8 & 2 & 5 \\ 11 & 0 & 5 & 4 \\ 2 & 3 & 0 & 0 \\ 0 & 11 & 4 & 5 \end{bmatrix} \Rightarrow \begin{bmatrix} (0) & 8 & 2 & 5 \\ 11 & (0) & 5 & 4 \\ 2 & 3 & 0 & 0 \\ 0 & 11 & 4 & 5 \end{bmatrix}$$

图 10-7　行检验

$$\begin{bmatrix} (0) & 8 & 2 & 5 \\ 11 & (0) & 5 & 4 \\ 2 & 3 & 0 & 0 \\ 0 & 11 & 4 & 5 \end{bmatrix} \Rightarrow \begin{bmatrix} (0) & 8 & 2 & 5 \\ 11 & (0) & 5 & 4 \\ 2 & 3 & (0) & 0 \\ 0 & 11 & 4 & 5 \end{bmatrix}$$

图 10-8　列检验

第三步：变换。

从检验出的矩阵可以看出，货物丁还未被分配出去，车辆 D 也未分到任务。可见这不是最优方案。为过渡到最优方案，需对以上的矩阵再进行变换。

变换规则：找出所有没有被覆盖元素中的最小元素，这里是 2；不在覆盖线上的元素都减去 2，覆盖线交叉点上的元素都加上 2，其余元素不变。如图 10-9 所示。

第四步：调整。

回到第二步，反复进行，直到矩阵的每一行都有一个加括号的 0 元素为止，即找到最优分配方案。

由于调整后的矩阵中新出现了一个 0，因此对加括号的元素重新进行调整，得到如下矩阵，如图 10-10 所示。这时只要把加括号元素所对应的决策变量取值为 1，就能得到最优解。

$$\begin{bmatrix} (0) & 8 & 2 & 5 \\ 11 & (0) & 5 & 4 \\ 2 & 3 & (0) & 0 \\ 0 & 11 & 4 & 5 \end{bmatrix} \Rightarrow \begin{bmatrix} 0 & 8 & 0 & 3 \\ 11 & 0 & 3 & 2 \\ 4 & 5 & 0 & 0 \\ 0 & 11 & 2 & 3 \end{bmatrix}$$

图 10-9　变换调整

$$\begin{bmatrix} 0 & 8 & 0 & 3 \\ 11 & 0 & 3 & 2 \\ 4 & 5 & 0 & 0 \\ 0 & 11 & 2 & 3 \end{bmatrix} \Rightarrow \begin{bmatrix} 0 & 8 & (0) & 3 \\ 11 & (0) & 3 & 2 \\ 4 & 5 & 0 & (0) \\ (0) & 11 & 2 & 3 \end{bmatrix}$$

图 10-10　分配调整

再看一下加（　）处原效应矩阵的元素值，得

$$f(X) = c_{13} + c_{22} + c_{34} + c_{41} = 9 + 4 + 11 + 4 = 28$$

注意：以上方法称为"圈 0 画线法"，它是寻找 0 元素的一种经验方法，但是并不一定对所有问题都有效。在遇到用"圈 0 画线法"不能有效寻找独立 0 元素时，可以尝试应用"圈 0 割 0 法"。

同样以上面的例子为例，来介绍"圈 0 割 0 法"的步骤。

第一步：变换矩阵。

与"圈 0 画线法"一样，见图 10-5 和图 10-6。这里需要算出矩阵变换时减掉的数。

行变换时总共减去的数为 $s_1 = 2 + 4 + 11 + 4 = 21$，列变换时在第三列中减去其最小元素 5，得 $s_1 + s_2 = 21 + 5 = 26$。

第二步：进行行、列检验。

此处是与"圈 0 画线法"不一样的地方。

行检验：碰到每行只有一个 0 元素的先加△，有两个 0 元素的不作记号。例如，第一行只有一个 0，就在 0 处加△，这就表示把甲任务分配给车辆 A。因此，对第一列其他的 0 元素打×。同理，第二行加一个△，第三行有两个 0，不作记号，如图 10-11 所示。

列检验：第一、二列已没有未作记号的 0；第三列有一个 0，加△，表示车辆 C 运输货物丙，因此对同一行的 0 打×，如图 10-12 所示。

第三步：变换。

从检验出的矩阵可以看出，货物丁还未分配出去，车辆 D 也未分到任务。可见这不是最优方案。为过渡到最优方案，需对以上的矩阵再进行变换，如图 10-13 所示。变换规则如下：

（1）对所有没有分配任务的行打√，如第四行。

（2）在已打√的行中，找出打×的列，打√，如第一列。

（3）在已打√的列中找出加△的行，打√，如第一行。

$$\begin{bmatrix} \triangle{0} & 8 & 2 & 5 \\ 11 & \triangle{0} & 5 & 4 \\ 2 & 3 & 0 & 0 \\ \times 0 & 11 & 4 & 5 \end{bmatrix}$$

图 10-11　行检验

$$\begin{bmatrix} \triangle{0} & 8 & 2 & 5 \\ 11 & \triangle{0} & 5 & 4 \\ 2 & 3 & \triangle{0} & \times 0 \\ \times 0 & 11 & 4 & 5 \end{bmatrix}$$

图 10-12　列检验

$$\begin{bmatrix} \triangle{0} & 8 & 2 & 5 \\ 11 & \triangle{0} & 5 & 4 \\ 2 & 3 & \triangle{0} & \times 0 \\ \times 0 & 11 & 4 & 5 \end{bmatrix}$$

图 10-13　变换检验

（4）重复上述（2）、（3）项检验步骤，直至无法打√为止，然后用以下调整办法找最优解。

（5）给所有打√的列和未打√的行画线，这些线至少可以把所有0覆盖一次。一般来讲，如果是 $n \times n$ 阵，又要使最优解分配均在0上，最少线数就应等于 n，而此例中现只有三根直线（见图10-13），因此，这不是最优解，还需进一步进行变换。

第四步：再次变换。

从未经画线的元素中可以找出一个最小元素 $c_{13}=2$，从未全部画线的第一行和第四行中各减去2，如图10-14所示。可得 $s_1+s_2+s_3=26+2+2=30$。

由于此矩阵中第一列有负数，因此再在第一列上加2，于是得到一个所有元素均≥0的矩阵，如图5-15所示。得 $s_1+s_2+s_3-s_4=30-2=28$。

第五步：调整。

对新得的矩阵再进行行检验和列检验，如图10-16所示。第二、四行和第四列均只有一个0，加上△，并对同列或同行的0打×，剩下一个 c_{13} 处为0，加△。于是得到一个完整的分配方案，也即最优分配方案。得最优解为 $x_{13}=1$，$x_{22}=1$，$x_{34}=1$，$x_{41}=1$，而其余的 x_{ij} 均等于0。这表示A车辆去运丙货物，B车辆去运乙货物，C车辆去运丁货物，D车辆去运甲货物。

$$\begin{bmatrix} -2 & 6 & 0 & 3 \\ 11 & 0 & 5 & 4 \\ 2 & 3 & 0 & 0 \\ -2 & 9 & 2 & 3 \end{bmatrix} \qquad \begin{bmatrix} 0 & 6 & 0 & 3 \\ 13 & 0 & 5 & 4 \\ 4 & 3 & 0 & 0 \\ 0 & 9 & 2 & 3 \end{bmatrix} \qquad \begin{bmatrix} \times & 6 & \triangle & 3 \\ 13 & \triangle & 5 & 4 \\ 4 & 3 & \times & \triangle \\ \triangle & 9 & 2 & 3 \end{bmatrix}$$

图10-14 变换矩阵（3）　　　图10-15 变换矩阵（4）　　　图10-16 行检验和列检验

对于这个完整分配方案，可得

$$f(X)=\sum_i u_i+\sum_j v_j=28$$

再看一下加△处原效应矩阵的元素值，得

$$f(X)=c_{13}+c_{22}+c_{34}+c_{41}=9+4+11+4=28$$

由此可见，最优分配方案所对应的原效应矩阵中元素值之和，等于进行变换过程中行和列所加减数字的代数和（加为负，减为正）。此例中目标函数 S 的最小值即为

$$S=f(X)=c_{13}+c_{22}+c_{34}+c_{41}=\sum_{i=1}^n u_i+\sum_{j=1}^n v_j=28$$

情境链接

非标准形式的指派问题

前面讲到的标准形式指派问题中，每个人只能做一件事，每件事也只能有一个人做，而且价值系数 c_{ij} 的含义是时间、费用等，因此目标是追求最小化。现实中会遇到一些其他形式的指派问题，下面将一一列出，并给出其处理方法。

1. 目标函数求最大的指派问题

当价值系数的经济含义是收入、利润的时候，我们的目标就会变为求最大，而不是求最小。如果所有价值系数中的最大数是 m，此时可以假设每人都先丢失 m 元，则其净利润变为 $c_{ij} - m < 0$，或者说各自的损失为 $c'_{ij} = m - c_{ij} > 0$，以其作为价值系数，则可以将原问题转换为求总损失最小的指派问题，即标准形式的指派问题。

2. 一个人可以做两件事的指派问题

在工程招标活动中，有个别公司规模较大、实力格外雄厚，因此可以同时进行两个项目的施工，相当于一个人可以做两件事。在实际操作当中，该公司会成立两个项目组，分别组织一个项目的施工。因此，我们可以把这一个公司分为两个公司，即将其对应的价值系数行复制为两行。

3. 人数和事数不等的指派问题

如果总人数少于总事数，则此时添加虚拟人员，对应行的价值系数均设为 0 即可；如果总事数少于总人数，则添加虚拟列，对应列的价值系数也均设为 0。

例 10-7 某设备工程公司有三台设备可租给 A、B、C 和 D 四项工程使用，各设备用于各工程创造的利润如表 10-11 所示，问将哪一台设备租给哪一项工程，才能使创造的总利润最高？

表 10-11 设备公司工程利润表

工程 设备	A	B	C	D
M_1	4	10	8	5
M_2	9	8	0	2
M_3	12	3	7	4

解 如前面那样设 0-1 变量 x_{ij}（$i=1, 2, 3$；$j=1, 2, 3, 4$），其意义同前。现按以下步骤进行求解。

（1）先把极大化问题变为极小化问题。方法是用某一足够大的常数（此处取表 10-11 中的最大元素 12）减去原价值系数矩阵的各元素，从而得一新的价值系数矩阵如下：

$$\begin{array}{c}M_1 \\ M_2 \\ M_3\end{array}\begin{bmatrix}8 & 2 & 4 & 7 \\ 3 & 4 & 12 & 10 \\ 0 & 9 & 5 & 8\end{bmatrix}$$

（2）因设备台数比工程数少一个，故增加一虚拟设备 M_4，并把价值系数矩阵改为

$$\begin{array}{c}M_1 \\ M_2 \\ M_3 \\ M_4\end{array}\begin{bmatrix}8 & 2 & 4 & 7 \\ 3 & 4 & 12 & 10 \\ 0 & 9 & 5 & 8 \\ 0 & 0 & 0 & 0\end{bmatrix}$$

（3）用匈牙利法求解，得这个分派问题最优解为：

$$\begin{bmatrix} 0 & 0 & 1 & 0 \\ 0 & 1 & 0 & 0 \\ 1 & 0 & 0 & 0 \\ 0 & 0 & 0 & 1 \end{bmatrix}$$

从而得最优解如下：

$$x_{13} = x_{22} = x_{31} = x_{44} = 1，其他 x_{ij} = 0$$

（4）返回原问题，可知分派方案如下：

M_1 用于工程 C，M_2 用于工程 B，M_3 用于工程 A，不给工程 D 提供设备。该问题的目标函数值，即创造的最高利润为 12+8+8=28。

例 10-8 某大型工程由 5 个项目 A、B、C、D、E 组成，现有三个公司甲、乙、丙分别来投标，各自给出的报价如表 10-12 所示。这里甲、乙、丙三家公司实力均比较雄厚，可以同时进行两个项目的施工，请给出最优施工分配方案。

表 10-12　工程报价表

公司＼工程	A	B	C	D	E
甲	15	17	9	12	18
乙	14	18	10	11	16
丙	12	19	12	13	15

解　这里每家公司都可以同时进行两个项目的施工，也即每个人可以做两件事，所以我们将三行分别复制一遍，变为 6 行；而此时行数 6 大于列数 5，也即总人数大于总事数，所以我们再添加一列 0，代表虚拟项目。之后得到如下消耗系数矩阵的标准形式指派问题：

$$C = \begin{pmatrix} 15 & 17 & 9 & 12 & 18 & 0 \\ 15 & 17 & 9 & 12 & 18 & 0 \\ 14 & 18 & 10 & 11 & 16 & 0 \\ 14 & 18 & 10 & 11 & 16 & 0 \\ 12 & 19 & 12 & 13 & 15 & 0 \\ 12 & 19 & 12 & 13 & 15 & 0 \end{pmatrix}$$

按照匈牙利法求解得到最优解为

$$X^* = \begin{pmatrix} 0 & 1 & 0 & 0 & 0 & 0 \\ 0 & 0 & 1 & 0 & 0 & 0 \\ 0 & 0 & 0 & 1 & 0 & 0 \\ 0 & 0 & 0 & 0 & 0 & 1 \\ 0 & 0 & 0 & 0 & 1 & 0 \\ 1 & 0 & 0 & 0 & 0 & 0 \end{pmatrix}$$

即甲公司负责项目 B、C 的施工，乙公司仅负责项目 D 的施工，丙公司负责项目 A、E 的施工，总施工费用为 64。

情境回放

1. 整数规划是一类特殊的线性规划问题,用于解决决策变量部分或全部为整数的情况。本情境中介绍的分支定界法和割平面法是目前较为成熟、应用较为广泛的两种方法。

2. 在分支定界法中,采用分枝、剪枝、定界等方法,逐渐缩小可行区域、边界范围,进而得到整数规划的最优解。

3. 在割平面法中,通过增加约束条件,逐渐缩小线性规划问题的可行区域,进而求得对应整数规划问题的最优解。

4. 0-1 规划是整数规划的一种特殊情况,它的特点是:变量只能取 0 和 1 两个逻辑变量值。因此 0-1 规划较一般整数规划问题具有更好的解决方法,本情境介绍的隐枚举法通过增加一个过滤性条件,在枚举法的基础上大大减少了计算工作量。

5. 指派问题是一种特殊的 0-1 规划问题,也是一种特殊的运输问题。匈牙利法是目前对这一问题最有效的解决方法。但需要注意的是,该方法只能求解目标函数为最小化、人数和任务相等的情况,对于其他情况需要进行转换。

自测练习

1. 用分支定界法解下列整数规划问题。

(1)
$$\max z = 2x_1 + x_2$$
$$\text{s.t.} \begin{cases} x_1 + x_2 \le 5 \\ -x_1 + x_2 \le 0 \\ 6x_1 + 2x_2 \le 21 \\ x_1, x_2 \ge 0 \text{且为整数} \end{cases}$$

(2)
$$\min z = 5x_1 - x_2$$
$$\text{s.t.} \begin{cases} 3x_1 + 10x_2 \le 50 \\ 7x_1 - 2x_2 \le 30 \\ x_1, x_2 \ge 0 \text{且} x_2 \text{为整数} \end{cases}$$

2. 用割平面法求解下列各题。

(1)
$$\min z = 6x_1 + 8x_2$$
$$\text{s.t.} \begin{cases} 3x_1 + 2x_2 \ge 4 \\ x_1 + 2x_2 \ge 4 \\ x_1, x_2 \text{为正整数} \end{cases}$$

(2)
$$\min z = 3x_1 + 4x_2$$
$$\text{s.t.} \begin{cases} 3x_1 + 2x_2 \le 8 \\ x_1 + 5x_2 \le 9 \\ x_1, x_2 \text{为正整数} \end{cases}$$

3. 求解以下 0-1 规划问题。

(1)
$$\min z = 2x_1 + 5x_2 + 3x_3 + 4x_4$$
$$\text{s.t.} \begin{cases} -4x_1 + x_2 + x_3 + x_4 \ge 0 \\ -2x_1 + 4x_2 + 2x_3 + 4x_4 \ge 4 \\ x_1 + x_2 - x_3 + x_4 \ge 1 \\ x_j = 0,1 \\ j = 1,2,3,4 \end{cases}$$

(2)
$$\min z = 5x_1 + 6x_2 + 7x_3 + 8x_4 + 9x_5$$
$$\text{s.t.} \begin{cases} 3x_1 - x_2 + x_3 + x_4 - 2x_5 \ge 2 \\ x_1 + 3x_2 - x_3 - 2x_4 + x_5 \ge 0 \\ -x_1 - x_2 + 3x_3 + x_4 + x_5 \ge 1 \\ x_j = 0,1 \\ j = 1,2,3,4,5 \end{cases}$$

4. 表 10-13 是一个指派问题的系数矩阵,每个系数代表不同的人做不同事的收入,请给出最优的指派方案。

表 10-13　收入系数表

人 \ 事	A	B	C	D
甲	2	10	9	7
乙	15	4	14	8
丙	13	14	16	11
丁	4	15	13	9

5. 求下列指派问题的最小解，相关资料如表 10-14 所示。

表 10-14　最小化指派问题系数矩阵

公司 \ 项目	A	B	C	D	E
甲	7	8	9	4	12
乙	13	7	6	9	15
丙	4	5	2	7	6
丁	11	7	9	8	3
戊	8	9	6	10	7

物流对策

情境目标

1. 掌握对策论的基本概念及对策行为的基本要素。
2. 了解矩阵对策的数学模型及其策略。
3. 了解非零和对策的基本定义及其基本性质。

思政融合

1. 领悟"以己之长击彼之短"

博弈论的核心思想，如古代田忌赛马之博弈智慧，让我们不仅能够领悟到运筹博弈的内涵，更是可以懂得在总的劣势条件下，以己之长击彼之短，以最小的代价换取最大胜利的古典运筹思想。

2. 正确认识人生苦难，培养道路自信

纵观博弈论大师纳什（Nash）的故事，纳什的个人一生充满了悲剧，但是整个世界的数学和博弈理论却因他而精彩。纳什生动的经历鼓励我们：人生的苦难一方面是悲剧，另一方面是宝贵的财富，人生贵在专一和持之以恒，在大挫折、大困难中坚持道路自信，一定可以取得辉煌的成就。

情境案例

田忌赛马

战国时期，有一天齐威王提出与大将军田忌赛马。双方约定各选三匹马参赛，比赛分三轮进行，每轮各出一匹马，以千金为注。虽然同序的马（上、中、下）都是齐王的好于田忌的，但田忌的上、中马却可取胜齐王的中、下马。于是田忌的谋士孙膑让田忌以他的下马对齐王的上马，以上马对齐王的中马，以中马对齐王的下马。于是田忌一负二胜，赢得了千金。由此看来，他们各自采取什么样的出马顺序对胜负是至关重要的。

？ 思考：

有哪些因素构成了田忌赛马这一精彩的故事？

11.1　物流对策概述

11.1.1　物流对策的基本概念

对策论也称博弈论（Game Theory），是研究具有竞争性质现象的数学理论和方法。对策论的发展历史并不长，但由于它所研究的现象与人们的政治、经济、军事活动乃至日常的生活都有着密切的关系，因此日益引起人们的广泛关注。对策论就是研究对策行为中竞争各方是否存在着最合理的行动方案，以及如何寻找这个合理的行动方案的数学理论和方法。对策行为大量存在，如日常生活中的下棋、打牌，政治生活中的选举策略、外交策略，经济生活中的谈判策略、价格策略，等等。物流管理过程中，也会存在很多对策问题，比如供应链上下游企业之间的价格博弈、时间博弈，物流配送过程中服务与效率的博弈，这些都可归纳为物流对策。

对策论中的对策行为具有广泛的内涵，许多表面不具有对抗性质的行为，完全可能转换为深层次的对抗行为。如在生产过程中，如果将管理者看成对抗的一方，那么各种费用便可看成对抗的另一方，从而构成对抗行为。对策的思想很早就已经存在，"田忌赛马"就是一个典型的例子。

具有竞争或对抗性质的行为称为对策行为。在对策行为中，竞争或对抗的各方各自具有不同的目标和利益，为达到自己的目标和利益最大化，各方必须考虑对方可能采取的各种行动方案并力图选取对自己最有利或最为合理的方案。

11.1.2　对策行为的基本要素

对策行为具有三个基本要素，即局中人、策略和赢得函数。分析对策行为，首先必须弄清楚这三个基本要素。

1. 局中人（Player）

在一局对策中，有权决定自己行动方案的参加者称为局中人，通常用 P 表示局中人的集合。"田忌赛马"的局中人集合可表示为 $P = \{齐王，田忌\}$。一般一个对策行为中至少应有两个局中人。

局中人这一概念具有广义性，可以理解为一个人，也可以理解为一群人，甚至是一种自然事物。比如，在桥牌游戏中，虽然有 4 个人参加，但由于东与西、南与北是联盟关系，有着完全一致的目的，因此东与西能看成一个局中人，南与北也能看成一个局中人，所以系统中的局中人有 2 个；再比如，在研究不确定气候条件的生产决策时，大自然成为对策行为的一方。需要强调的是，在对策行为中总是假设每个局中人都是"理智的"决策者，不存在利用他人失误来扩大自身利益的可能性。

2. 策略（Strategy）

在一局对策中，可供局中人选择的完整的行动方案称为策略。所谓完整的行动方案是指一局对策中自始至终的全局规划，而不是其中某一步或某几步的安排。在"田忌赛马"这一引例中，如果用（上、中、下）表示上、中、下马参赛的顺序，那么（上、中、下）便是一个完整的行动方案，即为一个策略。显然，局中人齐王和田忌各自都有（上、中、下）、（上、下、中）、（中、上、下）、（中、下、上）、（下、上、中）、（下、中、上）6 个策略。

3. 赢得函数（Score）

在一局对策中，局中人使用每一个策略都会有所得失，这种得失可能是胜利或失败、收入或支出，以及名次的先后。每个局中人在一局对策中的得失，通常不仅与其自身采取的策略有关，而且还与其他局中人所采取的策略有关。也就是说，每个局中人的得失是全体局中人所采取的一组策略的函数，这一函数称为局中人的赢得函数。在"田忌赛马"这一引例中，当齐王和田忌各自采取不同策略时，齐王的赢得函数值如表 11-1 所示。

表 11-1　齐王的赢得函数值

田忌 齐王	上 中 下	上 下 中	中 上 下	中 下 上	下 上 中	下 中 上
上、中、下	3	1	1	1	-1	1
上、下、中	1	3	1	1	1	-1
中、上、下	1	-1	3	1	1	1
中、下、上	-1	1	1	3	1	1
下、上、中	1	1	1	-1	3	1
下、中、上	1	1	-1	1	1	3

在一局对策中，各局中人选定的策略所形成的策略组称为一个局势，如果用 s_i 表示第 i 个局中人所采取的策略，则 n 个局中人所形成的策略组 $S = (s_1, s_2, \cdots, s_n)$ 就是一个局势。当局势出现后，对策的结果也就随之确定了，即对任意一个局势 S，局中人 i 可以得到一个赢得函数 $H_i(S)$。

11.1.3　对策行为的分类

对策行为可以根据不同的标志分成许多不同的种类。根据局中人的数量，可以分为二人对策和多人对策；多人对策又可划分为结盟对策和不结盟对策。根据局中人策略集合的有限或无限，可以分为有限对策和无限对策。根据全部局中人赢得函数的代数和（赢者为正，输者为负）是否为零，可以分为零和对策和非零和对策。

在众多的对策模型中，占有重要地位的是二人有限零和对策，这类对策又称为矩阵对策。矩阵对策是目前理论研究和求解方法都比较完善的一类对策，它的研究思想和理论结果是研究其他类型对策模型的基础。

11.2　矩阵对策

矩阵对策就是二人有限零和对策，两个局中人的赢得之和总是等于零，即对策双方的利益总是激烈对抗的，一人的赢是建立在另一人的输基础之上的。"田忌赛马"就是一个矩阵对策的例子，齐王和田忌各有 6 个策略，一局对策结束后，齐王的赢得必为田忌的损失，反之亦然。

11.2.1 矩阵对策的数学模型

一般用甲、乙表示两个局中人，假设甲有 m 个策略，表示为 $S_1 = (\alpha_1, \alpha_2, \cdots, \alpha_m)$；乙有 n 个策略，表示为 $S_2 = (\beta_1, \beta_2, \cdots, \beta_n)$。当甲选定策略 α_i、乙选定策略 β_j 后，就形成了一个局势 (α_i, β_j)，可见这样的局势有 $m \times n$ 个。对任一局势 (α_i, β_j)，甲的赢得值为 a_{ij}，即甲的赢得矩阵 $A_{m \times n} = \{a_{ij}\}$。因为对策是零和的，所以乙的赢得矩阵为 $-A_{m \times n}$。

建立二人零和对策模型，就是要根据对实际问题的叙述，确定甲和乙的策略集合与相应的赢得矩阵。下面通过例子说明二人零和对策模型的建立。

例 11-1　甲、乙两名儿童玩猜拳游戏，游戏中双方的策略集均为拳头（代表石头）、手掌（代表布）和两个手指（代表剪刀）。如果双方所选策略相同，算和局，双方均不得分。试建立儿童甲的赢得矩阵。

解　根据题意有表 11-2，如下所示。

表 11-2　甲的赢得矩阵

乙　＼　甲	石　头	剪　刀	布
石头	0	1	−1
剪刀	−1	0	1
布	1	−1	0

即儿童甲的赢得矩阵为

$$A = \begin{bmatrix} 0 & 1 & -1 \\ -1 & 0 & 1 \\ 1 & -1 & 0 \end{bmatrix}$$

矩阵对策模型给定后，各局中人面临的问题便是如何选取对自己最为有利的策略，以谋取最大的赢得或最小的损失。

11.2.2 矩阵对策的策略

例 11-2　设矩阵对策 $G = \{S_1, S_2, A\}$，其中 $S_1 = \{\alpha_1, \alpha_2, \alpha_3, \alpha_4\}$、$S_2 = \{\beta_1, \beta_2, \beta_3\}$、

$$A = \begin{bmatrix} -4 & 2 & -6 \\ 4 & 3 & 5 \\ 8 & -1 & -10 \\ -3 & 0 & 6 \end{bmatrix}。$$

由于假设两个局中人都是理智的，所以每个局中人都必须考虑到对方会设法使自己的赢得最少，谁都不能存在侥幸心理。"理智行为"就是从最坏处着想，去争取尽可能好的结果。

当局中人甲选取策略 α_1 时，他的最小赢得是 -6，这是选取此策略的最坏结果。一般地，局中人甲选取策略 α_i 时，他的最小赢得是 $\min_j\{a_{ij}\}$（$i=1,2,\cdots,m$）。对本例而言，甲选取策略 α_1、α_2、α_3、α_4 时，其最小赢得分别是 -6、3、-10、-3。在最坏的情况下，最好的结果是 3，因此，局中人甲应选取策略 α_2。这样，不管局中人乙选取什么策略，局中人甲的赢得均不小于 3。

同理，对于局中人乙来说，选取策略 β_j 时的最坏结果是赢得矩阵 A 中第 j 列各元素的最大者，即 $\max_i\{a_{ij}\}$（$j=1,2,\cdots,n$）。对本例而言，乙选取策略 β_1、β_2、β_3 时，其最大损失分别是 8、3、6。在最坏的情况下，最好的结果是损失 3，因此，局中人乙应选取策略 β_2。这样，不管局中人甲选取什么策略，局中人乙的损失均不超过 3。

对本例而言，赢得矩阵 A 的各行最小元素的最大值与各列最大元素的最小值相等，即
$$\max_i\{-6,3,-10,-3\}=\min_j\{8,3,6\}=3$$
所以该矩阵对策的解（最佳局势）为 $\{\alpha_2,\beta_2\}$，结果是甲赢得 3、乙损失 3。

上例之解是对策均衡的产物，任何一方如果擅自改变自己的策略都将为此付出代价。对于一般矩阵对策，有如下定义：

定义 11-1 设 $G=\{S_1,S_2,A\}$ 为矩阵对策，其中双方的策略集和赢得矩阵分别为 $S_1=\{\alpha_1,\alpha_2,\cdots,\alpha_m\}$、$S_2=\{\beta_1,\beta_2,\cdots,\beta_n\}$、$A=\{a_{ij}\}_{mn}$。有等式
$$\max_i[\min_j(a_{ij})]=\min_j[\max_i(a_{ij})]=a_{i^*j^*} \tag{11-1}$$

成立，则称 $a_{i^*j^*}$ 为对策 G 的值，局势（α_{i^*},β_{j^*}）为对策 G 的解或平衡局势。α_{i^*} 和 β_{j^*} 分别称为局中人甲、乙的最优策略。之所以把策略 α_{i^*} 和 β_{j^*} 称为最优策略，是因为当一方采取上述策略时，若另一方存在侥幸心理而不采取相应的策略，他就会为自己的侥幸付出代价。事实上，当 $a_{i^*j^*}>0$ 时，局中人甲有立于不败之地的策略，所以他是不愿意冒险的，他必定要选取他的最优策略。这就迫使局中人乙不能存在侥幸心理，相应地也要选取最优策略。同理，当 $a_{i^*j^*}<0$ 时，也会得出局中人双方都将采取最优策略的结论。

由于 $a_{i^*j^*}$ 既是其所在行的最小元素，同时又是其所在列的最大元素，即
$$a_{ij^*}\le a_{i^*j^*}\le a_{i^*j} \tag{11-2}$$
因此将这一事实推广到一般矩阵对策，可得定理 11-1。

定理 11-1 矩阵对策 $G=\{S_1,S_2,A\}$ 在策略意义上有解的充分必要条件是，存在着局势（α_{i^*},β_{j^*}），使得对于一切 $i=1,2,\cdots,m$ 和 $j=1,2,\cdots,n$，均有式（11-2）成立。

证明 充分性：

由于对于一切 $i=1,2,\cdots,m$ 和 $j=1,2,\cdots,n$，均有式（11-2）成立，故
$$\max_i(a_{ij^*})\le a_{i^*j^*}\le\min_j(a_{i^*j})$$

又因为
$$\min_j[\max_i(a_{ij})]\le\max_i(a_{ij^*})、\quad \min_j(a_{i^*j})\le\max_i[\min_j(a_{i^*j})]$$

所以
$$\min_j[\max_i(a_{ij})]\le a_{i^*j^*}\le\max_i[\min_j(a_{ij})] \tag{11-3}$$

此外，由于对于一切 $i=1,2,\cdots,m$ 和 $j=1,2,\cdots,n$ 均有

$$\min_j(a_{ij}) \leq a_{ij} \leq \max_i(a_{ij})$$

所以

$$\max_i[\min_j(a_{ij})] \leq \min_j[\max_i(a_{ij})] \qquad (11\text{-}4)$$

由式（11-3）和式（11-4）有

$$\max_i[\min_j(a_{ij})] = \min_j[\max_i(a_{ij})] = a_{i^*j^*}$$

必要性：

设存在 i^* 和 j^*，使得

$$\min_j(a_{i^*j}) = \max_i[\min_j(a_{ij})] \text{、} \max_i(a_{ij^*}) = \min_j[\max_i(a_{ij})]$$

则由

$$\max_i[\min_j(a_{ij})] = \min_j[\max_i(a_{ij})]$$

有

$$\max_i(a_{ij^*}) = \min_j(a_{i^*j}) \leq a_{i^*j^*} \leq \max_i(a_{ij^*}) = \min_j(a_{i^*j})$$

所以，对于一切 $i=1,2,\cdots,m$ 和 $j=1,2,\cdots,n$，均有

$$a_{ij^*} \leq \max_i(a_{ij^*}) \leq a_{i^*j^*} \leq \min_j(a_{i^*j}) \leq a_{i^*j}$$

为了便于对更广泛的对策情形进行分析，现引入关于二元函数鞍点的概念。

定义 11-2 设 $f(x,y)$ 为定义在 $x \in A$ 及 $y \in B$ 上的实函数，若存在 $x^* \in A$、$y^* \in B$，使一切 $x \in A$ 和 $y \in B$ 满足

$$f(x,y^*) \leq f(x^*,y^*) \leq f(x^*,y) \qquad (11\text{-}5)$$

则称 (x^*,y^*) 为函数 $f(x,y)$ 的一个鞍点。

例 11-3 矩阵对策 $G = \{S_1, S_2, A\}$，其中赢得矩阵为

$$A = \begin{bmatrix} 7 & 5 & 6 & 5 \\ 2 & -3 & 9 & -4 \\ 6 & 5 & 7 & 5 \\ 0 & 1 & -1 & 2 \end{bmatrix}$$

直接在矩阵上计算，每一行的最小值列向量为 $(5,-4,5,-1)^T$，每一列的最大值行向量为 $(7,5,9,5)$。于是：

$$\max_i[\min_j(a_{ij})] = \min_j[\max_i(a_{ij})] = a_{i^*j^*} = 5$$

其中 $i^*=1,3$；$j^*=2,4$。故 (α_1,β_2)、(α_1,β_4)、(α_3,β_2)、(α_3,β_4) 四个局势均为对策的解，且 $a_{i^*j^*}=5$。

由此例可知，矩阵对策的解可以是不唯一的。当矩阵对策具有不唯一解时，各解之间的关系具有这样的性质：

（1）无差异性，即若 (α_1,β_1) 和 (α_2,β_2) 是矩阵对策的两个解，则 $a_{11}=a_{22}$；

（2）可交换性，即若 (α_1,β_1) 和 (α_2,β_2) 是矩阵对策的两个解，则 (α_1,β_2) 和 (α_2,β_1) 也是矩阵对策的解。

11.2.3 矩阵对策的混合策略

由前面的讨论可知，对于矩阵对策 $G = \{S_1, S_2, A\}$ 来说，局中人甲有把握的最少赢得是

$$v_1 = \max_i[\min_j(a_{ij})]$$

局中人乙有把握的最多损失是

$$v_2 = \min_j[\max_i(a_{ij})]$$

当 $v_1 = v_2$ 时，矩阵对策 $G = \{S_1, S_2, A\}$ 存在策略意义上的解。然而，并非总有 $v_1 = v_2$，实际问题出现更多的情形是 $v_1 < v_2$，此时矩阵对策不存在策略意义上的解。

例 11-4 矩阵对策 $G = \{S_1, S_2, A\}$，其中赢得矩阵为

$$A = \begin{bmatrix} -4 & 4 & -6 \\ 4 & 3 & 5 \\ 8 & -1 & -10 \\ -3 & 0 & 6 \end{bmatrix}$$

$$v_1 = \max_i[\min_j(a_{ij})] = 3 , \quad i^* = 2$$

$$v_2 = \min_j[\max_i(a_{ij})] = 4 , \quad j^* = 2$$

由于 $v_2 = 4 > v_1 = 3$，于是当双方根据从最不利的情形中选择最有利的结果的原则选择策略时，应分别选择策略 α_2 和 β_2，此时局中人甲的赢得为 3（即乙的损失为 3），乙的损失比预期的 4 少。出现此情形的原因就在于局中人甲选择了策略 α_2，使其对手减少了本该付出的损失；故对于策略 β_2 来讲，α_2 并不是局中人甲的最优策略。局中人甲会考虑选取策略 α_1，以使局中人乙付出本该付出的损失；乙也会将自己的策略从 β_2 改变为 β_3，以使自己的赢得为 6；甲又会随之将自己的策略从 α_1 改变为 α_4，来对付乙的 β_3。如此这般，对于两个局中人来说，根本不存在一个双方均可以接受的平衡局势；或者说当 $v_1 < v_2$ 时，矩阵对策 G 不存在策略意义上的解。

在这种情形下，一个比较自然且合乎实际的想法是，既然不存在策略意义上的最优策略，那么是否可以利用最大期望赢得，规划一个选取不同策略的概率分布呢？由于这种策略是局中人策略集上的一个概率分布，故称之为混合策略。

定义 11-3 设矩阵对策 $G = \{S_1, S_2, A\}$，其中双方的策略集和赢得矩阵分别为 $S_1 = \{\alpha_1, \alpha_2, \cdots, \alpha_m\}$、$S_2 = \{\beta_1, \beta_2, \cdots, \beta_n\}$、$A = \{a_{ij}\}_{mn}$。

令

$$X = \{x \in E^m \mid x_i \geq 0, \ i = 1, 2, \cdots, m; \ \sum_{i=1}^m x_i = 1\}$$

$$Y = \{y \in E^n \mid y_j \geq 0, \ j = 1, 2, \cdots, n; \ \sum_{j=1}^n y_j = 1\}$$

则 X 和 Y 分别称为局中人甲、乙的混合策略集；$x \in X$、$y \in Y$，分别称为局中人甲、乙的混合策略；而 (x, y) 称为一个混合局势。局中人甲的赢得函数记为

$$E(x,y) = x^{\mathrm{T}}Ay = \sum_{i=1}^{m}\sum_{j=1}^{n}a_{ij}x_iy_j \qquad (11\text{-}6)$$

这样得到一个新的对策，记为 $G' = \{X,Y,E\}$，对策 G' 称为对策 G 的混合拓展。

定义 11-4 设 $G' = \{X,Y,E\}$ 为矩阵对策 $G = \{S_1,S_2,A\}$ 的混合拓展，如果存在

$$V_G = \max_{x\in X}\min_{y\in Y}E(x,y) = \min_{y\in Y}\max_{x\in X}E(x,y) \qquad (11\text{-}7)$$

则使式（11-7）成立的混合局势 (x^*,y^*) 称为矩阵对策 G 在混合意义上的解，x^* 和 y^* 分别称为局中人甲和乙的最优混合策略，V_G 为矩阵对策 $G = \{S_1,S_2,A\}$ 或 $G' = \{X,Y,E\}$ 的值。

为方便起见，我们无须对矩阵对策 $G = \{S_1,S_2,A\}$ 及其混合拓展 $G' = \{X,Y,E\}$ 加以区别，均可以用 $G = \{S_1,S_2,A\}$ 来表示。当矩阵对策 $G = \{S_1,S_2,A\}$ 在策略意义上无解时，自动转向讨论混合策略意义上的解。

定理 11-2 局势 (x^*,y^*) 是矩阵对策 $G = \{S_1,S_2,A\}$ 在混合策略意义上解的充分必要条件是，对于一切 $x\in X$、$y\in Y$ 均存在

$$E(x,y^*) \leqslant E(x^*,y^*) \leqslant E(x^*,y) \qquad (11\text{-}8)$$

例 11-5 已知矩阵对策 $G = \{S_1,S_2,A\}$，求其混合策略意义上的解。其中 $S_1 = \{\alpha_1,\alpha_2\}$、$S_2 = \{\beta_1,\beta_2\}$、赢得矩阵 $A = \begin{bmatrix} 3 & 6 \\ 5 & 4 \end{bmatrix}$。

解 显然 G 在策略意义上无解，于是设 $x = (x_1,x_2)$ 是局中人甲的混合策略，$y = (y_1,y_2)$ 是局中人乙的混合策略，则

$$X = \{(x_1,x_2)\,|\,x_i \geqslant 0,\ i=1,2;\ x_1+x_2=1\}$$
$$Y = \{(y_1,y_2)\,|\,y_j \geqslant 0,\ j=1,2;\ y_1+y_2=1\}$$

局中人甲的赢得期望值

$$E(x,y) = x^{\mathrm{T}}Ay = 3x_1y_1 + 6x_1y_2 + 5x_2y_1 + 4x_2y_2$$
$$= -4(x_1-\tfrac{1}{4})(y_1-\tfrac{1}{2}) + \tfrac{9}{2}$$

取 $x^* = \left(\frac{1}{4},\frac{3}{4}\right)$、$y^* = \left(\frac{1}{2},\frac{1}{2}\right)$，则 $E(x^*,y^*) = \frac{9}{2}$、$E(x^*,y) = E(x,y^*) = \frac{9}{2}$，即有式（11-8）成立，故局势 (x^*,y^*) 是矩阵对策 $G = \{S_1,S_2,A\}$ 在混合策略意义上的解，$V_G = \frac{9}{2}$ 为矩阵对策的值。

设局中人甲采取策略 α_i 时，其相应的赢得函数为 $E(i,y)$，于是

$$E(i,y) = \sum_{j=1}^{n}a_{ij}y_j \qquad (11\text{-}9)$$

设局中人乙采取策略 β_j 时，乙的赢得函数为 $E(x,j)$，于是

$$E(x,j) = \sum_{i=1}^{m}a_{ij}x_i \qquad (11\text{-}10)$$

由式（11-9）和式（11-10）可得

$$E(x,y) = \sum_{i=1}^{m}\sum_{j=1}^{n}a_{ij}x_iy_j = \sum_{i=1}^{m}(\sum_{j=1}^{n}a_{ij}y_j)x_i = \sum_{i=1}^{m}E(i,y)x_i \qquad (11\text{-}11)$$

和

$$E(x,y) = \sum_{i=1}^{m}\sum_{j=1}^{n} a_{ij}x_i y_j = \sum_{j=1}^{n}(\sum_{i=1}^{m} a_{ij}x_i)y_j = \sum_{j=1}^{n} E(x,j)y_j \qquad (11\text{-}12)$$

定理 11-3 设 $x^* \in X$、$y^* \in Y$，则 (x^*,y^*) 是矩阵对策 $G = \{S_1,S_2,A\}$ 的解的充分必要条件是，对于任意的 i（$i=1,2,\cdots,m$）和 j（$j=1,2,\cdots,n$），均存在

$$E(i,y^*) \leq E(x^*,y^*) \leq E(x^*,j) \qquad (11\text{-}13)$$

证明 设 (x^*,y^*) 是矩阵对策 $G = \{S_1,S_2,A\}$ 的解，则由定理 11-2 可知式（11-8）成立。由于策略是混合策略的特例，故式（11-13）成立。反之，设式（11-13）成立，由

$$E(x,y^*) = \sum_{i=1}^{m} E(i,y^*)x_i \leq E(x^*,y^*) \cdot \sum_{i=1}^{m} x_i = E(x^*,y^*)$$

$$E(x^*,y) = \sum_{j=1}^{n} E(x^*,j)y_j \geq E(x^*,y^*) \cdot \sum_{j=1}^{n} y_j = E(x^*,y^*)$$

即得式（11-8），证明完毕。

定理 11-3 的意义在于，在检验 (x^*,y^*) 是否为对策 G 的解时，式（11-13）把需要对无限个不等式进行验证的问题转化为只需对有限个不等式进行验证的问题，从而使研究更加简化。

不难证明，定理 11-3 可表达为如下定理 11-4 的等价形式，而这一形式在求解矩阵对策时是特别有用的。

定理 11-4 设 $x^* \in X$、$y^* \in Y$，则 (x^*,y^*) 是矩阵对策 $G = \{S_1,S_2,A\}$ 的解的充分必要条件是，存在数 v，使得 x^* 和 y^* 分别是不等式组

$$\begin{cases} \sum_{i=1}^{m} a_{ij}x_i \geq v & (j=1,2,\cdots,n) \\ \sum_{i=1}^{m} x_i = 1 \\ x_i \geq 0 & (i=1,2,\cdots,m) \end{cases} \qquad (11\text{-}14)$$

和

$$\begin{cases} \sum_{j=1}^{n} a_{ij}y_j \leq v & (i=1,2,\cdots,m) \\ \sum_{j=1}^{n} y_j = 1 \\ y_j \geq 0 & (j=1,2,\cdots,n) \end{cases} \qquad (11\text{-}15)$$

的解，且 $v = V_G$。

定理 11-5 对任一矩阵对策 $G = \{S_1,S_2,A\}$，一定存在混合策略意义上的解。

证明 由定理 11-3 可知，此命题只需证明存在 $x^* \in X$、$y^* \in Y$ 使得式（11-13）成立即可。

为此，考虑如下两个线性规划问题。显然，这两个线性规划问题互为对偶，而且

$$x = (1,0,0,\cdots,0)^T \in E^m, \quad w = \min_j(a_{1j})$$

是第一个问题的一个可行解；而

$$y = (1,0,0,\cdots,0)^T \in E^n, \quad v = \max_i(a_{i1})$$

是第二个问题的一个可行解。

线性规划问题 1：$\max z = w$

$$
\begin{cases}
\sum_{i=1}^{m} a_{ij} x \geqslant w & (j = 1, 2, \cdots, n) \\
\sum_{i=1}^{m} x_i = 1 & \\
x_i \geqslant 0 & (i = 1, 2, \cdots, m)
\end{cases}
$$

线性规划问题 2：$\min z = v$

$$
\begin{cases}
\sum_{j=1}^{n} a_{ij} y_j \leqslant v & (i = 1, 2, \cdots, m) \\
\sum_{j=1}^{n} y_j = 1 & \\
y_j \geqslant 0 & (j = 1, 2, \cdots, n)
\end{cases}
$$

由线性规划的对偶理论可知，这两个线性规划问题分别存在最优解 (x^*, w^*) 和 (y^*, v^*)，且 $w^* = v^*$。即存在 $x^* \in X$、$y^* \in Y$ 和数 v^*，使得对任意的 i（ $i = 1, 2, \cdots, m$ ）和 j（ $j = 1, 2, \cdots, n$ ），均存在

$$
\sum_{j=1}^{n} a_{ij} y_j^* \leqslant v^* \leqslant \sum_{i=1}^{m} a_{ij} x_i^* \tag{11-16}
$$

或

$$
E(i, y^*) \leqslant v^* \leqslant E(x^*, j) \tag{11-17}
$$

又由

$$
E(x^*, y^*) = \sum_{i=1}^{m} E(i, y^*) x_i^* \leqslant v^* \cdot \sum_{i=1}^{m} x_i^* = v^*
$$

$$
E(x^*, y^*) = \sum_{j=1}^{n} E(x^*, j) y_j^* \geqslant v^* \cdot \sum_{j=1}^{n} y_j^* = v^*
$$

得到 $v^* = E(x^*, y^*)$，故由式（11-17）可知式（11-13）成立，证明完毕。

定理 11-5 的证明是一个构造性的证明，它不仅证明了矩阵对策解的存在性，而且给出了利用线性规划方法求解矩阵对策的思想。

11.3 非零和对策

在许多现实对策问题中，一个局中人的赢得并不要求一定就是另一个局中人的损失，我们将这种局中人甲的赢得不等于局中人乙的损失的对策称为非零和对策。首先来看一个传统的非零和对策的案例：犯罪嫌疑人甲和乙被捕入狱，在接下来的审讯过程中，甲、乙面临着招供还是拒供的对策问题。按警方所掌握的证据和现行法律，甲、乙可以推知表 11-3 所反映信息。

表 11-3 赢得矩阵

甲 \ 乙	拒 供	招 供
拒供	各 1 年	甲 10 年、乙 0.25 年
招供	甲 0.25 年、乙 10 年	各 8 年

寻找局中人甲、乙的均衡策略是我们分析非零和对策的起点,这样的分析需要将表 11-3 转换为表 11-4(标准的赢得矩阵)。很容易看出,对于犯罪嫌疑人乙来讲,拒供是绝对不可取的,因为无论甲是否招供,乙拒供都会招致更重的惩罚;同理,甲也一定采取招供的策略。

表 11-4 标准的赢得矩阵

甲 \ 乙	拒 供	招 供
拒供	-1,-1	-10,-0.25
招供	-0.25,-10	-8,-8

所以,当局中人甲、乙均做出理性的选择时,均衡策略应是招供,每人得到 8 年监禁的惩罚。然而,这里存在一个反论,如果犯罪嫌疑人甲和乙均采取不理性的选择,那么他们将从不理性中受益(每人只得到 1 年监禁的惩罚)。

在非零和对策中,局中人是否合作对均衡策略有着至关重要的影响。上例中,如果甲、乙不合作,均衡策略是(招供,招供);如果甲、乙合作,均衡策略是(拒供,拒供)。

类似的对策情形也时常出现在经济问题中。例如,两家小公司各自控制着自己独立的目标市场,只要他们互不侵犯,各自均能获得比较满意的利润。但是,如果一家公司入侵对方的领地,而对方没有采取扩张的策略,那么,入侵的公司将增加利润,没有扩张的公司将被吃掉;如果两家公司同时采取扩张的策略,那么,两家公司虽然都可以保全,但利润均有所下降。如果这两家公司没有合作,理性的选择就只有扩张了;很显然,如果这两家公司进行合作,最佳的选择自然应该是各自保持自己的领地。

11.3.1 纳什均衡

并非所有的对策都存在绝对均衡,所谓绝对均衡是指每一个局中人无须考虑对方采取什么策略,自身自然存在着一个最优策略。下面的例子描述的就是一个没有绝对均衡的对策。

一对夫妇,一般情况下都可以对如何充实闲暇时间达成共识,但当戏曲表演与篮球比赛同时进行时冲突就出现了。迷恋戏曲表演的太太称为 Buff,而热衷于篮球比赛的先生称为 Fan。双方都面临两种选择,即戏曲表演或篮球比赛。双方约定,同时给出自己不可更改的选择,各种策略对所构成的赢得矩阵如表 11-5 所示。

表 11-5　赢得矩阵

Buff \ Fan	戏 曲 表 演	篮 球 比 赛
戏曲表演	3，1	-4，-4
篮球比赛	-2，-2	1，3

表 11-5 中的赢得值是局中人在策略对中所获得的效用，负值代表由于不和谐所产生的懊恼。该例显然不存在绝对均衡，但对非零和对策而言，另一种较弱的均衡形式可能存在。

定义 11-5　只要一个局中人不改变其策略，另一个局中人就没有改变自身策略的动因，这样的策略均衡称为纳什均衡。

按照纳什均衡的定义，上例中的策略对（Buff：戏曲表演，Fan：戏曲表演）是一个纳什均衡。戏曲对于 Buff 是最好的，只要 Fan 也选择戏曲；同样地，戏曲对于 Fan 也是最好的，只要 Buff 坚持选择戏曲。建立一个纳什均衡首先必须选取一个策略对，然后再检验它。策略对（Buff：戏曲表演，Fan：篮球比赛）就不是一个纳什均衡，它无法通过这样的检验。因为 Buff 选择了戏曲，Fan 最好是改变自己的策略，也选择戏曲；同样地，Fan 选择了篮球比赛，Buff 最好是改变自己的策略，也选择篮球比赛。类似地有，策略对（Buff：篮球比赛，Fan：戏曲表演）也不是一个纳什均衡，因为在一方没有改变策略时，另一方就存在改变自己策略的动因。

一个非零和对策可以有多纳什均衡，上例中的策略对（Buff：篮球比赛，Fan：篮球比赛）就是第二个纳什均衡。

对于一次对策，任何一个纳什均衡都可以看成最优解；但对于多次重复的对策，问题就不是那么简单了。可以设想，如果在多次对策中总是重复（Buff：戏曲表演，Fan：戏曲表演），Fan 自然就会有不公平的感觉。解决这一问题需要一个辅助的协议，即轮番采用各个纳什均衡。比如，一周去看戏曲表演，一周去看篮球比赛。

11.3.2　无均衡对策

我们不能要求一个对策一定要有绝对均衡或纳什均衡，有些对策就既没有绝对均衡也没有纳什均衡，请看下面的例子（表 11-6）。

表 11-6　赢得矩阵（1）

父母 \ 子女	做 家 务	不 做 家 务
提供零用钱	4，3	-1，4
不提供零用钱	-2，2	0，0

构造一个纳什均衡，必须检验所有的策略对。策略对（提供零用钱，做家务）不是一个均衡，因为如果有了零用钱，则子女宁愿不做家务而外出玩耍；策略对（提供零用钱，不做家务）也不是一个均衡，因为如果子女选择了不做家务，那么父母将宁愿不提供零用钱；同样，策略对（不提供零用钱，做家务）和策略对（不提供零用钱，不做家务）也都

不是均衡。

设想这样的情形，子女选择做家务，父母选择提供零用钱；然而，由于父母选择提供零用钱，子女将转而选择不做家务，以便有时间消费。由于父母可以预见子女有了钱后的选择，因此转而选择不提供零用钱。没有了零用钱，子女为避免寂寞而选择做家务；由于子女选择了做家务，父母便产生内疚感，转而选择提供零用钱。这样，我们又一次回到了设想的起点。当无均衡对策可言时，并没有以理性为基础的稳定的策略对（策略意义上的解）存在；然而，如果局中人依据一定的概率选取各个策略，稳定的策略对（混合策略意义上的解）还是存在的。

为了展示如何在更加一般的意义上寻找最优的混合策略，我们仍然应用表 11-6 所给出的例子。在一些家庭中尽管这样的游戏可能只是间或进行的，但如果将其看成一个游戏系列，则对于我们研究问题是很有帮助的。假设父母与子女之间签订了一份这样的合同，每个月通过背对背的形式重新调整双方的策略。

由于最初父母并不知道应该选择哪一个策略，所以产生了概率 P_A（选择提供零用钱的概率）和概率 $1-P_A$（选择不提供零用钱的概率）；同样地，子女选择做家务的概率为 Q_C，选择不做家务的概率为 $1-Q_C$。对策双方将按照期望赢得最大的原则选择自己的混合策略。

首先考虑父母，他们的赢得矩阵列于表 11-7 中。不但父母不知道应该选择哪一个策略，其子女同样也不知道应该选择哪一个策略。首先计算父母采取每一策略（每一行）的期望赢得，即用子女选择各策略的概率乘以该行相应的赢得值之和；然后计算父母的期望赢得，即用其选择各策略的概率乘以相应各策略的期望赢得之和（见表 11-7）。

表 11-7　赢得矩阵（2）

父母　＼　子女	做家务 (Q_C)	不做家务 $(1-Q_C)$	$\begin{aligned}&P_A(5Q_C-1)+(1-P_A)(-2Q_C)\\&=-P_A-2Q_C+7P_AQ_C\end{aligned}$
提供零用钱 (P_A)	4	-1	$4Q_C-1\times(1-Q_C)=5Q_C-1$
不提供零用钱 $(1-P_A)$	-2	0	$-2Q_C+0\times(1-Q_C)=-2Q_C$

父母的期望赢得是 P_A、Q_C 的函数，即 $-P_A-2Q_C+7P_AQ_C$。将具有 P_A 的两项加以合并，可以得到等价的表达式：

父母的期望赢得 $=(-1+7Q_C)P_A-2Q_C$

因为两个变量 P_A、Q_C 都是非负的，所以当 P_A 的系数为零时，父母的期望赢得达到最大，即

$$-1+7Q_C=0，Q_C=\frac{1}{7}\approx0.143$$

将 $Q_C=1/7$ 代入父母的期望赢得表达式，可得：

$$父母的期望赢得=0-2\times\frac{1}{7}=-\frac{2}{7}$$

子女使父母保持使用混合策略的唯一方式是以 1/7（或14.3%）的概率选择做家务。如果父母探知子女有较大的概率选择做家务，比如 1/2（或50%），那么父母每一次都将选择提供零用钱，即 $P_A=1$；如果认为子女做家务有一个较低的概率，比如 1/10（或10%），将给父母充分的理由拒绝提供零用钱，即 $P_A=0$。只要子女保持以 1/7（或14.3%）的概率选

择做家务，将形成一个非稳定的对局，在这一对局中，无论父母选择什么样的策略组合（无论 P_A 取何值），都将实现相同的期望赢得。

然而，P_A 的大小却对子女的赢得有着巨大的影响。让我们站在子女的角度，来重新审视期望赢得最大的原则。通过表 11-8 所给出的子女的赢得矩阵，利用期望赢得最大的原则来确定 P_A 的取值。

表 11-8　赢得矩阵（3）

父母　　　　　子女	做家务 (Q_C)	不做家务 $(1-Q_C)$
提供零用钱（P_A）	3	4
不提供零用钱（$1-P_A$）	2	0
$Q_C(P_A+2)+(1-Q_C)\times 4P_A$ $=2Q_C+4P_A-3P_AQ_C$	$3P_A+2\times(1-P_A)=P_A+2$	$4P_A+0\times(1-P_A)=4P_A$

子女的期望赢得 $= 2Q_C+4P_A-3P_AQ_C=(2-3P_A)Q_C+4P_A$

当 $2-3P_A=0$ 即 $P_A=2/3\approx 0.67$ 时，子女的期望赢得达到最大值。将 $P_A=2/3$ 代入上式，即可得到子女的期望赢得为 2.67。

为实现一个稳定的对局，父母必须以 $P_A=2/3\approx 0.67$ 的概率选择提供零用钱。一个较高的概率，将引起子女放弃做家务（ $Q_C=0$ ）；一个较低的概率，将引起子女总是选择做家务（ $Q_C=1$ ）。只要父母以 0.67 的概率选择提供零用钱，无论 Q_C 取何值，子女都将获得最大的期望赢得 2.67。但不要忘记，子女的选择会导致父母改变策略。

如果一个对策是非零和的而且没有均衡的策略对，那么混合策略将产生一个稳定的对局。将双方最优的混合策略（ $P_A=2/3\approx 0.67$ 、$Q_C=1/7\approx 0.143$ ）组合到一起，便形成一个非零和矩阵的纳什均衡策略对。如果对策一方不改变策略，那么对策另一方就没有改变策略的动因；但是，任何一方策略的改变，都将导致系统的不稳定。

🏔 情境回放

1. 对策论也称博弈论（Game Theory），是研究具有竞争性质现象的数学理论和方法。对策论的发展历史并不长，但由于它所研究的现象与人们的政治、经济、军事活动乃至日常的生活都有着密切的关系，因此日益引起人们的广泛关注。

2. 对策行为具有三个基本要素，即局中人、策略和赢得函数。分析对策行为，首先必须弄清楚这三个基本要素。

3. 矩阵对策就是二人有限零和对策，两个局中人的赢得之和总是等于零，即对策双方的利益总是激烈对抗的，一人的赢是建立在另一人的输基础之上的。

4. 在许多现实对策问题中，一个局中人的赢得并不要求一定就是另一个局中人的损失，我们将这种局中人甲的赢得不等于局中人乙的损失的对策称为非零和对策。

自测练习

1. 甲、乙二人零和对策，已知甲的赢得矩阵，求双方的最优策略与对策值。

（1）$A = \begin{bmatrix} -2 & 12 & -4 \\ 1 & 4 & 8 \\ -5 & 2 & 3 \end{bmatrix}$ （2）$A = \begin{bmatrix} 2 & 2 & 1 \\ 3 & 4 & 4 \\ 2 & 1 & 6 \end{bmatrix}$

（3）$A = \begin{bmatrix} 9 & -6 & -3 \\ 5 & 6 & 4 \\ 7 & 4 & 3 \end{bmatrix}$ （4）$A = \begin{bmatrix} 1 & 7 & 6 \\ -4 & 3 & -5 \\ 0 & -2 & 4 \end{bmatrix}$

（5）$A = \begin{bmatrix} 2 & -3 & 1 & -4 \\ 6 & -4 & 1 & -5 \\ 4 & 3 & 3 & 2 \\ 2 & -3 & 2 & -4 \end{bmatrix}$ （6）$A = \begin{bmatrix} 9 & 3 & 1 & 8 & 0 \\ 6 & 5 & 4 & 6 & 7 \\ 2 & 4 & 3 & 3 & 8 \\ 5 & 6 & 2 & 2 & 1 \end{bmatrix}$

2. 甲、乙二人进行一种游戏，甲先在横轴的 $x \in [0,1]$ 区间内任选一个数，不让乙知道；然后乙在纵轴的 $y \in [0,1]$ 区间内任选一个数。双方选定后，乙对甲的支付为 $P(x,y) = \dfrac{1}{2}y^2 - 2x^2 - 2xy + \dfrac{7}{2}x + \dfrac{5}{4}y$，求甲、乙二人的最优策略和对策值。

3. 如表 11-9 所示中，甲、乙两家均为计算器生产厂家，其中甲厂研制成功一种新型的袖珍计数器，为加强与乙厂的竞争，考虑了三个竞争策略：①新产品全面投产；②新产品小批量试产试销；③新产品搁置。乙厂在了解到甲厂有新产品的情况下也考虑了三个竞争策略：①加速研制新型产品；②改进现有产品；③改进产品外观与包装。由于受市场预测能力的限制，数据表只反映出对甲而言对策结果的定性分析资料。若采用打分法，"一般"记 0 分、"较好"记 1 分、"好"记 2 分、"很好"记 3 分、"较差"记-1 分、"差"记-2 分、"很差"记-3 分。试通过对策分析，确定甲、乙两厂各应采取的最佳策略。

表 11-9　数据资料

甲＼乙	β_1	β_2	β_3
α_1	较好	好	很好
α_2	一般	较差	较好
α_3	很差	差	一般

4. 甲、乙两个游戏者各持一枚硬币，同时展示硬币的面。如果均为正面，甲赢得 2 元，均为反面，甲赢得 1 元；如果一正一反，甲输 1.5 元。写出甲的赢得矩阵，甲、乙双方各自的最佳策略，并分析这种游戏规则是否合理。

参考文献

[1] 刘蓉，熊海鸥. 运筹学（第 2 版）[M]. 北京：北京理工大学出版社，2018.

[2] 沈家骅. 现代物流运筹学[M]. 北京：人民邮电出版社，2011.

[3] 沈家骅. 现代物流运筹学（第 3 版）[M]. 北京：电子工业出版社，2011.

[4] 赵丽君，马建华. 物流运筹学实用教程[M]. 北京：北京大学出版社，2010.

[5] 范玉妹，徐尔，谢铁军. 运筹学通论[M]. 北京：冶金工业出版社，2009.

[6] 党耀国，李帮义，朱建军. 运筹学[M]. 北京：科学出版社，2009.

[7] 吴祈宗. 运筹学[M]. 广州：暨南大学出版社，2009.

[8] 王长琼. 物流系统工程[M]. 北京：中国物资出版社，2009.

[9] 王凯阳. 物流运筹学[M]. 北京：清华大学出版社、北京交通大学出版社，2009.

[10] 张潜. 物流运筹学[M]. 北京：北京大学出版社，2009.